HOLLAND

DUMONT REISE-TASCHENBUCH

Reinhard Tiburzy

HOLLAND

Inhalt

LAND & LEUTE

Tipps für Ihren Urlaub

UNTERWEGS IN HOLLAND

Der Norden

Inhalt

Inhalt

REISEINFOS VON A BIS Z

HOLLAND-ATLAS

LAND & LEUTE

»Dieses Land inspiriert mich übrigens. Ich liebe das Volk, das sich da auf den Gehsteigen drängt, eingezwängt in einen kleinen Raum zwischen Häusern und Wasser, eingekreist von Dunstschleiern, kaltem Land und einem wie ein Waschkessel dampfenden Meer.«

Aus: Albert Camus,
Der Fall

Käsemarkt in Edam

Das Königreich der Oranier

Proosterhuis (Westfriesisches
Museum) in Hoorn, im Vordergrund
eine Statue des Kapitäns J.P. Coen

LAND UNTER MEERESHÖHE

Holland – das sind genau genommen nur zwei der zwölf Provinzen des Koninkrijk der Nederlanden, Noord- und Zuid-Holland. Doch ist dieser Name seit dem ›Goldenen Jahrhundert‹, als Noord- und Zuid-Holland die wirtschaftlich bedeutendsten Provinzen waren, ein Synonym für die gesamten Niederlande. Ein bisschen ist wohl auch Napoleon daran schuld, machte er doch das unterworfene Land zum ›Königreich Holland‹ und seinen Bruder zu dessen Regenten. Heute wirbt selbst das Niederländische Büro für Tourismus in seinen Broschüren mit der Bezeichnung ›Holland‹ für die Niederlande.

Woher der Name ›Holland‹ kommt? Vermutlich von *Houtland* (Holzland), was an ein dicht mit Bäumen bewachsenes Land denken lässt. Tatsächlich war die Region im Mittelalter von ausgedehnten Wäldern überzogen. Ohne einen ›Wald‹ von Baumstämmen als Fundament gäbe es außerdem die Stadt Amsterdam nicht. Auch der durch eine EU-Verordnung in den Rang eines Sicherheitsschuhs erhobene *klomp* (Holzschuh) wäre nicht das, was er ist, bestünde er nicht aus Holz. Neben der holländischen Tulpe, der Windmühle und dem Käse gehört er zu den Wahrzeichen unseres nordwestlichen Nachbarlandes. Eigentlich müsste noch ein weiteres Wahrzeichen kreiert werden: eines, das Wasser symbolisiert, denn das nasse Element, ist in Holland allgegenwärtig. Es ist der gute Freund und zugleich ein Furcht erregender Feind.

Die verkehrsgünstige Lage an der Nordsee hat das kleine Land im ›Goldenen Jahrhundert‹ zur größten Seemacht und Seehandelsnation werden lassen, und auch heute zählt Holland beim Schiffsbau zu den führenden Nationen. Wasser diente Städten und Festungen als Schutz, und die gezielte Überflutung von Weiden und Feldern zwang manchen Feind zur Umkehr. Ewige Gezeitenströme haben dem Land fruchtbares Agrarland beschert, auch wenn es dem Meer erst mühsam abgerungen werden musste. Unzählige Kanäle, Seen und Flüsse im Inland werden von der Binnenschifffahrt genutzt und sind zugleich ein Paradies für Segler und Wassersportler aller Art.

Der Zwang, sich ständig mit dem Wasser auseinander zu setzen, hat holländische Wasserbauingenieure zu den führenden im Bau von Brücken, Deichen, Dämmen, Kanälen und Schleusen werden lassen, womit die Kehrseite der Medaille aufblinkt: Das Land ist permanent vom Wasser bedroht, und seine Bewohner müssen sich, wollen sie nicht bis zur Halskrause im Nass versinken, pausenlos des penetranten Gegners erwehren, eine Tatsache, die die Provinz Zeeland sogar in ihrem Wappen ausdrückt. Es zeigt den ›Niederländischen Löwen‹, der bis zur Hüfte im Wasser steht, und die Inschrift »Luctor et emergo« – Ich kämpfe und strebe nach oben.

Nicht von ungefähr haben die Holländer die ›Normalnull‹ (NN) erfunden, den Punkt, der die Höhe des Mee-

STECKBRIEF HOLLAND

Lage: Das Koninkrijk der Nederlanden grenzt im Norden und Westen an die Nordsee, im Osten an Deutschland und im Süden an Belgien. Vor dem Festland im Norden liegen die Westfriesischen Inseln. Das Land wird von Deichen mit einer Länge von mehr als 3000 km geschützt.

Größe: Das Staatsgebiet umfasst 33 873 km^2 Land und 7655 km^2 Gewässer. 24 % des Landes liegen unter Meereshöhe. Zum Königreich gehören auch die Niederländischen Antillen und Aruba in der Karibik.

Höchste Erhebung: Dreiländerpunkt bei Vaals mit 321 m (tiefster Punkt Nieuwerkerk aan den Ijssel mit 6,74 m unter dem Meeresspiegel).

Nationalfeiertag, Flagge: 30. April, Koninginnedag. Außer der rot-weiß-blauen Nationalflagge wird häufig die Oranje-Flagge gezeigt.

Größte Städte (Einwohner): Amsterdam: Hauptstadt (734 000); Den Haag: Regierungssitz (442 000); Rotterdam (593 000).

Bevölkerung: 16 Mio. Einwohner, Ausländeranteil ca. 4 %. 472 Einwohner/km^2 Landfläche (Bundesrepublik Deutschland: 231 Einwohner/km^2).

Staat und Politik: Konstitutionelle Erbmonarchie mit parlamentarischer Regierung. Staatsoberhaupt: Königin Beatrix. Parlament: Eerste Kamer (75 Abgeordnete, von den zwölf Provinzlandtagen auf vier Jahre gewählt), Tweede Kamer (150 Abgeordnete, alle vier Jahre direkt vom Volk gewählt).

Religion: 40 % keine Glaubensgemeinschaft, 31 % römisch-katholisch, 22 % Protestanten, 3,9 % Moslems.

Sprache: Nederlands (Niederländisch), in der Provinz Friesland außerdem Frysk (Friesisch) als offizielle Minderheitensprache.

Wichtigste Wirtschaftszweige (Anteil am Bruttoinlandsprodukt): Dienstleistungen: 45,2 %; Industrie: 17,9 %; Handel: 13,1 %; Öffentlicher Dienst: 11,3 %; Transport und Kommunikation: 7,3 %; Landwirtschaft und Fischerei: 2,6 %; Bergbau: 2,6 %. Die Arbeitslosenquote liegt bei 2,4 %.

Tourismus: 9,5 Mio. Besucher im Jahr, davon 27 % Deutsche; Einnahmen aus diesem Wirtschaftssektor: 2,4 Mrd. €.

resniveaus anzeigt. An unzähligen Messpunkten im ganzen Land kann man ablesen, ob man sich über oder unter dem Meeresspiegel befindet.

Riesige Gebiete des Landes liegen unter *normaal null,* und manch ein Flugkapitän soll sich bei seiner ersten Landung auf dem Amsterdamer Flughafen Schiphol verwundert die Augen gerieben haben, als die Anzeige des Höhenmessers bei der ersten Pistenberührung minus 4,5 m anzeigte. Das ist schon tief, aber noch nicht Hollands Tiefenrekord. Diesen hält gegenwärtig Nieuwerkerk an der Ijssel mit 6,74 m. In gewisser Weise haben die Holländer diese Regionen selber tiefer gelegt: Durch den Wasserentzug bei der Trockenlegung des Polders sackte das Erdreich ab. Lange Zeit war der Prins Alexanderpolder bei Rotterdam mit 7 m unter dem Meeresspiegel der tiefste Punkt, doch durch Bebauungsaktivitäten hat das Land dort wieder eine Höhe von 6,15 m unter NN. Heute liegen mehr als ein Viertel der von mächtigen Deichen, Dämmen und Flutwehren vor dem Meer geschützten Landfläche von ganz Holland unter dem Meeresspiegel, und Holländer sagen zuweilen stolz und ohne Blasphemie: »Gott schuf Land und Meer, doch wir schufen Holland«.

Häuser in Volendam am Ijsselmeer

LANDSCHAFTEN UND NATURRAUM

Hollands Natur- und Kulturlandschaft

Erdgeschichtlich gesehen ist Holland recht jung. Es existiert großenteils erst seit der letzten Eiszeit und besteht überwiegend aus Sedimenten, die die Nordsee und die großen Flüsse angeschwemmt haben. Im Norden schirmt eine Kette lang gestreckter Inseln, Reste eines einst durchgehenden Dünenstreifens, das Festland gegen die Nordsee ab. Zwischen den Inseln und dem Festland hat das Spiel der Gezeiten das Wattenmeer hinterlassen, und an der Küste haben Wind und Wellen einen weiteren Dünensaum aufgetürmt. Dahinter erstrecken sich bis weit ins Binnenland hinein fruchtbare See- und Flussmarschen, von denen die älteren zu Niedermooren wurden. Daran schließt sich nach Süden das Geestland an, das aus von den Flüssen abgelagerten Sand- und Kieselsedimenten besteht und sich fächerförmig von der Ems- bis an die Scheldemündung ausbreitet.

Hier und dort hat eiszeitliches Gletschergeschiebe der Landschaft Falten verpasst und Hügelketten wie den Hondsrug zwischen Groningen und Emmen, den Utrechter Hügelrücken und die Veluwe zwischen Arnhem und Zwolle hinterlassen. Mancherorts hat sich in den Falten Wasser gestaut und Hochmoore sind entstanden. Im äußersten Südosten prägen hügelige Ausläufer des Rheinischen Schiefergebirges die Landschaft. Dort liegt, just an der Stelle, an der Holland, Belgien und Deutschland aneinander stoßen, mit 321 m der höchste Punkt Hollands.

Aus der einst ›amphibischen‹ Naturlandschaft haben die Bewohner über Jahrhunderte eine Kulturlandschaft geformt. Aus Marschen wurden fruchtbare Äcker, Niedermoore sind jetzt saftige Wiesen, Hochmoore hat man weitgehend ausgetrocknet, den Torf gestochen und verheizt. Da das Land den Bewohnern nicht reichte und man es satt hatte, sich bei jeder Sturmflut nasse Füße zu holen, wurden etliche Sümpfe und Seen von Ringdeichen umgeben, mit der Kraft von Windmühlen und Pumpen entwässert und in fruchtbare Polder verwandelt.

Stadtlandschaft und ein bisschen Natur?

›Dutchburger‹ nannten die Holländer augenzwinkernd ihren skurrilen Pavillon auf der Expo 2000, eine Art architektonischer ›Big Mac‹ aus sechs aufeinander gestapelten Landschaften, mit denen sie charakteristische Aspekte ihres Landes verdeutlichten: Holland besteht aus Dünen, Blumenfeldern, Poldern und Wäldern, aus reichlich Wasser, es ist zugleich offen und frei, und es ist ziemlich voll.

Raum ist in Holland in der Tat Mangelware. Das zu den kleinsten Ländern Europas zählende Land ist mit 472 Einwohnern pro Quadratkilometer eines der am dichtesten besiedelten. Zyniker meinen, dass Holland bald keine Nation mehr sein wird, sondern eine Mega-Stadt, die man dann wohl Polder City nennen sollte. Tatsächlich wachsen die Städte seit Jahrzehnten immer weiter aufeinander zu. Am deutlichsten lässt sich dies im Gebiet der so genannten ›Randstad‹, dem Ballungsgebiet von Amsterdam, Den Haag, Rotterdam und Utrecht, erkennen. Als dort auch die letzte verbliebene offene Landschaft zu verschwinden drohte, hat man die Notbremse gezogen und das ›Grüne Herz‹, das von der ›Randstad‹ hufeisenförmig umgeben ist, für größere Neubauprojekte gesperrt. Das war in den 1960er Jahren und hat bis heute leidlich funktioniert.

Seitdem wurden mit der Regelmäßigkeit sozialistischer Fünfjahrespläne Strategien zur Raumordnung auf den Tisch gebracht, durch die verhindert werden sollte, dass ländliche Gebiete weiter verstädtern. Durch Stadtsanierung versucht man die Attraktivität der Städte zu erhöhen und die Flucht auf das Land abzuwenden. Die nach dem vierten Raumordnungsbericht nach 1993 angegangene Maßnahme – die Kreation von 27 Hochhauskomplexen mit insgesamt 634 800 Wohnungen – hat die betroffenen Städte nicht gerade verschönert. Gern hätte man die ›kompakte Stadt‹, in der die Wege zwischen Wohn- und Arbeitsstätten per Fahrrad zurückgelegt werden können. Davon ist man allerdings weit entfernt, wie die täglich rollenden Blechlawinen in ganz Holland eindrucksvoll bezeugen. Allen Widrigkeiten zum Trotz verfügt das an

Platzmangel leidende Land dennoch über mehr als nur ein ›bisschen‹ Natur.

Watteninseln, Strände und Dünen

Reichlich Natur pur bieten die Westfriesischen Inseln, die zu den beliebtesten Urlaubszielen gehören. Kilometerlange Sandstrände an der Nordseite laden zum Bad im Meer und in der Sonne ein, Dünen, Wiesen und Wälder zu ausgedehnten Wanderungen und Radtouren. Das Wattenmeer ist ein beliebtes Segel- und Surfrevier und bietet bei Ebbe Gelegenheit zu Wattwanderungen. Der starke Besucherandrang ist allerdings Besorgnis erregend und hat die Inselgemeinden veranlasst, Maßnahmen zum Schutz ihrer Natur zu treffen. So sind die Inseln Vlieland und Schiermonnikoog autofrei, letztere ist sogar größtenteils Nationalpark. Dort und in zahlreichen weiteren großen Naturreservaten der anderen Inseln ist die Hälfte aller in Holland vorkommenden Pflanzenarten heimisch, gemeinsam mit Kiebitz, Kormoran, Schnepfe, Eiderente, Wasserläufer, Austernfischer und allem, was sonst noch an Federvolk an der Nordsee vorkommt.

An der von Dünen gesäumten Nordseeküste erstrecken sich über 250 km herrliche Badestrände, an denen sich mehr als 50 Badeorte reihen. Junge Dünen aus weißem Sand bilden Dünenfelder von bis zu 5 km Breite und 50 m Höhe. Daneben existieren zwischen Haarlem und Leiden ältere Dünen und bilden ein geeignetes Substrat für Blumenfelder aus Tulpen, Narzissen und

Ein Großteil der Dünen auf Terschelling steht unter Naturschutz

Hyazinthen, die sich im Frühjahr wie ein riesiger farbenprächtiger Flickenteppich über der Landschaft ausbreiten.

Holland – Polderland

Eine erstaunliche und weltweit bewunderte Leistung der Holländer ist die Anlage ihrer Polder. Das sind riesige von Deichen umgebene Siedlungs- und Agrarflächen, entstanden durch das Entwässern einstiger Meere und Sümpfe. Besonders hervorgetan haben sich dabei die Wasserbauingenieure Leeghwater und Lely; sie sind in die Geschichte eingegangen.

Der *waterbouwkundige* und Mühlenbauer Leeghwater, dessen Name sinni-gerweise mit ›Leeres Wasser‹ übersetzt wird, hat im 17. Jh. Getreidewindmühlen zu windgetriebenen Wasserpumpen umgebaut und Dutzende davon eingesetzt, um holländische ›Meere‹ und Zuiderzeebuchten zu entwässern.

Von Cornelius Lely ging die Idee aus, die Zuiderzee trockenzulegen. Er ist der Erbauer des Abschlussdeiches, der die Zuiderzee zum Ijsselmeer werden ließ und die Anlage der Polder Oostelijk und Zuidelijk Flevoland ermöglichte, die heute die Provinz Flevoland bilden. Der artifizielle Charakter dieser Kulturlandschaft tritt durch schnurgerade Straßen und Entwässerungsgräben sowie auf dem Reißbrett entstandene Ortschaften zutage.

Naturschutzgebiete und Nationalparks

Die schönsten Landschaften Hollands sind auch die empfindlichsten. Deshalb hat man Gebiete wie das Wattenmeer, die Heide-, Dünen- und Waldlandschaft der Hoge Veluwe, der Loonse en Drunense Duinen, des Zuid-Kennemerland und des Dwingelderveld sowie das Sumpf- und Wasserland des Biesbosch und den größten Teil der Insel Schiermonnikoog sowie eine Reihe weiterer Gebiete unter Naturschutz gestellt bzw. zu Nationalparks erklärt. Neben der Erhaltung der dort bestehenden Ökosysteme will man mit dieser Maßnahme auch Besuchern die Möglichkeit zur naturnahen Erholung und zum Kennenlernen der schützenswerten Natur bieten.

In Holland gibt es Nationalparks mit einer Gesamtfläche von ca. 50 000 ha, etliche weitere Naturschutzgebiete sollen ebenfalls in den Rang von Nationalparks erhoben werden. Von den Nationalparks abgesehen, sind die meisten Naturareale, zusammen rund 80 % der heute etwa 450 000 ha umfassenden Naturfläche Hollands, nicht größer als 15 ha und über das ganze Land verstreut. Seit den 90er Jahren des vergangenen Jahrhunderts ist man bemüht, die Naturfläche durch Renaturierung von ehemals landwirtschaftlich genutzten Flächen zu vergrößern und möglichst viele dieser grünen Inseln über grüne ›Korridore‹ zu einem Netzwerk zu verbinden, damit Wild und Kröten umherwandern können.

Reizvolle Naturlandschaft bei Gouda (Reeuwijkse Plassen)

WIRTSCHAFT UND UMWELT

Säulen der holländischen Wirtschaft

Holland war im 16./17. Jh. eine bedeutende Kolonialmacht und die wichtigste Handelsnation Europas, danach erlebte es einen wirtschaftlichen Niedergang. Erst die in ganz Europa zu Beginn des 20. Jh. einsetzende Industrialisierung brachte der holländischen Wirtschaft einen neuen Aufschwung, insbesondere durch den Bergbau in Limburg und die Textilindustrie. Doch mit der großen Depression geriet die Wirtschaft erneut in eine Krise und lag dann während des Zweiten Weltkrieges völlig danieder. Für ihr Wiedererstarken nach dem Krieg erwies sich besonders die Entdeckung eines der größten Erdgasfelder der Welt 1959 bei Slochteren im sonst an Bodenschätzen armen Land als segensreich.

Heute ist das kleine, nur 16 Mio. Einwohner zählende Königreich eine leistungsstarke Handels-, Industrie- und Dienstleistungsnation und gehört zu den zehn wichtigsten Exportländern der Welt. Mehr als die Hälfte der in Holland hergestellten Güter gehen ins Ausland, überwiegend in die Nachbarländer. Agrar- und Industrieprodukte machen zusammen zwei Drittel des Exports aus, doch sind auch die Dienstleistungen der Holländer stark im Kommen. Ihr Know-how in den Hightechbereichen Kommunikation, Information und Biotechnologie ist im Ausland ebenso gefragt wie Logistiksysteme, Wasser- und Brückenbautechnik und die Dienstleistungen von Transportunternehmen, Bagger-, Schlepp- und Bergungsunternehmen – man denke nur an die dramatische Bergung des gesunkenen russischen Atom-U-Bootes Kursk durch eine holländische Firma.

Umweltprobleme und Umweltbewusstsein

In den letzten drei Jahrzehnten sind in Holland Umweltprobleme und Naturschutz zunehmend in das Bewusstsein der Menschen gerückt. In einigen Fällen hat der Widerstand von Betroffenen und Umweltschützern gegen geplante Vorhaben zu deren Stopp oder Modifizierung geführt. Ein Beispiel hierfür ist das Deltaprojekt. Ursprünglich war die vollständige Verriegelung der Oosterschelde durch einen Damm vorgesehen. Aufgrund des erbitterten Widerstandes von Fischern, Austern- und Muschelzüchtern sowie Naturschützern wurden die Pläne aber zugunsten eines Sperrwerks abgeändert, das zumindest teilweise den Gezeitenstrom in die Oosterschelde gewährt.

Auch die Pläne zur Anlage des Polders Markerwaard im Rahmen des Zuiderzeeprojektes, eines Gebietes von 600 km^2 im südlichen Teil des Ijsselmeeres, wurden nach zahlreichen Protesten zunächst verändert und 1991 endgültig zu den Akten gelegt. Geblieben ist der bereits 1975 erbaute Damm, der zwischen Lelystad und Enkhuizen quer durch das Ijsselmeer

WINDMÜHLEN

Windmühlen sind keine holländische Erfindung, es gab sie bereits im 7. Jh. in Persien. Doch wurden die technischen Wunderwerke mit den klappernden Flügeln nirgendwo so vielfältig genutzt wie in Holland, und nirgendwo sonst gab es sie in so großer Zahl. Mitte des 19. Jh. standen in Holland 10 000 Windmühlen, und heute gibt es noch rund 1000. Kein Wunder, dass die Windmühle eines der bekanntesten Wahrzeichen Hollands ist.

Im 14. Jh. gab es zahlreiche Bockmühlen zum Mahlen von Getreide, die häufig hoch oben auf den Stadtwällen standen, damit sie sich nicht im Windschatten von Gebäuden oder Bäumen befanden. Eine völlig andere Funktion hatten die in Staffeln zu mehreren am Rande zu entwässernder Gebiete aufgestellten Poldermühlen. Anstelle von Mahlwerken besaßen sie Schöpfräder, später auch Wasserschnecken, und schöpften Wasser. Zwischen 1608 und 1612 wurde mit 46 Poldermühlen das 7200 ha große Beemster Meer westlich von Edam trockengelegt.

Im 17. Jh. entstand am Flüsschen Zaan nördlich von Amsterdam ein regelrechtes ›Mühlenindustriegebiet‹. 1650 sollen dort dicht beieinander 275 Windmühlen gestanden haben, im Jahr 1700 bereits 525, und 1740 soll man 630 Mühlen gezählt haben. Am Zaanstreek wurde alles gemahlen, gepresst, gesägt, geschält, gewalkt oder zerrieben, was in großen Mengen benötigt wurde. Getreide für die Fabrikation von Schiffszwieback, Muschelsand, Kaffee, Kakao, Schnupftabak, Senf, Öl, Perückenpuder, geschälter Reis, Gerste und Graupen, Holzbretter und -balken, Lohe, Grützwaren, Knochenpulver, Farbstoffe und Schwarzpulver sind nur einige der Produkte, welche die windgetriebenen Mahl-, Stampf- und Sägewerke ausspuckten. Zar Peter der Große, der sich 1697 als Peter Alexejewitsch inkognito mitten in dieses Industriegebiet begeben hatte, um den Schiffsbau zu erlernen, hat selbst beim Bau von Windmühlen wie der Graupenmühle De Grootvorst zu Hammer und Säge gegriffen.

Mitte des 19. Jh. wurden mehr und mehr Windmühlen durch Dampfmaschinen ersetzt. Als man 1840 das Haarlemer Meer trockenzulegen begann, setzten sich anstelle der ursprünglich vorgesehenen 160 Poldermühlen dampfend und zischend importierte Zechendampfpumpen aus dem fernen Wales in Bewegung. Längst sind die Oldtimer der Windkraftanlagen in ihren verdienten Ruhestand getreten, lassen sich liebevoll pflegen und drehen ab und an, mindestens jedoch einmal im Jahr, am Nationaale Molendag im Mai ihre Flügel. Von den hässlichen, nackten und dünnen Windkraftanlagen unserer Tage, die nichts als Strom produzieren, sind sie gewiss nicht beeindruckt. Heute ist Windkraft zwar wieder gefragt, doch viele Bewohner der Niederlande hätten die modernen Hightech-Windgeneratoren am liebsten *off-shore* – draußen vor der Küste, wo sie weniger stören würden.

Kleine Windmühlen-Typologie

Das Prinzip einer Windmühle ist einfach: Durch Flügel aufgefangene Windkraft bringt die Flügelachse zum Drehen. Im Mühlengehäuse wird die Bewegung über ein Getriebe aus ineinander greifenden Zahnrädern und Wellen auf Werkzeuge, beispielsweise Mühlsteine, übertragen und auf diese Weise Windenergie in mechanische Energie umgesetzt. Um den Wind optimal auszunutzen, kann die ganze Mühle oder auch nur die Kuppe mit den Flügeln um eine vertikale Achse gedreht und die Flügel dadurch in den Wind gestellt werden. Bei schwachem Wind werden die Flügel mit Segeln bespannt, die bei zunehmender Windstärke entsprechend verkleinert werden können.

Mühlen mit drehbarem Gehäuse
Die **Bockmühle** (niederl. *standerdmolen*) hat ein leichtes, hölzernes Mühlenhaus, das als Ganzes um den Bock (einen dicken, runden Pfahl) gedreht wird, um die Flügel in den Wind zu stellen. Dieser älteste Windmühlentyp wird meistens als Kornmühle eingesetzt.

Die **Wippmühle** (auch Köchermühle, niederl. *wipmolen*) wurde zu Beginn des 15. Jh. aus der Bockmühle entwickelt, um Wasser aus Poldern zu entfernen. Sie besteht aus einem oberen hölzernen Mühlenhaus mit dem Triebwerk und einem unteren, meist pyramidenförmigen Haus mit dem Schöpfrad oder der Wasserschnecke. Beide Häuser sind über einen Köcher miteinander verbunden, um den das Mühlenhaus gedreht werden kann und der nachgeben kann, wenn das Mühlenhaus bei starkem Wind zu wippen beginnt.

Bei der **Paltrockmühle** (niederl. *paltrokmolen*) steht der Umriss des Mühlenhauses auf kleinen Holzrollen oder Rädern, die auf einer ringförmigen Bahn laufen und das Drehen des Mühlenhauses in den Wind ermöglichen.

Die **Schreckmühle** (niederl. *tjasker*) ist eine kleine Mühle, mit der Wasser aus Gräben gepumpt wird. Ihr Flügelkreuz ist direkt mit einer Wasserschnecke verbunden, deren unteres Ende im Graben steckt.

Mühlen mit drehbarer Haube
Diese Mühlen besitzen ein steinernes, konisches Mühlenhaus, das fest mit dem Boden verbunden ist, nur die Haube mit den Flügeln wird gedreht, um diese in den Wind zu stellen. Diese **Turmmühlen** werden auch **Holländer** genannt. Die Bodensegler (niederl. *grondzeiler*), deren Flügel fast bis an den Boden reichen, stehen auf dem flachen Land, Wall oder Bergmühlen (niederl. *belt-* oder *bergmolen*) auf Erhöhungen.

Mitten in Ortschaften erbaute Windmühlen müssen besonders hoch sein, damit sie noch Wind bekommen. Die Flügel dieser **Galerieholländer** (niederl. *stellingmolen*) reichen bis zu einer rundlaufenden Galerie hinunter, auf der die Kuppe anhand des Sterzgerüstes gedreht werden kann.

Wasserschutzmaßnahmen im Modell zeigt das Waterland Neeltje Jans in Zeeland

verläuft. Ein vorläufiges Aus kam auch für die Pläne, auf dem Neuland von Flevoland oder auf der Maasvlakte im Hafenvorland von Rotterdam einen zweiten Nationalflughafen zu bauen. Möglicherweise kommt es jedoch zur Anlage einer künstlichen Insel mit dem Flughafen vor der Nordseeküste.

Längst hat man den überaus schützenswerten Charakter des Wattenmeeres erkannt. Lange Zeit hat es Pläne gegeben, dieses einmalige Ökosystem zwischen den Westfriesischen Inseln und dem Festland einzudeichen und trockenzulegen. Heute ist man davon weit entfernt, doch müssen sich Umwelt- und Naturschützer auch jetzt noch ständig gegen Vorhaben wie Öl- und Gasbohrungen, Militärmanöver, Wasserverschmutzung und zu starke Belastung durch Wassersportler und Touristen zur Wehr setzen.

Holland ist eines der am dichtesten besiedelten Länder der Welt. Bevölkerungswachstum und der damit einhergehende Zwang zum wirtschaftlichen Wachstum sind eng mit einer nationalen und globalen Umweltproblematik verknüpft, zu deren Problemfeldern u. a. der Rückgang der Artenvielfalt, der Klimawandel, Schadstoffbelastung und Verschmutzung von Boden, Luft und Wasser, Lärm und Abfallbeseitigung gehören. Zum Schutz der Umwelt hat die Regierung 1997 den Ausstieg aus der Atomenergie beschlossen. Holland setzt sich zudem international für die Aufnahme der CO_2-Emission der Luftfahrt in die Emissionsverpflichtungen des Kyoto-Protokolls ein sowie im Rahmen der EU für die weltweite Besteuerung von Flugbenzin.

Die holländische Regierung setzt auf Nachhaltigkeit. Ihre hoch gesteckten umweltpolitischen Ziele, die bis zum Jahr 2030 erreicht sein sollen, wurden 2001 im vierten Nationalen Umweltpolitikplan ausführlich dargelegt.

GESCHICHTE IM ÜBERBLICK

Vor- und Frühzeit

80 000–35 000 v. Chr.	Jäger der den Neandertalern nahe stehenden Mousteriankultur durchstreifen das Gebiet Noord-Brabants.
35 000–10 000 v. Chr.	Rentierjäger (Ahrensburger Kultur) ziehen durch die Tundralandschaft von Drenthe und Friesland, es herrscht subarktisches Klima.
ca. 8000–4000 v. Chr.	An der Nordseeküste, die in etwa die heutige Form aufweist, entstehen Wattgebiete, im Landesinneren Sümpfe und Seen. Die Menschen leben u. a. von Kleinwild und Fisch. Aus dieser Zeit stammt ein im Moor bei Pesse gefundener 8300 Jahre alter, durch Feuer ausgehöhlter Einbaum – das älteste erhaltene Wasserfahrzeug der Welt.
4500 v. Chr.	Menschen der Bandkeramikkultur betreiben in Süd-Limburg Landbau und Viehzucht, Dörfer entstehen.
3300–2900 v. Chr.	Über 50 monumentale Hünengräber in der Provinz Drenthe sind Relikte des Totenkultes der Trichterbecherkultur.
ca. 1900 v. Chr.	Bronzezeit: Durchreisende Händler bringen Werkzeuge aus Bronze und Kupfer in das Land. In den mittleren Niederlanden und südlichen Küstengebieten entstehen Niederlassungen mit runden Hütten und Grabhügel mit Ringwall, Rundgraben und Palisaden (Hilversum-Kultur). Dreischiffige Bauernhäuser werden errichtet.
750–200 v. Chr.	Eisenzeit: Kelten breiten sich über Südwesteuropa aus und dringen bis in den Süden der Niederlande vor. Im Norden siedeln germanische Stämme, die Grenze bildet das Delta von Rhein, Maas und Schelde.

Römische Zeit

57 v. Chr.	Römer unter Julius Caesar nehmen das südniederländische Gebiet ein. Für kurze Zeit gelingt unter Kaiser Augustus eine Ausdehnung ihres Territoriums auf das rechtsrheinische germanische Gebiet.
9 v. Chr.	Schlacht im Teutoburger Wald. Nach der verheerenden Niederlage der Römer zieht Augustus seine Truppen auf die linke Rheinseite zurück. Im Schutz des niedergermanischen Limes entstehen Fernstraßen und Siedlungen wie Coriovallum (Heerlen), Traiectum ad Mosam (Maastricht) und Noviomagnus (Nijmegen).
Mitte 3.– Mitte 4. Jh. n. Chr.	Franken dringen wiederholt in die niedergermanischen Gebiete vor und schwächen die Herrschaft der Römer im südniederländischen Gebiet, das sie später als römische Bundesgenossen besetzen, während der Norden von Friesen besiedelt ist.
382	Bischof Servatius erwählt Maastricht zum Bischofssitz und beginnt mit der Christianisierung der Niederlande.

Aufstieg und Herrschaft der Karolinger

Anfang 6. Jh.	Chlodwig und seine Nachfolger erweitern das Frankenreich. Reichsteilungen schwächen die Herrschaft der Merowinger.
687	Pippin II., Hausmeier über das einstige Merowingerreich, bezwingt 689 bei Dorestad das friesische Heer unter Radbod und besetzt das Gebiet um Rhein, Maas und Schelde.
734	Karl Martell ebnet den Weg für die Christianisierung der Friesen durch die Benediktiner Willibrord und Bonifatius.
751	Karl Martells Sohn Pippin entthront den letzten merowingischen König, Childerich III. Beginn der großen Zeit der Karolinger.
768–814	Unter Karl dem Großen, dem Enkel Karl Martells, erreicht das Frankenreich seine größte Ausdehnung. Der südniederländische Raum, mit Kaiserpfalzen in Aachen und Nijmegen, wird zu seinem Herzstück.
9. Jh.	Unter den Enkeln Karls des Großen wird das Reich erneut geteilt, das niederländische Gebiet geht zunächst im Vertrag von Verdun (843) an Lothar I., nach dessen Tod (855) an seinen Sohn Lothar II. Nach dessen Tod (869) erhält Ludwig der Deutsche die Osthälfte Lothringens, dabei kommt Flandern westlich der Schelde an Frankreich.
879–882	Normannen überfallen mehrfach die niederländischen Gebiete.
10.–14. Jh.	Nach dem Zerfall Niederlothringens entstehen die Grafschaften Flandern, Hennegau, Limburg, Luxemburg, Brabant, Geldern und das Bistum Utrecht.

Die burgundische Herrschaft

1363–1477	Durch geschickte Ausdehnungspolitik, gezielte Eheschließungen, Erbe, Schenkung, Kauf und Annexion von Gebieten dehnen die Burgunder, angefangen bei Philipp dem Kühnen bis zu Karl dem Kühnen (1432–1477), ihr Reich von der Somme bis an das Ijsselmeer aus.

Die Niederlande unter den Habsburgern

1477	Karl der Kühne fällt in der Schlacht bei Nancy. Seine Erbtochter Maria von Burgund heiratet Maximilian I. von Österreich. 1482 übergibt sie ihr Erbe ihrem Gemahl, der die Herrschaft über die Niederlande 1493 seinem Sohn, Philipp dem Schönen, überträgt.
1496	Maximilians Sohn Philipp heiratet Spaniens Erbtochter Johanna die Wahnsinnige. Nach seinem Tod im Jahr 1506 erbt sein 1500 geborener Sohn Karl V. die burgundischen Niederlande.
1516	Karl V. vereint die Niederlande mit Spanien und dem österreichischen Habsburg. 1519 wird er zum Kaiser gewählt.
ab 1520	Dem in den Niederlanden aufkommenden Calvinismus begegnet der katholische Kaiser mit großer Härte. 1529 richtet er Inquisitionsgerichte ein, unzählige Andersgläubige werden als ›Ketzer‹ ermordet.

Die Niederlande unter Spanien

1556   Karl V. dankt ab, die Niederlande kommen an seinen Sohn Philipp II. von Spanien.

1559   Philipp II. setzt seine Schwester Margarethe II. von Parma als Generalstatthalterin der Niederlande ein. Hohe Abgaben, Hungersnot und die Verfolgung der Calvinisten führen zum Widerstand, der sich unter der Führung Wilhelms I. von Oranien-Nassau, Philippe de Montmorency und der Grafen von Hoorn und von Egmond formiert.

1566   300 Abgesandte des Adelsbundes verlangen von der Statthalterin in einer Bittschrift den Widerruf des Inquisitionsedikts. Sie werden abgewiesen und als *geuzen* (Bettler) verhöhnt. Fortan nennen sich die Aufständigen Geuzen und tragen den Bettelsack als Abzeichen. Religiöse Unruhen führen zum Bildersturm. Philipp II. entsendet Herzog von Alba mit 15 000 Mann zur Niederschlagung des Aufstandes, Sondergerichte lassen Tausende Rebellen ermorden. 1568 werden die Grafen von Egmond und von Hoorn in Brüssel öffentlich enthauptet.

Niederländischer Befreiungskampf

1568–1648   Achtzigjähriger spanisch-niederländischer Krieg. Prinz Wilhelm I. von Oranien-Nassau wird Führer des niederländischen Freiheitskampfes. 1572 übertragen die Provinzen Holland und Zeeland Wilhelm von Oranien den Oberbefehl zur Befreiung von Spanien. 1576 schließen sich in der ›Genter Pazifikation‹ alle übrigen Provinzen dem Befreiungskampf an und einigen sich auf Religionsfreiheit in allen Provinzen.

1579   Dem neuen spanischen Generalstatthalter Farnese gelingt es, das Bündnis zu spalten, indem er den katholischen Südprovinzen in der ›Union von Arras‹ Freiheit gewährt.

1581   Die sieben nördlichen Provinzen vereinigen sich in der Union von Utrecht und sagen sich endgültig von Spanien los. 1584 wird Prinz Wilhelm I. von Oranien-Nassau von einem katholischen Fanatiker in Delft ermordet. 1609–1621 ist Waffenstillstand, in den Nord-Niederlanden kommt es zu Machtkämpfen um die Vorherrschaft im Lande.

1648   Der Westfälische Friede beendet den Achtzigjährigen Krieg, Spanien erkennt die Souveränität der Niederlande endgültig an.

Das ›Goldene Zeitalter‹

16./17. Jh.   Holland steigt trotz des Krieges zur führenden Seehandelsmacht auf. 1602 wird die Vereinigte Ostindische Kompanie gegründet, 1621 die Westindische Kompanie. Deren Aktivitäten führen zur Kolonialisierung Indonesiens, der Molukken, West-Javas, West-Neuguineas, der Westindischen Inseln, von Teilen Afrikas und Brasiliens. 1625 erwerben die Niederlande die Insel Manhattan, auf der die Kolonie

KÖNIGLICH – DIE ORANIER

Als Engelbrecht von Nassau-Dillenburg und Jehenne van Polanen sich vor 600 Jahren in Breda das Jawort gaben, war das aus heutiger Sicht ein höchst seltsames Ereignis, denn Engelbrecht, Mitte Dreißig und zuvor Dompropst von Münster, ehelichte ein 11-jähriges Mädchen. Deren Mitgift bestand aus ungeheuren Besitztümern, welche die der Nassaus deutlich überstiegen. Damals setzte sich der Zweig des Geschlechts Nassau, aus dem das Königshaus Oranien-Nassau hervorging, in Holland fest.

Dass das niederländische Königshaus den Namen Oranien in seinem Titel führt, geht auf eine nicht minder glückliche Fügung der Geschichte zurück. 1544 erbte der 11-jährige Graf Wilhelm von Nassau das Fürstentum Orange in Frankreich und den Titel ›Prinz von Oranien‹ von einem kinderlosen, im Kampf gefallenen entfernten Verwandten. Es grenzt an ein Wunder, dass Karl V., strenger Katholik und Gegner des aufkommenden Calvinismus, dem Sohn calvinistischer Eltern damals nicht nur das Erbe zugestand, sondern ihn auch noch zu seinem Günstling erhob. Ausgerechnet Prinz Wilhelm war es, der später den Kampf gegen die spanischen Besatzer aufnahm und als ›Vader des Vaderlandes‹ in die Geschichte einging. Seitdem setzt sich die Herrschaft der Oranier, wenn auch mit kleinen Kunstgriffen, bis heute fort.

Als der mit Maria Stuart verheiratete König von England und Statthalter der Niederlande, Wilhelm III. von Oranien-Nassau, 1702 ohne leibliche Nachkommen starb, bestimmte er seinen Neffen, den Friesen Willem Friso, zum Erben – und das, obwohl ein älteres Testament seines Vaters seine Cousine und deren Nachkommen als Erben vorsah, in welchem Falle alles nach Preußen gegangen wäre. Ausgerechnet die Preußen waren es dann, die beherzt eingriffen, als oranjefeindliche ›Patrioten‹ dem Erbstatthalter Wilhelm V. von Oranien-Nassau im Jahr 1787 den Laufpass geben wollten. Prinzessin Wilhelmine von Preußen, die Gattin Wilhelms V., hatte nämlich während einer Reise nach Den Haag ihre kurzzeitige Festnahme provoziert und sich darüber bei ihrem Bruder, König Friedrich Wilhelm II. von Preußen beklagt, woraufhin dieser ihr und ihrem Gemahl alsbald mit 20 000 Soldaten zur Hilfe eilte und damit die Absetzung des Oraniers verhinderte.

Seit 1890 halten starke Frauen das Zepter in der Hand und die Nation zusammen. Königin Wilhelmina, Mater neerlandia, ›Omi‹ und ›Oberin‹ der Nation, erwarb besonders durch ihre Haltung im Zweiten Weltkrieg die Hochachtung des Volkes. Statt mit den Nazis zu kollaborieren, ging sie nach England und unterstützte den Widerstand.

Nach 58 Jahren folgte ihr 1948 ihre Tochter Juliana auf den Thron. Sie war bis 1980 Königin, doch hätte sie gewiss angesichts mancher Familiengeschehnisse das Haus von Oranien gerne fluchtartig verlassen. So als ihr Gemahl ihren Kontakt mit der Gesundbeterin Greet Hofmans unterband, die sie in der Hoffnung auf Heilung ihrer blinden Tochter Marijke an den Hof geholt hatte. Oder als ihre Tochter Irene zum katholischen Glauben übertrat und auf die Thronnachfolge verzichtete, weil es sie zu einem Spanier hinzog. Und musste ihre Tochter Beatrix 1966 ausgerechnet den Deutschen Claus von Amsberg, ein ehemaliges Mitglied der Hitlerjugend und Wehrmacht, zu ihrem Prinzgemahl wählen? »Claus raus!«, skandierte die Meute am Tag der Hochzeit in Amsterdam und zog es vor, Rauchbomben zu werfen, anstatt Oranje-Fähnchen zu schwenken. Damals war noch nicht daran zu denken, dass Prinz Claus einmal zu einem der beliebtesten Mitglieder des Königshauses avancieren und sein Tod 36 Jahre später die Nation in tiefe Trauer stürzen würde.

Anlässlich der Inthronisation von Königin Beatrix im Jahr 1980 kochte die Volksseele erneut. Stein des Anstoßes war die trotz leer stehender Häuser grassierende Wohnungsnot, angesichts derer man nicht verstehen konnte, dass für die Sanierung des königlichen Palastes Huis ten Bosch ungeheure Geldsummen ausgegeben wurden. Während die Königin in der Nieuwe Kerk in Amsterdam die Krone an ihre Älteste weitergab, schmetterten Hausbesetzer draußen vor der Tür »geen woning, geen kroning« (keine Wohnung, keine Krönung). Den Demonstranten standen dabei Tränen in den Augen, doch nicht aus Rührung, sondern wegen des eingesetzten Tränengases.

Die Eigenwilligkeit der Mitglieder des Königshauses spaltete 2001 wieder einmal die Nation: Der Kronprinz und Thronfolger Willem-Alexander hatte die Argentinierin Máxima Zorreguieta zu seiner Prinzessin auserkoren, eine Bürgerliche, die katholisch und Tochter eines ehemaligen Mitglieds der argentinischen Militärjunta ist. Bevor die ›Operation 020202‹, wie die prunkvolle Hochzeit am 2. Februar 2002 im Polizeijargon hieß, zelebriert werden konnte, bedurfte es einiger diplomatischer Bemühungen des niederländischen Regierungschefs, um die erforderliche Zustimmung der Regierung zur Vermählung einzuholen. Für den Fall, dass man ihm diese versagen würde, hatte der Kronprinz mit dem Thronverzicht gedroht.

Máxima Zorreguieta musste vor der Heirat öffentlich die Menschenrechtsverletzungen der argentinischen Militärjunta verurteilen und sich zur Demokratie bekennen. Ihrem Vater, der im Kabinett des argentinischen Militärdiktators Jorge Videla als Landwirtschaftsminister gedient hatte, wurde zudem untersagt, an der Hochzeit teilzunehmen. Staatsräson! Das war kein einfacher Start für Willem Alexanders Auserwählte, die durchaus einmal Königin der Niederlande werden könnte, doch inzwischen hat die Südamerikanerin die Herzen der Niederländer im Sturm erobert. Allein die Tatsache, dass sie in Nullkommanichts die niederländische Sprache erlernte und jetzt fließend spricht, hat den Niederländern mächtig imponiert. Selbst Gegner der Monarchie können sich dem Charme von Máxima nicht vollends entziehen und sehen sich hinsichtlich ihres Ziels, der Abschaffung der Monarchie, um 20 Jahre zurückgeworfen.

Nieuw Nederland mit der Hauptstadt Nieuw Amsterdam, heute New York, entsteht. Mit der wirschaftlichen geht eine kulturelle Blüte einher, die große Maler wie Rembrandt und Jan Vermeer hervorbringt.

Niedergang der niederländischen Republik

1652   Erster von vier Seekriegen gegen die Engländer, nachdem Cromwell den Transport von Waren zu den britischen Inseln nur auf englischen Schiffen zulässt (›Navigation Act‹).

1672   Wilhelm III. von Oranien wird Statthalter der Niederlande und schlägt die einmarschierten französischen Truppen Ludwigs XIV. zurück. 1677 heiratet er die Tochter Karls I. von England, Prinzessin Maria, und wird 1689 König von England.

1714   Nach dem Spanischen Erbfolgekrieg fallen die spanischen Niederlande an Österreich.

1780–1784 Krieg gegen England im Zusammenhang mit dem nordamerikanischen Unabhängigkeitskrieg.

1747   Wilhelm IV. von Oranien wird zum Erbstatthalter ernannt.

›Franzosenzeit‹ und ›Königreich der Niederlande‹

1792–1794 Frankreich erobert die Niederlande und errichtet 1795 auf dem Territorium die Batavische Republik.

1806–1815 Napoleon Bonaparte erhebt die Niederlande zum Königreich und bestimmt seinen Bruder Louis zum König. 1810 dankt dieser ab, die Niederlande fallen an Napoleons Empire.

1815   Nach Napoleons Niederlage bei Waterloo vereint der Wiener Kongress die beiden Niederlande zum ›Königreich der Vereinigten Niederlande‹ und stellt sie unter die Herrschaft Wilhelms I. von Oranien.

1830   Aufstand in Brüssel. In der Folge zerfallen die Vereinigten Niederlande in das Königreich der Niederlande, Belgien und das Großherzogtum Luxemburg.

1848   Verfassungsreform unter König Wilhelm II. Es entsteht eine konstitutionelle, parlamentarische Monarchie.

1890   Tod von Wilhelm III. Die weibliche Erbfolge wird eingeführt. Wilhelmina, Tochter von Wilhelm III., wird Königin der Niederlande.

Das 20. Jahrhundert

1914–1918 Während des Ersten Weltkrieges wahren die Niederlande Neutralität.

1920–1932 Trockenlegung der Zuiderzee.

1940–1945 Während des Zweiten Weltkrieges werden die Niederlande von den Deutschen besetzt, Königin Wilhelmina und die Regierung gehen nach London ins Exil. Über 125 000 Bürger der Niederlande kommen ums Leben, davon sind mehr als 100 000 Juden.

Hoffnungsträger der Monarchie: Prinz Willem-Alexander und Prinzessin Máxima

1947	Die Niederlande bilden mit Belgien und Luxemburg eine Zollunion.
1948	Königin Wilhelmina dankt zugunsten ihrer Tochter Juliana ab.
1953	1835 Menschen fallen einer Sturmflutkatastrophe zum Opfer.
1966	Kronprinzessin Beatrix heiratet den Deutschen Claus von Amsberg.
1980	Inthronisation von Königin Beatrix, nachdem Königin Juliana zugunsten ihrer Tochter Beatrix abgedankt hat.
1992	Unterzeichnung des ›Maastrichter Vertrages‹ über die Europäische Union.
1997	Abschluss des Delta-Plans zur Abriegelung des Mündungsdeltas von Rhein, Maas und Schelde.

Das 21. Jahrhundert

2002	Die Regierung tritt wegen des Versagens der niederländischen UN-Schutztruppe beim Massaker von Srebrenica 1995 zurück. Die neue Mitte-Rechts-Regierung fuhrt der Christdemokrat Jan Peter Balkenende. Kronprinz Willem-Alexander heiratet die Argentinierin Máxima Zorreguieta. Prinz Claus stirbt.
2003	Prinz Johan Friso verzichtet auf die Thronfolge, nachdem die Regierung dessen Ehe mit der Bankierstochter Mabel Wisse Smit für unerwünscht erklärt hat.
2004	Prinzessin Juliana, ehemalige Königin der Niederlande und ›Mutter der Nation‹, stirbt am 20. März 2004.

Kultur und Leben

Burgundische Lebensart – Straßencafé
vor dem Rathaus in Middelburg

HOLLÄNDISCHE LEBENSART

Holland im Wandel

Lange Zeit gliederte sich die holländische Gesellschaft in ›Säulen‹, d. h. klar voneinander abgegrenzte, religiöse oder weltanschauliche Gruppierungen. Firmen, Vereine, Zeitungen, Hochschulen etc. waren calvinistisch, katholisch, liberal oder sozialistisch und rekrutierten ihre Belegschaften, Mitglieder oder Studenten entsprechend ihrer Religion oder Weltanschauung. Mit dieser ›Versäulung‹ wird es wohl bald vorbei sein. Der wichtigste Grund hierfür ist die zunehmende Abwendung der Niederländer von den Kirchen.

Holland erhebt keine Kirchensteuern, Pfarren sind daher zu ihrem Erhalt auf Spenden der Kirchgänger angewiesen, doch diese bleiben aus. Zwecks Sanierung ihrer Finanzen haben die Kirchen etliche Gotteshäuser verkauft, die von den neuen Besitzern in Konzerthallen, Tagungsstätten oder Restaurants umgewandelt wurden.

Wer glaubt, dass alle Untertanen im ›calvinistischen Königreich‹ auch Calvinisten sind, der irrt. 40 % der holländischen Bevölkerung gehören keiner Konfession an, 31% sind römisch-katholisch, 22 % sind Calvinisten, 3,9 % Moslems und etwa 4 % Andersgläubige, davon 30 000 Juden.

Den Menschen in Hollands calvinistischem Norden werden seit jeher Tugenden wie Genügsamkeit und Sparsamkeit zugeschrieben, wohingegen jenen im katholischen Süden Frohsinn und gepflegte Gastronomie nachgesagt werden. Während sich die ›Südländer‹ mit den Tugenden der nördlichen Nachbarn nie recht anfreunden mochten, breitet sich im Norden mittlerweile zunehmend die ›burgundische Lebensart‹ aus. Man geht gern zum Essen aus und kocht nach ausländischen Rezepten. Modische Kleidung hat die einst bescheidene traditionelle Garderobe verdrängt, und man greift freudig nach allen Offerten der Freizeitkultur. Der Begriff ›Spaßgesellschaft‹ scheint mittlerweile auf fast ganz Holland zuzutreffen. In den Provinzen ›boven de rivieren‹ (oberhalb der Flüsse) von Maas, Waal und Lek, vornehmlich auf dem Lande, leben allerdings noch rund 600 000 strenggläubige Calvinisten, die eine ›Anpassung an das Weltliche‹ weitgehend ablehnen.

Aufgeräumt werden muss auch noch mit einem anderen Klischee: Auf die typischen, nur aus wenig Stoff bestehenden ›holländischen‹ Gardinen, häufig als Zeichen calvinistischer Offenheit nach dem Motto ›Seht, ich habe nichts zu verbergen‹ gewertet, trifft man immer seltener.

Typisch holländisch: die Suche nach dem Konsens

Ein auffälliges Merkmal des Miteinanders in Holland ist, dass man sich bei jeder sich bietenden Gelegenheit gemeinsam an einen Tisch setzt und anstehende Probleme so lange erörtert,

Die Tracht wird meist nur noch zu festlichen Anlässen getragen

bis eine von allen akzeptierte Lösung gefunden ist. Beratung, Mitsprache und Übereinstimmung sind in der niederländischen Gesellschaft Begriffe von hohem Stellenwert, und der gesellschaftliche Status von Personen hängt wesentlich davon ab, welchen Platz sie in Beratungsstrukturen innehaben.

Das gemeinsame Ringen um einen Konsens ist in Holland eine seit dem Mittelalter gepflegte Kultur. Über die Suche nach dem Konsens wurden Doktorarbeiten und Essays verfasst, ja sogar Romane wie ›Het Bureau‹ (Das Büro, J. J. Voskuil), in dem die Figuren ihre Tage mit Beratungen, Versammlungen und Rücksprachen verbringen. Jedermann weiß natürlich, dass Konsens meist den kleinsten gemeinsamen Nenner bedeutet und häufig mit einem Abrücken von eigenen Vorstellungen verbunden ist, doch das nimmt man gemäß einem bekannten niederländischen Sprichwort zugunsten der Solidarität gelassen hin: »Benimm dich normal, das ist schon verrückt genug.«

Ein wichtiges Prinzip: Toleranz

Wo andere Länder auf knallharte Gesetze und deren strikte Einhaltung pochen, handelt man in Holland häufig nach der Einsicht, dass Verbote allein kaum etwas zum Besseren wenden – *gedogen* und *moet kunnen* sind die magischen Worte: Dulden und Gewährenlassen. So wird beispielsweise der Konsum weicher Drogen in Coffeeshops geduldet, und Ärzte, die unter bestimmten Bedingungen Sterbehilfe leisten, werden strafrechtlich nicht verfolgt. Prostitution war verboten, wurde jedoch geduldet, jetzt ist sie so-

35

HOLLANDS DROGENPOLITIK –
UMSTRITTEN, ABER ERFOLGREICH

Wer meint, in Hollands Coffeeshops, von denen es allein in Amsterdam an die 300 gibt, werde röstfrischer Kaffee serviert, liegt völlig daneben. Statt des Muntermachers werden dort beim Kellner vielmehr Schläfrigmacher bestellt: Haschisch, Marihuana und andere weiche Drogen. Die Vergabe von Lizenzen für die Abgabe so genannter weicher Drogen an Coffeeshops ist eine der Maßnahmen, mit denen man in Holland das Drogenproblem angeht. Während der Besitz von harten Drogen strafrechtlich streng verfolgt wird, stuft der Gesetzgeber den Besitz von maximal 5 g weicher Drogen für den Eigenbedarf seit 1976 als Ordnungswidrigkeit ein und sieht von einer Strafverfolgung ab. Damit will man verhindern, dass die Konsumenten weicher Drogen in die Kriminalität abrutschen. Denn wer weiche Drogen bei Dealern aus dem kriminellen Milieu kauft, kommt im Allgemeinen eher mit harten Drogen wie Kokain, Heroin und Ecstasy in Berührung, und das möchte man verhindern. Aber auch dem Konsum von weichen Drogen wird durch Aufklärungs- und Informationskampagnen entgegengewirkt.

Im Mittelpunkt der niederländischen Drogenpolitik steht neben der Bekämpfung des organisierten Drogenhandels vor allem die Begrenzung der Gesundheitsrisiken bei den Betroffenen. In Fixerstuben können Heroinsüchtige ihre gebrauchten Injektionsnadeln gegen neue eintauschen, was zu einem starken Rückgang der Anzahl von mit HIV oder Hepatitis infizierten Fixern geführt hat. Die Abgabe von Methadon an langjährige Heroinabhängige ist eine weitere Maßnahme, um die gesundheitlichen Schäden möglichst gering zu halten.

gar legalisiert. Holland war zudem das erste Land Europas, in dem gleichgeschlechtliche Paare standesamtlich getraut wurden. Zwischen den Buchstaben des Gesetzes und der Ausführung klafft meist eine Lücke, und die wird in Holland kreativ genutzt – oder das Gesetz wird geändert.

Feste und Brauchtum

Alljährlicher Höhepunkt des Festjahres ist der *koninginnedag,* der Nationalfeiertag am 30. April, an dem der Geburtstag der Königin landesweit gefeiert wird. Besonders in Amsterdam geht es hoch her. Dort locken Jahrmarkt und *vrijmarkt,* ein gigantischer Straßenmarkt, auf dem jedermann einen Stand aufmachen kann,

über 1 Mio. Menschen auf die Straßen.

Ein großes Ereignis für die Kleinen ist die Ankunft von Sinterclaas (St. Nikolaus), der am zweiten oder dritten Samstag im November gemeinsam mit dem Swarte Piet (Knecht Ruprecht) und großem Gefolge per Boot in einigen großen Städten eintrifft. Höhepunkt der Nikolauszeit ist der *pakjesavond* (Päckchenabend) am 5. Dezember, an dem es Geschenke gibt. Oft ist auch ein Gedicht dabei, in dem die kleinen Macken der Beschenkten karikiert werden.

Im katholischen Süden holen die Jecken einige Tage vor Fastnacht im Februar oder März ihre Pappnasen hervor und stürzen sich in den Karnevalstrubel, begleiten in buntem Treiben die Umzüge und feiern in Kneipen und Cafés bis in die frühen Morgen.

Toleranz wird groß geschrieben – auch am *koninginnedag*

KUNST UND ARCHITEKTUR

Altniederländische Malkunst

Bereits im 15. und 16. Jh., also noch vor dem ›Goldenen Zeitalter‹ (s. u.), erlebte die niederländische Malerei mit der flämischen Malkunst eine erste Blütezeit. Zu den bedeutendsten Repräsentanten der vom Bemühen um eine detailgetreue Wiedergabe geprägten altniederländischen Malerei zählen Jan van Eyck (um 1390–1441), Rogier van der Weyden (um 1400–1464), Hans Memling (1430–1495), Hugo van der Goes (1440–1482) und Gerard David (um 1460–1523).

Im 16. Jh. begaben sich zahlreiche holländische Maler nach Italien, studierten die italienische Malerei und ließen sich von der Kunst der römischen Hochrenaissance beeinflussen. Bereits bei Gerard David, dessen Arbeiten sich noch an van Eyck und Memling orientierten, macht sich der italienische Einfluss bemerkbar. Jan van Scorel (1495–1562), der u. a. Schüler von Dürer war, gehört zu den bedeutendsten Vertretern des so genannten Romanismus.

Von der aufkommenden neuen Strömung unbeeinflusst blieb einer der wunderlichsten Maler aller Zeiten, der in 's-Hertogenbosch geborene Jeroen van Aeken alias Hieronymus Bosch (1450–1516). Seine rätselhaft-grotesken, mit metaphorisch-religiösen Anspielungen gespickten Tafelbilder versetzen die Welt bis heute in Erstaunen. Nichts mit den ›Romanisten‹ gemein

hatte auch der in Antwerpen und Brüssel lebende Pieter Bruegel d. Ä. (um 1525–1569). Seine wirklichkeitsnahen Darstellungen der bäuerlichen Welt brachten ihm den Beinamen ›Bauern-Bruegel‹ ein. Die scheinbar so alltäglichen Szenen stecken voller symbolischer Anspielungen, z. B. Verweise auf Sprichwörter.

Die Malerei im ›Goldenen Zeitalter‹

Im Verlauf des Achtzigjährigen Krieges (1568–1648, s. S. 27) kam es zu einer politischen und konfessionellen Trennung des calvinistischen Nordens von dem bei Spanien verbliebenen katholischen Süden. Mit der politischen Entwicklung ging im Bereich der Kunst die Entstehung von zwei unterschiedlichen Malschulen einher. Der bedeutendste Repräsentant des Südens war der in Siegen geborene, katholische Peter Paul Rubens (1577–1640), der des Nordens Rembrandt Harmenszoon van Rijn (1609–1669).

Kennzeichnend für das Werk von Rubens sind die plastische Körperlichkeit und starke Sinnlichkeit seiner Figuren sowie vitale, leuchtende Farben. Dagegen brachte Rembrandt in der Tradition von Leonardo da Vinci und Caravaggio die mystische Stimmungen und dramatische Spannung erzeugende Technik des Helldunkel (Chiaroscuro) zu meisterhafter Vollendung. Revolutionär war Rembrandts Auffassung vom

REMBRANDT HARMENSZOON VAN RIJN

Der zweifellos berühmteste holländische Maler ist Rembrandt Harmenszoon van Rijn. Der 1606 in Leiden geborene Sohn eines Müllers und einer Bäckerstochter studierte zunächst in seiner Geburtsstadt an der ersten Universität der Niederlande, an der Theologie und Naturwissenschaften gelehrt wurden. Doch brach er schon nach weniger als einem Jahr sein Studium ab, um bei Jacob van Swanenburgh die Malkunst zu erlernen. Prägend war jedoch eine nur halbjährige Lehrzeit in Amsterdam bei Pieter Lastman, bei dem er die später von ihm zur meisterhaften Vollendung gebrachte Technik des Helldunkel (Chiaroscuro) erlernte.

Nach einer ersten Schaffensperiode in Leiden, wo er mit seinem Freund Jan Lievens in einem gemeinsamen Atelier arbeitete, zog Rembrandt 1631 nach Amsterdam, wo er im Haus eines Kunsthändlers wohnte und von der Porträtmalerei lebte. 1634 heiratete er die vermögende Nichte des Kunsthändlers, Saskia van Uylenburgh. Mit der Ehe setzte für Rembrandt ein Jahrzehnt des Glücks und beflügelten Schaffens ein, das jedoch immer wieder von harten Schicksalsschlägen überschattet wurde. Drei seiner vier Kinder starben im frühen Kindesalter, von der Geburt des vierten, des Sohnes Titus, erholte sich Saskia nie. Sie starb 1642 im Alter von 30 Jahren. Zu dieser Zeit arbeitete Rembrandt an der ›Nachtwache‹, die er trotz des schweren Schicksalsschlages im gleichen Jahr fertig stellte.

Die Heirat mit Saskia van Uylenburgh hatte Rembrandts beruflichen und gesellschaftlichen Aufstieg begünstigt, er war ein erfolgreicher Künstler und Lehrmeister. Bedeutende Maler wie Ferdinand Bol und Govaert Flinck zählten zu seinen Schülern. 1639 kaufte Rembrandt ein großes Haus in der St. Antoniesbreestraat (heute Jodenbreestraat). Es diente ihm als Wohnung und Atelier und war bis unter das Dach mit Kunstwerken und Requisiten des leidenschaftlichen Sammlers angefüllt. Die Sammlung umfasste neben Werken von Albrecht Dürer, Pieter Brueghel, Jan van Eyck, Raffael, Hans Holbein d.J. und zahlreichen anderen Künstlern, Büsten von römischen Kaisern, exotische und europäische Waffen, darunter 150 verschiedene Gewehre, Musikinstrumente, 70 verschiedene ausgestopfte Tiere, Geweihe, Stoßzähne u. v. m. Heute beherbergt es das dem Künstler gewidmete Museum.

Schulden, ein aufwendiger Lebensstil und hohe Ausgaben für seine Sammlungen führten 1656 zum wirtschaftlichen Ruin Rembrandts, sein Haus und seine Sammlungen wurden versteigert. Das Malergenie verarmte. Dass seine künstlerische Schaffenskraft dennoch ungebrochen war, wird anhand der Entstehung einiger seiner bedeutendsten Werke wie ›Staalmeesters‹ (1661) und ›Judenbraut‹ (1665, beide im Rijksmuseum, Amsterdam) deutlich. Rembrandt starb am 4. Oktober 1669 in Amsterdam, ein Jahr nach dem Tod seines Sohnes Titus, und wurde in der Nähe der Westerkerk begraben. Später wurde sein Sarg in die Kirche überführt, doch konnten seine Gebeine bis heute nicht aufgefunden werden.

Gruppenbildnis, wie sie in der ›Anatomie des Dr. Tulp‹ und der ›Nachtwache‹ zum Ausdruck kommt.

Trotz des Krieges erreichte Holland im 17. Jh. seinen wirtschaftlichen Höhepunkt. Das Bürgertum war finanziell bestens situiert und sah im Sammeln von Gemälden eine geeignete Kapitalanlage. Aber auch der Wunsch nach Selbstdarstellung und Sozialprestige spielte beim Kauf von Kunstwerken eine nicht unerhebliche Rolle, weshalb man die Wände im Haus gerne flächendeckend mit Porträts und allerlei anderen Motiven bedeckte.

Die Nachfrage nach Gemälden war enorm und führte zu einer regelrechten Bilderflut. Dennoch konnten die meisten Maler von ihren Bildern eher schlecht als recht leben, etliche mussten noch andere Tätigkeiten ausüben. So führten Jan Steen und Aert van de Velde Schankwirtschaften, Jan van Goyen war im Nebenberuf Immobilienmakler, handelte aber auch mit Tulpenzwiebeln, Meindert Hobbema arbeitete als Fasseicher und Jacob van Ruisdael als Chirurg.

Maler und ihre Sujets

Rembrandts Œuvre erstreckt sich von Porträts und Landschaften über biblische, historische und mythologische Darstellungen bis zu Genrebildern, doch die meisten seiner Gemälde waren auf bestimmte Sujets spezialisiert. Frans Hals (1584–1666) tat sich besonders durch vortreffliche Porträts und Schützenstücke hervor. Paulus Potter (1625–1654) malte Tiere und brachte das den Wohlstand symbolisierende

Rindvieh so naturgetreu auf die Leinwände, dass manch einer glaubte, es sogar riechen zu können. Adriaen van de Velde (um 1636–1672), bekannt für seine Landschaftsgemälde und Strandszenen, war ebenfalls ein hervorragender Tiermaler – selbst Malerkollegen engagierten ihn für Tierdarstellungen in ihren Bildern. Sein Vater, Willem van de Velde d. Ä. (um 1611–1693), und sein Bruder, Willem van de Velde d. J. (um 1633–1707) hatten sich besonders durch das Malen von Schiffen und Seeschlachten Ansehen erworben. Jan Steen (1626–1679) aus Leiden malte ironisch-tiefsinnige Alltagsszenen als ›Sittengemälde‹, darüber hinaus aber auch Porträts, Landschaften und Bibelszenen. Der bedeutende Maler Jan Vermeer van Delft (1632–1675) widmete sich vorzugsweise der Darstellung von einfachen Innenräumen. Von Jan van Goyen, Salomon und Jacob van Ruisdael, Philips de Koninck, Hercules Seghers und Meindert Hobbema existieren vorwiegend Landschaftsgemälde, Willem Kalf und Abraham van Beyeren waren Meister des Stillebens, Saenredam, Amanuel de Witte und Gerard Houckgeest Spezialisten für die Darstellung von Kircheninterieur.

Die Liste großer niederländischer Maler jenes Zeitalters ist noch wesentlich länger, Frauennamen wird man darauf aber nur wenige finden. Die heute bekannteste Malerin war Judith Leyster (1609–1660), deren Bilder – einige sind im Rijksmuseum Amsterdam, im Frans Hals Museum in Haarlem und im Mauritshuis in Den Haag zu sehen – oft Frans Hals oder anderen Malern zugeschrieben wurden.

Die Gemälde in der Schuttersgalerij waren Auftragsarbeiten von Schützengilden

Mit dem Niedergang der holländischen Wirtschaft Ende des 17. Jh. endete die Blütezeit der niederländischen Malerei. Die von den Künstlern hinterlassenen Werke vermitteln dem heutigen Betrachter in einzigartiger Weise einen Eindruck vom Leben und der Kultur jener Zeit. Dies ist zum einen auf die Sujets zurückzuführen: Alltag, Brauchtum, Familie, Spiel und Feste, Beruf und Landschaften, zum anderen auf die realistische, detailreiche Wiedergabe der Objekte, die sich bereits seit Jan van Eyck als Charakteristikum der niederländischen Malerei abgezeichnet hatte.

Schützenstücke

Zahlreiche holländische Städte verfügten im 16. und 17. Jh. über Bürgermilizen, die für Recht und Ordnung sorgten und die Städte bei Angriffen verteidigten. Die Offiziere dieser Schützengilden waren bei den Städten angestellt und hatten ihre eigenen Versammlungsräume *(doelen)*. Zu den berühmtesten Schützenkompanien zählten die Büchsenschützen der Kloveniersgilde von Amsterdam sowie die St.-Joris-, die St.-Georgs- und die St.-Hadriansschützen von Haarlem. Bekannt wurden sie durch die von Rembrandt und Frans Hals gemalten Gruppenporträts, die man allgemein als Schützenstücke (auch Doelenstücke) bezeichnet. Die Gemälde wurden von den Kompanien in Auftrag gegeben, und jeder, der darauf erscheinen wollte, musste dafür einen Obolus entrichten, nach dessen Höhe sich die Präsentation in dem Gemälde richtete.

Während auf frühen Schützenstücken statisch wirkende Zusammenstellungen von leblosen Einzelporträts zu sehen sind, findet man in späteren

Gemälden bereits vereinzelt Gesten sowie Andeutungen von Tätigkeiten und Gesprächssituationen. Schließlich werden die Personen sogar in eine Handlung eingebunden. Ein Gemälde des Rembrandt-Schülers Govaert Flinck zeigt z. B. ein Treffen zweier Schützenkompanien. Es ist neben zahlreichen anderen Schützenstücken in der Amsterdamer Schuttersgalerij zu sehen. Im Rijksmuseum in Amsterdam befindet sich das krönende Meisterwerk dieses Genres, das von Rembrandt im Auftrag der Amsterdamer Büchsenschützen geschaffene Gemälde ›Die Schützenkompanie des Kapitäns Frans Banning Cocq und Leutnants Willem van Ruytenburch‹. Es ist Rembrandts berühmtestes Gemälde und trägt heute den Namen ›Nachtwache‹, obwohl es eigentlich eine Tagesszene zeigt.

Die niederländische Malerei des 19. und 20. Jh.

Das bedeutendste, wenn auch erst posthum erkannte holländische Malergenie des 19. Jh. ist gewiss Vincent van Gogh (1853–1890), ein Vorläufer der Expressionisten. In seiner noch vom Realismus geprägten Zeit in Holland malte er Landschaften und Szenen des bäuerlichen Lebens in Drenthe (›Die Kartoffelesser‹). Sein Hauptwerk, zu dem die berühmten ›Sonnenblumen‹ und seine Selbstporträts zählen, entstand in Südfrankreich, wo er seinem Leben in geistiger Verwirrung ein Ende setzte.

In Den Haag widmete sich die ›Haager Schule‹ der realistischen Wiedergabe lokaler Motive. Einer der Begründer war Josef Israël (1824–1911), der sich mit seinen Arbeiten über das holländische Bauern- und Fischervolk hervortat. Weitere bedeutende Vertreter waren Jacob Maris (1837–1899) und Anton Mauve (1838–1888).

Im 20. Jh. bildeten sich in Holland zahlreiche unterschiedliche Kunstrichtungen heraus. Piet Mondrian (1872–1944) begann im Stil der Haager Schule und entwickelte unter dem Einfluss besonders des Kubismus seine eigene Richtung, ›De Stijl‹, die u. a. die Reduktion auf geometrische Formen und Grundfarben beinhaltete. Ein zweiter bedeutender Vertreter der ›De Stijl‹-Bewegung war Theo van Doesburg (1883–1931). Er trug maßgeblich dazubei, dass die neue Kunstauffassung vom deutschen Bauhaus aufgegriffen und dem Design und der Architektur zugeführt wurde.

1948 bildeten Maler und Literaten aus Kopenhagen (Copenhagen), Brüssel und Amsterdam, darunter die niederländischen Maler Karel Appel, Corneille (Guillaume Beverloo) und Constant (Nieuwenhuis), die nach den Anfangsbuchstaben ihrer Heimatstädte benannte Gruppe CoBrA. Ihre Arbeit zielte auf eine möglichst originäre und fantasievolle Ausdrucks- und Farbgestaltung und schöpfte aus der spontanen Malerei von Kindern, frühen indianischen und afrikanischen Kulturen sowie der Malerei geistig Erkrankter. CoBrA beeinflusste die Entwicklung des europäischen abstrakten Expressionismus nachhaltig. Zu einer der Ikonen dieser Kunstrichtung, insbesondere des Action Painting, entwickelte sich der Rotterdamer Willem de Kooning in den 1940er Jahren in den USA, nachdem er als blinder Passagier über den Atlantik gereist war.

Architektur: Bauen auf seichtem Grund

Im ›Waterland‹ Holland mit seinen lockeren Sand-, Schlick- und Marschböden zu bauen, war immer eine besondere Herausforderung. Die Gebäude mussten ein möglichst geringes Gewicht haben, damit sie nicht einsanken oder in Schieflage gerieten. Diese Anforderung erfüllten die Holzhäuser, die man anfangs nicht nur auf dem Land, sondern auch in den Städten baute. Doch nach verheerenden Bränden in Amsterdam durften ab 1452 für den Bau von Häusern nur noch Backsteine und Ziegel verwendet werden. Das Fundament bildeten tief in den seichten Boden gerammte Baumstämme – das alte Amsterdam steht auf einem ›Wald‹ von Fichtenstämmen. Da festere Bodenlagen erst in 12 und 20 m Tiefe vorhanden sind, mussten die Baumstämme mindestens 13 m lang sein. Heute werden die Gebäude auf Betonstelzen errichtet.

Unterkellerte Häuser sind in Holland eher selten, sie würden schnell feucht und liefen voll Wasser. Um dem vorzubeugen, haben vor langer Zeit findige Köpfe den Keller mit schwimmendem Boden ersonnen, wie er in einem Haus in Edam zu besichtigen ist (s. S. 86). Steigt das Grundwasser, so hebt sich mit dem in den Keller eindringenden Wasser der Boden des Kellers, die darauf gelagerten Gegenstände bleiben jedoch trocken.

In einem Hausboot auf dem Wasser zu wohnen, ist in Holland gang und gäbe. Jetzt will man auch richtige Häuser, ganze Wohnsiedlungen und Gewerbebauten auf dem Wasser schwimmen lassen. Rund 30 derartige Wohn- und Nutzprojekte befinden sich bereits in verschiedenen Phasen der Planung bzw. im Bau. Eines ist die Siedlung Ijburg östlich von Amsterdam, in der 200 schwimmende Wohneinheiten entstehen sollen. Im Stadtteil Eilandenbuurt von Almere gibt es bereits 16 schwimmende Häuser.

Sakralbauten

Die Bodenbeschaffenheit hatte auch Auswirkungen auf die sakrale Architektur in Holland. Die Kirchen mit Steingewölben lassen sich an einer Hand abzählen. Die meisten Gotteshäuser haben Dachstühle aus Holz, die ein geringeres Gewicht haben.

Beim Bau der Glockentürme tat man sich besonders schwer. Das Vorhaben, mit einem möglichst hohen Turm dem Himmel ganz nah zu kommen, scheiterte nicht selten auf halbem Wege an der aufkeimenden Furcht, er könne umkippen. Die Erbauer des Kirchturms von Meliskerke auf Walcheren ließen sich allerdings nicht beirren. Als der Turm schon während des Baus (um 1400) in Schieflage geriet, glich man die Abweichung immer wieder aus und mauerte lotrecht weiter. Der Turm ist deshalb nicht nur schief, er weist eine regelrechte Krümmung auf.

Das Grachtenhaus

Es ist schmal, hat zwei bis vier Stock-werke und ist sehr hoch, weist häufig oben eine leicht nach vorn geneigte Fassade mit hohen Sprossenfenstern und einem schmucken Giebel auf, aus dem über eine Speicherluke ein Balken nach außen ragt, und es ist meist eini-ge hundert Jahre alt: das Grachten-haus. Die meisten dieser historischen Häuser sind heute denkmalgeschützt.

Die kunstvollen Treppen-, Schna-bel-, Glocken-, Hals- oder Leistengie-bel, die ihrerseits wiederum in ver-schiedenen Varianten vorkommen, wa-ren früher Statussymbole. Ihr indivi-dueller Charakter hatte auch einen praktischen Nutzen: Die Giebel dienten zur Unterscheidung der Häuser, denn erst unter Napoleon wurden 1795 Hausnummern in Holland eingeführt.

Grachtenhäuser sind schmal, weil Baugrund teuer war. Entsprechend eng ist es in den Häusern. Da Möbel kaum durch die nur ›hühnerleiterbreiten‹ Treppenhäuser passten, besaßen die Grachtenhäuser im Giebel den *huis-balk*, einen nach außen ragenden Bal-ken, an dem sperriger Hausrat an ei-nem Flaschenzug zu Fenstern und Lu-ken hinaufgehievt werden konnte.

Damit die Möbel nicht an der Fassade entlangschrammten, erhielten die Häuser *vlucht gevel,* hatten also eine geneigte Front.

Holländische Brückenbaukunst

In einem Land, das so viele Wasserstraßen besitzt wie Holland, besteht eine besondere Notwendigkeit, den Menschen das Überqueren von Kanälen, Grachten und Flüssen zu ermöglichen und dennoch die Passage von Schiffen zu gewährleisten. Dies hat holländische Brückenbauer erfinderisch gemacht.

Die meisten Brücken haben eines gemeinsam: Der Überweg kann auf irgendeine Weise geöffnet werden, damit Schiffe mit Masten oder Aufbauten die Brücken passieren können. Will man mit einem Segelboot unter Amsterdams Bogenbrücken hindurchfahren, so muss der Mast umgelegt werden. Bei den so genannten Oorgat-Brücken, wie sie z. B. in Hindeloopen zu finden sind, bleibt dies dem Skipper erspart. Man öffnet in der Mitte der Brücke einen quer zu ihr verlaufenden Spalt von ca. 1 m Breite, durch den der Bootsmast gut hindurchpasst. Bei der Rotterdamer Erasmusbrücke, einer Wippbrücke, wird ein 89 m langes Stück der Fahrbahn hoch geklappt, um Schiffen mit bis zu 50 m Breite und 12 m Höhe die Durchfahrt zu ermöglichen.

Die Nieuwe Langebrug in Haarlem macht deutlich, dass gewaltige Gegengewichte erforderlich sind, um die Brückenklappe anzuheben. Hier übernimmt ein in den mächtigen Waagebalken eingehängtes Gewicht in Form einer riesigen Walze diese Aufgabe, weshalb man der Brücke den Beinamen ›Farbroller‹ gegeben hat. Malerisch nehmen sich die historischen Klappbrücken wie etwa die berühmte ›Magere Brug‹ in Amsterdam aus. Futuristisch muten einige der neueren Brücken an, wie beispielsweise die William-Pont-Brücke in Zaanstad, deren bewegliches Element an einen Tortenheber erinnert.

ESSEN UND TRINKEN

Die einheimische Küche

Die traditionelle holländische Küche war stets bodenständig und ist es bis heute geblieben, auch wenn man die Speisen hier und da inzwischen mit ein wenig französischer Raffinesse zubereitet.

Zum reichhaltigen *ontbijt* (Frühstück) gehören Käse, Wurst, Eier, Marmelade, Milch, Kaffee oder Tee. Im Brotkorb finden sich Brötchen, luftig-weiches Brot mit und ohne Rosinen, traditioneller Honigkuchen und Zwieback. *Pindakaas* (Erdnussbutter), Schoko-Raspel und bunte Zuckerstreusel, die man aufs Brot streut, sind typisch für das Frühstück der Holländer.

Zum Mittagessen *(lunch)* beschränkt man sich häufig auf eine kalte oder warme Brotmahlzeit wie *broodjes half om* (Brötchenhälfte mit kaltem Fleisch, gebratenem Fisch oder Leber), *uitsmijter* (Rausschmeißer, bei uns ›Strammer Max‹: Brot, belegt mit Schinken oder Braten, Spiegeleiern, garniert mit einer Gewürzgurke) oder einer Tasse *snert* (Erbsensuppe).

Das *borrelhappje* (pikante Häppchen) stillt den ›kleinen Hunger zwischendurch‹. Neben *bami-, bitter-* und *gehaktballen* (Frikadellen) mit Senf, *fricadelen* (Würstchen mit Ketchup oder/und Mayonnaise), *saucijzebroodjes* (Würstchen in Blätterteig), *poffertjes* (kleine Krapfen) oder *flensjes* (kleine Pfannkuchen), Pommes frites und belegten *broodjes met ham* oder *met kaas* (Schinken-, Käsebrötchen) aus der Brötchenbar bietet sich hierzu ›Essen aus der Mauer‹ an, wie der Volksmund die aus Automaten zu ziehenden Speisen nennt, – und natürlich *maatjes* (s. S. 49).

Deftige Hausmannskost wie *hutspot* (eine Art Fleisch-Ragout mit Gemüsebrei aus Kartoffeln, Möhren und Zwiebeln oder anderem Gemüse der Saison), *erwtensoep* (Erbseneintopf mit Schweinefleisch und Würstchen) hat sich seit alters her auf dem Speiseplan der holländischen Hausfrau gehalten. Daneben kommt eine Vielzahl weiterer traditioneller holländischer Gerichte auf den Tisch, darunter *hete bliksem* (Schweinekoteletts mit Apfelgemüse), *asperges in de oven* (überbackener Spargel) und *Jan in de sak* (holländischer Serviettenkloß).

Typisch holländisch

In Restaurants mit dem Emblem von Neerlands Dis, einem Schild mit einer rot-weiß-blauen Suppenterrine, bekommt man typisch niederländische Gerichte. In Friesland gibt es typisch friesische Menüs in mit Frysk Menu gekennzeichneten Restaurants. Höchsten kulinarischen Maßstäben gerecht zu werden, haben sich die Restaurants der Vereinigungen Alliance Gastronomique Neerlandaise (Schild mit einem rot-blauem ›A‹) und Relais du Centre verpflichtet.

Ob deftige oder raffinierte Küche, in Holland speist man gern unter freiem Himmel

Zu den beliebten Desserts zählen neben Eiscreme alle Arten von Kuchen, wobei Apfelkuchen mit *boerenjongens* (in Rum eingelegte Rosinen) und Schlagsahne einer der leckersten ist.

Das *kopje koffie* (Tässchen Kaffee), ein *borrel* (Gläschen) Genever und ein kühles Bier sind des Holländers liebste Getränke. Neben dem bekannten Heineken Bier findet man in ganz Holland zahlreiche Biere lokaler Brauereien.

Hollands Gastronomie – multikulturell

Seit langem bereichert die fremdländische Cuisine, besonders die französische, chinesische und indonesische, die gastronomische Landschaft Hollands. Über die Hälfte aller Restaurants in Holland haben überwiegend ausländische Gerichte auf ihren Speisekarten. Rund 90 Nationalitäten wetteifern mit typischen Speisen aus ihren Ländern und Regionen um die Gunst ess- und probierfreudiger Restaurantbesucher, wobei ein großer Anteil der Kundschaft aus den eigenen Landsleuten besteht. Besonders im Kommen sind japanische, thailändische, spanische und ägyptische Restaurants. Von großer Bedeutung ist die französische Küche, die vor allem im Süden bereits seit der burgundischen Zeit etabliert ist und gewissermaßen zur ›einheimischen‹ Küche zählt. Trotz des enorm breiten Angebots an ethnischen Restaurants, dominiert bei den Toprestaurants die niederländisch-französische Küche.

47

KÄSE AUS HOLLAND

Fette Wiesen und glückliche Kühe, die ordentlich Milch geben – wer beides besitzt, kann vorzüglichen Käse machen, und darauf verstehen sich unsere nordwestlichen Nachbarn wahrlich. Der Besuch einer *kaasborderij* gibt Aufschluss darüber, wie aus frischer Milch Käse entsteht.

Zuerst versetzt man die Milch mit Milchsäurebakterien. Ist sie dann sauer und dick, kommt Labferment aus Kälbermägen hinzu. Jetzt wird gerührt, bis Klumpen entstehen, von denen die Molke abgepresst wird. Die steife Masse kommt sodann in Bottiche, wird erhitzt und gebeizt und schließlich in einer Gärkammer gelagert, wo sie einige Zeit reifen muss. Häufig wird dem *boerenkaas,* dem Bauernkäse, eine Mischung von würzigen Kräutern zugesetzt, deren Zusammensetzung ein meist gut gehütetes Familiengeheimnis ist. Kein Geheimnis ist indes, dass Friesen ihrem *nagelkaas ›Riperkrite tsiis‹* etwas getrockneten Schafmist zugeben, um eine schönere Färbung und einen würzigeren Geschmack zu erreichen. Das Gros der holländischen Käse wird heute nach standardisierten Methoden in Käsefabriken aus pasteurisierter Milch hergestellt.

Die Reifung verändert den Geschmack, manche der dabei ablaufenden Prozesse kennt man, doch vieles ist noch immer ein Geheimnis von Mutter Natur. Je länger der Käse reift, desto salziger, fester, schmackhafter und teurer wird er. Holländische Käse werden in unterschiedlichen Reifegraden angeboten: *jong* (vier Wochen), *jong belegen* (acht Wochen), *belegen* (vier Monate), *extra belegen* (sieben Monate), *oud* (zehn Monate) oder *overjahrig* (ein Jahr).

Die wichtigsten Käsesorten im Überblick
Gouda: Groß, rund, flach wie ein Wagenrad, 48 % Fett. Der Name ist heute nur noch eine Sortenbezeichnung, der Käse wird im ganzen Land hergestellt.
Edamer: Rund, fast kugelförmig. Dieser Käse wird aus leicht entrahmter Milch hergestellt, enthält 40 % Fett und ist trockener und herzhafter als Gouda. Export-Edamer wird in ein Bad mit rotem Paraffin getaucht und erhält dadurch eine rote Schale, oder er wird in rotes Cellofanpapier gewickelt.
Maaslander, Beemster, Zaanlander mild, Ijsselkaas und Gouwenaar: Goudakäse mit weniger Salzgehalt.
Leidse kaas: Er wurde früher aus magerer Milch, die beim Buttern übrig blieb, hergestellt, heute ist er mit 20, 30 und 40 % Fett erhältlich, er enthält Kümmel.
Friese Nagelkaas: Magerer Käse (30 % Fett) mit Kräutern und Kümmel.
Maasdamer: Eine relativ neue Käsesorte, süßlich und mit großen Löchern, daher auch ›holländischer Emmentaler‹ genannt. Die meisten Maasdamer werden unter den Namen Leerdamer, Hollandse gatenkaas, Westberg, Bergumer verkauft.

Daneben findet man in Holland auch verschiedene Sorten von Ziegen- und Schafskäse *(Geiten- und Schapenkaas).*

Matjes, Muscheln, Spargel – Holländische Spezialitäten

Den leckersten *maatjes,* den fangfrischen *Hollandse nieuwe* oder *nieuwe maatjes* (jungen Matjeshering), gibt es nur von Ende Mai bis Ende Juni. Er wird noch an Bord *gekaakt* (gekehlt und ausgenommen), in Salzlake ›gereift‹ und schockgefroren, was gesetzlich vorgeschrieben ist, um etwaige Nematoden zu beseitigen. *Nieuwe maatjes* schmeckt wesentlich milder und weniger salzig als der in unseren Supermärkten angebotene Matjes. Wie sagt doch der Holländer: »Hering ist Matjes, wenn er auf der Zunge wie Butter zergeht!«

Eine weitere Delikatesse aus dem Meer ist die Miesmuschel. Im Muschelzentrum, dem zeeländischen Yerseke, beginnt die Muschelsaison gewöhnlich im Juli und dauert bis März. Die ›Zeeuwse‹-Delta-Muscheln genießt man am besten in einem der Yerseker Restaurants, dort sind sie garantiert frisch.

Von Mai bis Juni wird im nördlichen Limburg das königlichste aller Gemüse, der Spargel, gestochen und kommt dort in zahllosen Restaurants in verschiedenen köstlichen Gerichten – als Suppe, Vorspeise, Hauptgericht oder sogar als Nachspeise – auf den Tisch. Morgenfrischer Spargel und während der Erdbeersaison gerade gepflückte *aardbeien* kann man hier auch an zahlreichen kleinen Verkaufsständen in der Nähe der Felder kaufen.

Spargelernte in Limburg

Kulinarische Einkaufstipps

Zahlreiche Regionen und Orte haben besondere kulinarische Spezialitäten kreiert, die sich bestens als Mitbringsel, aber auch zum Verwöhnen des eigenen Gaumens eignen. Gewiss bietet sich hier generell der holländische Käse in seinen zahlreichen köstlichen Varianten an (s. S. 48). Ferner: *vlaaien,* leckere Limburger Obsttorten; *speculaas,* Spekulatius; Beerenburger, ein mit 71 verschiedenen Kräutern angesetzter friesischer Kräuterschnaps; *zeeuwse babbelaars,* zeeländische Bonbons mit gesalzener Butter; *Haagse Hopjes,* Karamelbonbons aus Den Haag; *kletskoppen,* Backwaren mit Mandeln, eine Spezialität aus Leiden und Gouda, und nicht zuletzt *drop,* die ganze Vielfalt an Lakritzkonfekt.

Tipps für Ihren Urlaub

Strand von Noordwijk

HOLLAND ALS REISEZIEL

Pauschal oder individuell?

Wer seinen Urlaub am liebsten selbst plant und organisiert, hat es in Holland leicht. Es steht ein breites und vielfältiges Angebot an Unterkünften zur Verfügung (s. S. 220 f.). Daneben gibt es aber auch günstige Pauschalarrangements – beispielsweise für ein langes Wochenende in Amsterdam –, welche die Kosten für die Fahrt, Übernachtungen, eine Grachtenrundfahrt mit ›Candlelight Dinner‹, den Eintritt in Museen etc. einschließen. Auch für die Winterzeit oder für festliche Zeiten wie Weihnachten werden regelmäßig spezielle Arrangements zusammengestellt, zu finden u. a. auf der Internetseite des Niederländischen Büros für Tourismus (www.niederlande.de).

Camping

Mit rund 1000 Plätzen kultiviert Holland diese Form des Urlaubs. Es gibt große Familiencampingplätze mit breitem Unterhaltungsangebot – von Sportveranstaltungen bis zu Grillabenden – sowie Snackbars, Restaurants, Pool, Waschsalon und Läden. Wer den Standort öfter wechseln möchte, findet auf den über ganz Holland verteilten Vier- und Fünf-Sterne-Campingplätzen der Kette Holland Tulip Parcs (Tel. 076/520 00 99, www.hollandtulipparcs.nl), die auch über einen Vermittlungsservice verfügt, sehr guten Komfort.

Mitten in landschaftlich reizvoller und ruhiger Umgebung liegen die Kleine Groene Campings (www.kgc.nl). Ruhig, schlicht, gastfreundlich geht es beim Zelten auf dem Bauernhof zu (Tel. 01 83/35 27 41, www.svr.nl, www.vekabo.nl). Wer sein Zelt im Garten eines schönen Landgutes oder nahe einem romantischen Schloss aufschlagen möchte, findet entsprechende Plätze bei Gastvrije Nederlandse Landgoederen en Kastelen (Tel. 055/355 88 44, www.lkc.nl). Stadtbesucher werden unter www.citycamps.com fündig.

Preiswert, wenn auch schlicht, übernachtet man in den *trekkershutten* (Wanderhütten), die auf vielen Campingplätzen zu finden sind (s. S. 220 f.).

Campingführer erhält man beim NBT (s. S. 217) und bei den örtlichen VVV-Büros. Ein sehr detaillierter Campingführer ist in den Verkaufsstellen des niederländischen Automobilclubs ANWB erhältlich. Die Plätze können auch auf dessen Website (www.anwb.nl) abgerufen werden.

Urlaub auf dem Wasser

Segeltörns auf Traditionsseglern

Mehrtägige Segeltörns auf dem Ijssel- und im Wattenmeer mit alten holländischen Traditionsseglern der ›Bruine Zeilvloot‹ (s. S. 90) erfreuen sich zunehmender Beliebtheit. Die Schiffe werden von einem erfahrenen Skipper gesteuert, haben – je nach Größe – eventuell einen oder zwei Matrosen an Bord und nehmen bis zu zwei Dutzend Landratten mit, die unter Anleitung mit Hand anlegen können. Genächtigt wird in engen Kojen, und kochen muss man selbst. Abends machen die Boote in den malerischen Häfen der historischen Zuiderzeestädte, z. B. Enkhuizen, Hoorn und Urk, fest oder legen in Kampen, Harlingen oder den Häfen der Westfriesischen Inseln an.

Zu den Anbietern zählen z. B. Koostra Bootcharter Deutschland, Tel. 02 51/51 81 61, Fax 51 81 63, www.koostra.de; Hollands Glorie, Tel. 010/415 66 00, www.hollandsglorie.nl. Die BotterCompagnie (www.bottercompagnie.nl) organisiert Tagesausflüge, Arrangements und Segelregatten mit *bottern,* historischen Zuiderzee-Fischerbooten, auf dem Ijsselmeer (ab Volendam) für Gruppen von 12 bis 200 Personen.

Im Hausboot unterwegs

Selbst Kapitän sein, gemütlich mit dem Hausboot mit der ganzen Familie auf Hollands Seen und Kanälen herumtuckern, ist ein Urlaubsvergnügen, bei dem sich das Land von seinen schönsten Seiten zeigt. Wohnboote in verschiedenen Größen, Ausstattungsvarianten und Preisklassen werden von zahlreichen Charterfirmen vermietet. Ein Motorbootführerschein wird nicht benötigt, solange das Boot kürzer als 15 m ist oder nicht schneller als 20 km/h fahren kann. Schifffahrtskenntnisse braucht man dabei nicht vorzuweisen – man erhält eine gründliche Einweisung vom Vermieter und übt mit

Holland per Bahn

Fahrpläne und viele nützliche Infos enthält das *Spoorboekje* (Kursbuch) der Niederländischen Eisenbahnen (Erläuterung zur Handhabung auch in Deutsch), das für 5 € in allen Bahnhöfen erhältlich ist. In 114 Orten bietet das Treintaxi eine preiswerte Möglichkeit, vom Bahnhof zum Quartier zu fahren.

ihm Ab- und Anlegemanöver, und dann geht es los. Infos: Koninklijk Nederlands Watersport Verbond, Tel. 030/656 65 50, Fax 656 47 83, www.knwv.nl. Infos und Vermietung in Friesland: Friesland Boating, Tel. 05 14/52 26 07, Fax 52 26 20, www.friesland-boating.nl.

Die Strände

Holland verfügt über Sandstrände mit einer Gesamtlänge von rund 280 km und über 50 Badeorte, ist also ein Paradies für Sonnenhungrige, Wasserratten und Strandläufer. Die Wasserqualität an den Nordseestränden ist durch die reinigende Wirkung von Ebbe und Flut durchweg gut, sie wird regelmäßig kontrolliert. In mehreren Badeorten findet man am Strand sogar die ›Blaue Flagge‹, das internationale Symbol für die beste Schwimmwasserqualität. An zahlreichen Stränden haben Wächter ein Auge auf das Geschehen.

An manchen Badestellen an Binnengewässern wie dem ruhigen Wasser der Oosterschelde kann es zum

HOLLANDS FAHRZEUG ›NUMBER ONE‹

Mit dem *fiets* zu fahren oder dem *rijwiel* – so die offizielle Bezeichnung –, ist in Holland so etwas wie eine schnellere Art von zu Fuß gehen, weshalb man sich auf dem *fiets* auch wie ein Fußgänger verhält: Man fährt bei Regen mit aufgespanntem Schirm, führt den Hund an der Leine Gassi, telefoniert mit dem Handy, hält mit einer Hand den Diplomatenkoffer und übt sich als junges Paar Rad fahrend im Händchenhalten. Das klassische Hollandrad, die ›Hollandschaukel‹, ist dafür wie geschaffen, es begünstigt mit seiner typischen Form die aufrechte Sitzhaltung und das Lenken mit einer Hand.

Es gibt 16 Mio. Fahrräder in Holland, eines pro Einwohner (zum Vergleich: in China kommt ein Fahrrad auf 2,6 Einwohner). Was im Umkreis von 5 km zu besorgen ist, wird meist mit dem Drahtesel erledigt. Ob Minister, Fabrikdirektor, Student oder Großmutter, jeder ist mit dem Rad unterwegs. 16 000 km Radwege durchkreuzen das Land, mit unzähligen ausgearbeiteten Radwanderrouten.

Platter Reifen und kein Flickzeug dabei? Macht nichts, denn der holländische Automobilclub ANWB hat überall im Lande Pannenkoffer mit Flickzeug, Werkzeug und Verbandszeug abgestellt, in Gaststätten, auf Campingplätzen und Fahrradunterständen. Sie können gratis benutzt werden, den Schlüssel erhält man beim entsprechenden Anbieter. Unschönes zum Schluss: Der Fahrradklau geht um, weshalb abgestellte Räder unbedingt mit einer starken Kette oder einem Bügel festgemacht werden sollten.

Massenauftreten von Blaualgen kommen, von denen einige Arten giftig sind. Man erkennt die Blaualgenblüte an grünlichem, stark getrübtem, Schlieren bildendem Wasser, das man besser meidet. Ein informativer Strandführer ist beim NBT (s. S. 217) erhältlich.

Urlaubsaktivitäten

Radfahren

Holland ist das ideale Land, um Radtouren zu unternehmen. Es gibt unzählige Routen, über die man bei den VVV-Büros gerne informiert. Fahrräder können in fast allen Orten gemietet werden, häufig am Bahnhof (Adressen s. Reiseteil). In einem Radwanderführer hat das NBT (s. S. 217) Radtouren durch die verschiedenen Regionen des Landes zusammengestellt. Er enthält auch allgemeine Infos über Fahrradverleih, Beschilderung, Gepäckbeförderung, Vorschriften, Transport mit der Bahn, Veranstaltungen und Unterkünfte.

Reiten

In Holland ist das Strandreiten sehr beliebt. Hinweisschilder sind strikt zu beachten, manche Abschnitte sind gesperrt. Gleiches gilt für ausgewiesene Reitwege im Inland. Pferde kann man fast überall mieten, wobei hier und dort der Ausritt nur gemeinsam mit Angestellten des Reitstalls möglich ist oder der ›Pferdeführerschein‹ verlangt wird. Infos: Stichting Recreatieruiter, Postbus 40, NL-5446 ZG Wanroij, Tel. 0485/31 91 25.

Surfen – die Reviere

Das Spiel mit Wind, Wellen und dem Gleichgewicht ist an den Küsten und vielen Seen sehr populär. Vielerorts sind eigens Surfstrände, Parkplätze und sanitäre Anlagen angelegt worden, es gibt Surfschulen und Ausrüstungsverleiher.

Die Surfreviere der Westfriesischen Inseln liegen fast alle an der Waddenzee. Auf Texel ist zwischen Oudeschild und Oosterend gut surfen, auf Terschelling bei Lies und am Yachthafen von West-Terschelling, aber auch an der Nordsee bei West aan Zee (Paal 9–10). Amelands Surfrevier ist das Wattenmeer in der Ballumer Bucht und westlich des Fährhafenpiers von Nes, auf Schiermonnikoog liegt es beim Yachthafen und an der Nordsee bei Paal 3.

Beliebt ist auch Frieslands Ijsselmeerküste bei Makkum, Workum und Hindeloopen, das Lauwersmeergebiet und die friesischen Seen bei Sloten, Terherne und Woudsend.

Die gesamte holländische Nordseeküste ist von Norden nach Süden mit Paalen nummeriert. Paal 0 steht bei Huisduinen nahe Den Helder, der südlichste Pfahl, Paal 118, bei Hoek van Holland. Surfreviere an der Nordseeküste gibt es bei den Seebädern Bergen und Egmond aan Zee, Katwijk und Scheveningen sowie bei Paal 45, 63, zwischen 64 und 65 (bei den Kennemeerduinen), 76 bis 77, 80 bis 83 (bei Noordwijk aan Zee), bei Ter Hijde und bei den Delftlandse Hoofden nördlich von Hoek van Holland. Wahre Surfparadiese liegen in der Provinz Zeeland, wobei die populärsten Gebiete die Nordseeküste bei Renesse, die Küste von ganz Walcheren und Zeeuws Vlaanderen sowie im Delta das Grevelingenmeer (Kabbelaarsbank/Brouwersdam) und das Veerse Meer (Kamperland, Kortgene, Wolphaartsdijk, Arnemuiden) sind. Auch auf Limburgs Maasseen kann man prima surfen.

Wandern

Durch Marschen, Dünen, Wälder und Felder, auf Deichen, entlang Flüssen oder durch die Hügel der ›Holländischen Schweiz‹ im südlichen Limburg – Holland hat allen, die gern auf Schusters Rappen umherziehen, einiges zu bieten. Alljährlich werden große Gruppenwanderungen wie die Internationalen Viertagewanderungen von Nijmegen und Apeldoorn sowie die Elfstedentocht für Wanderer in Friesland organisiert. Infos erhält man bei den örtlichen VVV-Büros oder dem niederländischen Wandersportbund: Nederlandse Wandelsport Bond, Pieters-

kerkhof 22, 3512 JS Utrecht, Tel. 030/231 94 58, Fax 230 01 59, www.nwb-wandelen.nl. Es gibt zahlreiche Fernwanderrouten (weiß-rote Markierung) von jeweils mehr als 100 km Länge sowie viele Regionalwanderwege (gelb-rote Markierung), die als Rundwege angelegt sind. Auskunft: Stichting Lange-Afstand-Wandelpaden, Tel. 033/465 36 60, Fax 465 43 77, www.wandelnet.nl. Besonders schöne Routen findet man in Naturschutzgebieten, Infos: Vereniging Natuurmonumenten, Tel. 035/655 99 33, www.natuurmonumenten.nl.

Urlaub mit Kindern

Herrliche Sandstrände, abenteuerliche Erlebnis- und Themenparks, Zoos und Museen mit Abteilungen für ganz junge Besucher – in Holland kommen auch Kinder auf ihre Kosten. In zahlreichen Restaurants gibt es Kindermenüs, und es stehen Kinderstühle bereit. In manchen Badeorten erleichtern einfache, am Strand aufgestellte Symbole Kindern die Orientierung.

Freizeit- und Vergnügungsparks

Ein Walross tätscheln und Flipper die Flosse geben, sich mit dem Schlauchboot den tosenden Sungai Kalimantan hinabstürzen oder durch das Land der Elfen und Trolle spazieren – in den niederländischen Freizeitparks ist dies und vieles mehr möglich.

Zu den bekanntesten Freizeitparks gehören De Efteling in Kaatsheuvel

Museumsbesuch

Es gibt in Holland weit über 1000 Museen. Infos: www.museum.nl und www.museumland.nl. Mit der in den großen Museen erhältlichen Museumjaarkaart (Jahreskarte, Passbild erforderlich; 29,95 €, Jugendliche unter 24 Jahre 17,45 €) kann man über 420 Museen so oft man will besuchen, ausgenommen Sonderausstellungen, für die meist Zuschläge berechnet werden (www.museumjaarkaart.nl).

Meeresforscher bei der Arbeit – auf Ameland

(Noord-Brabant), der in Märchenwelten entführt, aber auch Nervenkitzel bietet (u. a. Achterbahn- und Wildwasserfahrten). Walibi Flevo in Biddinghuizen (Flevoland) lockt u. a. mit einer Riesenachterbahn, die eine Geschwindigkeit von 85 km/h erreicht. Auch der Abenteuerpark Hellendoorn macht seinem Namen alle Ehre: Eine unterirdische Achterbahn und ein Labyrinth sind nur zwei von vielen Attraktionen. Über 350 Spielgeräte können Groß und Klein im Linnaeushof bei Bennebroek (nahe Haarlem, Noord-Holland) ausprobieren. Der Erlebnispark Duinrell in Wassenaar (Zuid-Holland) wartet mit dem weltgrößten tropischen Tikibad und der längsten Wasserrutsche der Welt auf. Unter Ritter und Edelfrauen geraten die Besucher des Freizeitparks Het Land van Ooit (bei Drunen). Eine Reise in die Vergangenheit ermöglicht auch der archäologische Themenpark Archeon (Alphen a.d. Rijn). Im Dolfinarium Harderwijk sind Delphine, Seelöwen und Walrosse die Stars.

Die Miniaturstadt des berühmten Madurodam in Den Haag und sein zeeländisches Gegenstück Miniatuur Walcheren in Middelburg bieten weniger Action, sind aber beide ebenfalls lohnende Ausflugsziele.

Reisezeit und Kleidung

Die Lage am Meer sorgt das ganze Jahr für ein gemäßigtes Klima mit nicht zu heißen Sommern (Juli, Aug. ca. 21–22 °C) und milden Wintern (Dez.–Feb. ca. 4–6 °C). An der Küste scheint die Sonne häufiger als im Landesinneren. Reisezeit ist das ganze Jahr, Hochsaison im Juli und August. In diesen Monaten empfiehlt es sich dringend, das Quartier im Voraus zu buchen.

UNTERWEGS
IN HOLLAND

Ein Leitfaden für die
Reise und viele Tipps
für unterwegs.

Genaue Beschreibun-
gen von Städten und
Dörfern, Sehenswür-
digkeiten und Strän-
den, Ausflugszielen
und Reiserouten.

Holland erleben: Aus-
gesuchte Hotels und
Campingplätze,
Restaurants und Cafés,
Wandergebiete und
Bootstouren.

Traumhaft: Holland mit
einer Yacht erkunden

Der Norden

Alljährlich im Frühjahr
verwandelt sich
Noord-Holland
in einen bunten
Blütenteppich

Holland-Atlas S. 230–233

AMSTERDAM UND UMGEBUNG

Als ›Venedig des Nordens‹, ›kosmopolitisches Dorf‹, ›Weltstadt mit Herz‹ und ›Schatztruhe Hollands‹ wird Amsterdam bezeichnet – die Stadt hat viele Facetten. Mit ihren malerischen Grachten, großartigen Kunstschätzen, historischen Bauwerken und ihrem multikulturellen Flair ist sie einen mehrtägigen Besuch wert. Abstecher zu Tulpenfeldern, Windmühlen und imposanten Schlössern bereichern das Programm.

Holland-Atlas: S. 230/231, C/D 3
Verglichen mit anderen Städten ist Amsterdam noch recht jung. Erst 1275 taucht ›Amstelledamme‹ in einem Dokument auf – als Name einer Fischersiedlung an einem Damm an der Mündung der Amstel in die Zuiderzee. 1300 erhält der Ort Stadtrechte, wächst fortan rapide und steigt im ›Goldenen Zeitalter‹ (1580–1700) zur bedeutendsten Handelsmetropole Europas auf. 1580 hat sie 15 000 Einwohner, 1620 bereits 100 000 und heute mit Vororten 1,2 Mio.

Wer heute mit dem ältesten noch erhaltenen Stadtplan, der in Amsterdams Historisch Museum ausgestellten ›Vogelvluchtkaart‹ von 1538, durch den alten Stadtkern wanderte, käme noch zurecht, die ursprüngliche Anlage der Stadt hat sich nicht sehr verändert. Wie ein halbkreisförmiges Spinnennetz durchziehen Straßen und Grachten das alte Amsterdam, in dessen Zentrum die Oude Zijde (Alte Seite) liegt. Dort, wo sich einst am Zeedijk kleinere Koggen und Leichter reihten und die Matrosen

in Hafenspelunken, Bordellen und Opiumhöhlen ihre Heuer durchbrachten, ist Amsterdam am ältesten. Bis heute ist in den engen Gassen um die Oude Kerk noch etwas von der verruchten Atmosphäre zu spüren, liegt diese älteste Kirche Amsterdams doch mitten im berüchtigten Rotlichtviertel. Der Zeedijk, die älteste Straße Amsterdams, und eine Handvoll umliegender Gassen sind zur größten chinesischen ›Enklave‹ Europas geworden, zu Amsterdams Chinatown.

In Amsterdam leben die »Bewohner wie die Raben auf den Wipfeln von Bäumen«, meinte einst Erasmus von Rotterdam und wies damit auf den riesigen Wald aus 5 Mio. 10 bis 20 m langen Fichtenstämmen hin, die, senkrecht in den modrigen Boden gerammt, die Häuser der Altstadt vor dem Versinken bewahren. Dieser ›Wald‹ muss ständig bis über die ›Wipfel‹ unter Wasser gehalten werden, um der Fäulnis vorzubeugen. Ein ausgetüfteltes System von Schleusen, durch die regelmäßig Frischwasser in die 165

Grachten gepumpt wird, dient diesem Zweck.

Mit hübschen Giebeln geschmückte Grachtenhäuser, die vom einstigen Wohlstand der Metropole zeugen, flankieren die Kanäle, auf denen an zahlreichen Stellen Hausboote festgemacht haben – Wohnen auf dem Wasser ist in Amsterdam nichts Ungewöhnliches. Fast 7000 der im Zentrum stehenden Häuser sind denkmalgeschützt, und es ist nur noch eine Frage der Zeit, bis die Altstadt Amsterdams zum Weltkulturerbe der UNESCO erhoben wird.

Über drei Dutzend Museen, darunter so berühmte wie das Rijksmuseum und das Van Gogh Museum, belebte Einkaufsstraßen, Märkte, aber auch beschauliche Orte wie der Begijnhof laden tagsüber zu Stadtspaziergängen ein, Theater, Kinos und Diskos sorgen für ein abwechslungsreiches Nachtleben.

Streifzug durch das alte Amsterdam

Ein guter Ausgangspunkt ist die **Centraal Station** 1 (Hauptbahnhof), ein im Stil des niederländischen Historismus auf 8687 Pfählen erbauter und mit Wappen und allegorischen Darstellungen verzierter Backsteinbau aus der zweiten Hälfte des 19. Jh. Hier kann man auch Fahrräder mieten. Der Weg führt auf dem belebten Damrak zum Dam, dem historischen Stadtmittelpunkt. Kurz vor diesem Platz liegt die **Beurs van Berlage** 2, die Börse von 1900, heute Sitz des Philharmonischen Orchesters und Ausstellungs- und Konferenzzentrum. Das Gebäude, in dem 2002 die standesamtliche Trauung von Prinz Willem-Alexander und Máxima Zorreguieta stattfand, beherbergt auch das **Beurs van Berlage Museum** (Beursplein 1, Di–So 11–17

Ein ›Pfahlbau‹ der besonderen Art: die Centraal Station von Amsterdam

Das alte Amsterdam

Uhr) mit einer Ausstellung über dieses Architekturmonument der Amsterdamer Schule.

Der Dam, auf dem das **Nationaal Monument** 3 an die Opfer des Zweiten Weltkrieges erinnert, wird von der spätgotischen **Nieuwe Kerk** 4, der ›Krönungskirche‹ des niederländischen Königshauses, und dem **Koninklijk Paleis** 5 eingerahmt. Das auf 13 659 in den Boden gerammten Holzpfählen stehende, ab 1648 als Rathaus erbaute Prunkstück des niederländischen Klassizismus war die Residenz von König Louis Bonaparte, der es reich mit Empiremöbeln ausstattete. Wenn es nicht gerade für Staatsempfänge genutzt wird, ist es zu besichtigen (Di–Do, Sa, So 12.30–17 Uhr, Sommerferien tgl. 11–17 Uhr). In **Madame Tussaud's Scenerama** 6 (Dam 20, tgl. 10–17.30, im Sommer 9.30–19.30 Uhr) sind Staatsmänner vieler Länder und andere Berühmtheiten – aus Wachs – versammelt und Szenen aus der Historie und Gemälden berühmter holländischer Meister nachgestellt. Ein Abstecher zum **Magna Plaza** 7, einem Shoppingcenter hinter der Nieuwe Kerk, lohnt sich allein schon wegen des schönen neogotischen Bauwerks – früher die Hauptpost –, in dem die Läden untergebracht sind.

An der vom Dam zum Muntplein führenden Kalverstraat, der buntesten Shoppingmeile Amsterdams, befindet sich in einem ehemaligen Waisenhaus **Amsterdams Historisch Museum** 8 (Kalverstraat 92, Mo–Fr 10–17, Sa, So 11–17 Uhr). Anhand von alten Karten, Einrichtungs- und Gebrauchsgegenständen, Gemälden u. v. m. unternimmt der Besucher eine informative Zeitreise in die Vergangenheit der Stadt. Vom Museum führt die **Schuttersgalerij,** eine überdachte Passage mit großformatigen Gruppenporträts von Schützengilden aus dem 17. Jh. an den Wänden, zum **Begijnhof** 9 (Beginenhof). Hübsche Giebelhäuser mit kleinen Vorgärten, darunter das Houten Huis, das älteste Wohnhaus der Stadt, fassen den Hof ein. Gegenüber der Kirche beherbergen zwei dieser Häuser eine

Die Stadt erkunden

Das alte Amsterdam lässt sich mühelos zu Fuß oder mit dem *fiets* (Fahrrad) erkunden, dem Verkehrsmittel, das die Amsterdamer selbst bevorzugen. Zu weiter entfernten Sehenswürdigkeiten wie etwa dem Rijks-, Van Gogh- und Stedelijk Museum kann man auch die Tram oder das Museumsboot nehmen. Empfehlenswert ist außerdem eine Grachtenrundfahrt, die man an verschiedenen Haltestellen unterbrechen kann.

Versteckkirche, in der Katholiken während des Verbotes der Glaubensausübung heimlich Gottesdienste abhielten.

Am **Spui,** einem kleinen Platz hinter dem Begijnhof, laden Cafés und Bistros zur Rast bei einem *kopje koffie* ein, bevor der Streifzug über den bunten, teils schwimmenden **Bloemenmarkt** 10 am Singel zum Muntplein (Münzplatz) fortgesetzt wird. Der **Munttoren** 11 (Münzturm) war einst Teil der mittelalterlichen Stadtbefestigung. Nicht versäumen sollte man einen Besuch der

Musik in der Stopera

Im Muziektheater in der Stopera (s. S. 68) finden im Sommer dienstags kostenlose Mittagskonzerte statt (Juni–Okt., im Boekmanzaal, ab 12.15 Uhr).

Eine Oase der Ruhe inmitten der Großstadt: der Begijnhof

›Alten Dame‹, wie das **Tuschinski Theater** 12 (Reguliersbreestraat 26), Amsterdams schönster Filmpalast mit seiner stilvollen Art-déco-Einrichtung aus den 1920er Jahren, liebevoll genannt wird.

Jenseits der Amstel liegt am Waterlooplein die 1988 fertig gestellte **Stopera** 13 (Stadhuis und Opera), ein weiß-roter Großbau mit dem Muziektheater, das Oper, Nationalballett und Nederlands Dans Theater unter einem Dach vereint. Originell ist die Bronze ›Macht der Musik‹. Dargestellt ist ein Geiger, der in der Eingangshalle des Muziektheaters den Marmorboden durchbricht. In einem Durchgang zum Stadhuis findet man eine Darstellung des **Normaal Amsterdams Peil.** Ein bronzener Bolzen auf einem 20 m tief in den Boden eingelassenen Betonpfahl markiert hier den geodätischen Nullpunkt, wie er 1684 für die ganzen Niederlande festgelegt wurde.

Kram aller Art wird auf dem **Vlooienmarkt** (Flohmarkt) auf dem Waterlooplein angeboten (Mo–Sa 9–17 Uhr). Früher war hier das Zentrum des jüdischen Viertels, dessen Häuser jedoch bis auf wenige der Stadtsanierung zum Opfer fielen. Geblieben ist die monumentale **Portugees-Israelietische Synagoge** 14 am Mr. Visserplein, das Gotteshaus der jüdischen Gemeinde. Hinter der Synagoge erinnert auf dem J. D. Meijerplein das Denkmal des Dokwerkers an den Februarstreik von 1941 gegen die Deportation. An diesem Platz befinden sich zudem vier zwischen 1670 und 1752 errichtete Synagogen, die heute das **Joods Historisch Museum** 15 (tgl. 11–17 Uhr), das bedeutendste jüdische Museum außerhalb Israels, beherbergen. Die bemerkenswerte Sammlung von rituellen Gegenständen, Schriftstücken und Fotos dokumentiert eindrucksvoll Aspekte des jüdischen Glaubens, den Zionismus, das Leben der Juden in den Niederlanden und ihre Verfolgung während der nationalsozialistischen Besatzung.

Von hier führt der Weg an der 1841 erbauten, heute als Begegnungsstätte genutzten **Mozes en Aaron Kerk** 16 vorbei, in deren unmittelbarer Nähe das Geburtshaus des jüdischen Philosophen Baruch de Spinoza gestanden haben soll, zum Museum **Het Rembrandthuis** 17 (Jodenbreestraat 4, Mo–Sa sowie Karfreitag 10–17, So und übrige Feiertage 13–17 Uhr). In dem Haus wohnte und arbeitete Rembrandt während seiner bedeutendsten Schaffensperiode. Das Museum beherbergt 250 der ca. 280 Radierungen Rembrandts und zahlreiche Gegenstände aus dem Besitz des großen Malers.

Am malerischen alten Sluishuis an der Schleusenbrücke über den Zwanenburgwal vorbei geht es Richtung Nieuwmarkt, der vom historischen **Waaggebouw** 18 (ursprünglich Stadtturm St. Antoniespoort von 1488) dominiert wird. In dieser heute zu den ältesten Bauwerken Amsterdams zählenden, mit sieben Türmen ausgestatteten Waage befand sich neben Versammlungsräumen verschiedener Zünfte auch das Theatrum Anatomicum, der Vorlesungssaal der Chirurgen, denen Zar Peter der Große hier über die Schulter geschaut hat, und in dem Rembrandt Vorstudien für sein Gemälde ›Die Anatomie des Dr. Tulp‹ betrieben hat.

Auf dem vom Nieuwmarkt abzweigenden **Zeedijk** reihen sich chinesische Restaurants und Läden aneinander, dort erhebt sich auch ein buddhistischer Tempel – dies ist Amsterdams Chinatown. Zwei Häuserblöcke westlich steht inmitten des berüchtigten Rotlichtviertels die **Oude Kerk** 19. Die gotische Kirche wurde ab 1306 auf den Fundamenten einer romanischen Vorgängerkirche errichtet. In dem Gotteshaus, dessen kunstvolle Einrichtung im 16. Jh. größtenteils von den Bilderstürmern zerstört wurde, fand u. a. Saskia van Uylenburgh, die 1642 verstorbene Frau Rembrandts, ihre letzte Ruhestätte. An die Religionswirren jener Zeit erinnert auch das nahe gelegene **Museum Amstelkring** 20 (Oudezijds Voorburgwal 40, Mo–Sa 10–17, So 13–17 Uhr) mit der katholischen Versteckkirche Onze Lieve Heer op Solder (Unser lieber Herrgott auf dem Dachboden), die sich über drei Dachböden erstreckt.

Grachtengürtel und Hafenviertel

Gemeinsam mit dem mittelalterlichen Festungsgraben Singel, der bis Ende des 16. Jh. die Stadt im Westen begrenzte, umgeben die **Heren-, Keizers-** und **Prinsengracht** den Kern des alten Amsterdam. In der Herengracht reihen sich prachtvolle Stadtpaläste wohlhabender Handelsherren aneinander. An der Keizers- und der Prinsengracht sind die Häuser bescheidener, doch auch hier und im westlich der Prinsengracht gelegenen

Das typische Amsterdamer Flair verdankt sich vor allem den Grachten (Bloemgracht)

ehemaligen Arbeiterviertel Jordaan gibt es malerische Ecken zu entdecken. Am besten lässt sich der Driegrachtengürtel mit dem Fahrrad erkunden.

Im Witte Huis und im benachbarten Bartolottihuis an der Herengracht Nr. 168–174 ist das **Theatermuseum** 21 (Di–Fr 11–17, Sa, So 13–17 Uhr) untergebracht, das schon wegen des herrlichen Interieurs im Stil Louis XIV. besuchenswert ist. Mit Kostümen, Masken, Requisiten, Fotos und Plakaten vermittelt das Museum interessante Einblicke in die niederländische Theatergeschichte. Zwischen Keizers- und Prinsengracht ragt die **Westerkerk** 22 mit ihrem von der Kaiserkrone Maximilians I. bekrönten Turm empor. In der Kirche wurde Rembrandt 1669 in einem Armengrab bestattet; die Suche nach dem Grab blieb bisher erfolglos. Drei große Dreiecke aus rosa Granit auf dem Boden zwischen der Kirche und

der Keizersgracht bilden das **Homomonument ›De Drie Driehoeke‹**, das an die Verfolgung und Ermordung von Homosexuellen während der NS-Zeit erinnert. In den Konzentrationslagern hatten sie ein rosa Dreieck auf ihrer Kleidung zu tragen.

Im **Anne Frank Huis** 23 (Prinsengracht 263, Jan.–März, Sept.–Dez. tgl. 9–19, April–Aug. tgl. 9–21 Uhr, letzter Einlass 30 Min. vor Schluss) befindet sich das authentisch belassene Versteck, in dem das jüdische Mädchen Anne Frank ihr berühmtes Tagebuch geschrieben hat. Nach zwei Jahren wurde der Unterschlupf verraten und die Familie und ebenfalls im Haus versteckte Freunde in Konzentrationslager verschleppt. Anne Frank starb 1945 15-jährig im KZ Bergen-Belsen. Das Museum dokumentiert das Leben der Familien in dem Versteck, zudem werden Sonderausstellungen zu den Themen-

AMSTERDAMS GRACHTEN

Tuckernde Rundfahrtboote statt Gondeln, Lautsprecheransagen für Touristen statt Gondelieregesang – ein Unterschied zwischen den Grachten des ›Venedig des Nordens‹ und den Kanälen der mediterranen Lagunenstadt lässt sich nicht leugnen. Doch was die Anzahl der Grachten angeht, so liegt Amsterdam vorne: 165 Grachten von zusammen 75 km Länge durchziehen, von 1300 Brücken überspannt, die Metropole.

Die ältesten Grachten, der Kloveniersburgwal und der Singel, waren Verteidigungsgräben. Als die im ›Goldenen Jahrhundert‹ mächtigste Handelsstadt der Welt erweitert wurde, dienten die Grachten überwiegend zum Transport der Handelsgüter. Darüber hinaus hatten sie über Jahrhunderte eine unappetitliche Funktion, nämlich die einer offenen Kloake. Abwässer und Unrat aller Art wurden einfach in die Grachten geleitet, deren Wasser sich zwar mit dem Gezeitenwechsel erneuerte, jedoch offenbar häufig nur unzureichend, wie aus der Bemerkung eines Reisenden, der 1838 Amsterdam besuchte, zu entnehmen ist: »Der Fremde, der die in blaue Nebel gehüllte Stadt betrachtet und im Herbst ihre unangenehmen Dünste einatmet, wird sie ohne Zögern zum ungesündesten Ort der Welt erklären.«

Heute sind alle Häuser, einschließlich der rund 2500 Wohnboote, an eine unterirdische Kanalisation angeschlossen, und das Wasser der Grachten ist recht sauber. Für seine Erneuerung sorgt ein ausgeklügeltes System von Pumpen und Schleusen, die allnächtlich 600 000 m³ Ijsselmeerwasser durch die Grachten in den Nordseekanal und weiter in die Nordsee befördern und dadurch das gesamte Wasser der Grachten im Dreitagetakt erneuern. Das Problem mit dem Unrat scheint allerdings noch nicht völlig beseitigt zu sein, sind doch viele Amsterdamer davon überzeugt, dass vor allem entsorgte Fahrräder eine dicke Schicht auf dem Grund der Grachten bilden.

Für das Bestehen Amsterdams ist die genaue und konstante Einhaltung des Wasserstandes in der Stadt von existenzieller Bedeutung. Grund sind die 150 000 in den sandigen Boden gerammten Stelzen aus mindestens 11 m langen Fichtenstämmen, die Häuser, Straßen und Ufer vor dem Absinken bewahren. Fielen die Kuppen der Baumstämme trocken, setzte Fäulnis ein und Amsterdam wäre dahin. Auch die neu gebauten Häuser stehen auf einer Pfahlgründung, allerdings bestehen diese Stelzen aus Beton und reichen, je nach Größe der Bauwerke, 20 bis 60 m tief in den Boden.

Im 19. und 20. Jh. fielen rund 70 Amsterdamer Grachten den Plänen der Stadtreformer zum Opfer, sie wurden zugeschüttet und in hässliche, breite Straßen verwandelt. Die meisten Amsterdamer möchten, dass diese zugeschütteten Grachten wieder ausgebaggert und restauriert werden und somit ein Stück städtebauliche Historie wieder hergestellt wird.

bereichen Nationalsozialismus, Antisemitismus und Rassismus veranstaltet.

Auf der anderen Seite der Prinsengracht liegt der **Jordaan.** Das einstige Armeleuteviertel war vom Abriss bedroht, bis Künstler, Intellektuelle und Studenten es in den 60er und 70er Jahren des letzten Jahrhunderts entdeckten und viele Häuser in Eigeninitiative herrichteten. Nach einem drohenden Aufstand ließ die Stadt schließlich ihren Kahlschlagplan fallen und setzte auf den Erhalt der Häuser. Über 800 Gebäude stehen hier jetzt unter Denkmalschutz. Bei einem Bummel durch das Viertel stößt man auf idyllische Hofjes, gemütliche Restaurants, kleine Läden und auf alte Giebelsteine mit originellen Bildern (Browersgracht, Lindengracht). Hilfreich ist die beim VVV erhältliche Broschüre ›Bummel durch den Jordaan‹. Den Abschluss des Jordaan-Spaziergangs könnte eine Pause bei einer Tasse 't Smalle-coffie im **Café 't Smalle** (Egelantiersgracht 12) bilden.

Wie es sich in einem Hausboot auf einer Amsterdamer Gracht wohnt, kann man im **Woonboot Museum** 24 (gegenüber Prinsengracht 296, März–Okt. Mi–So 11–17, Nov.–Feb. Fr–So 11–17 Uhr) auf einem zu einem Hausboot umgebauten Lastkahn erfahren. Ein Stück weiter südlich reihen sich an der Herengracht zwischen der Leidsestraat und Vijzelstraat (Hausnummern 436–464) die stattlichsten Patrizierhäuser aneinander, was diesem Abschnitt den Namen ›Goldener Bogen‹ eingebracht hat. Im **Kattenkabinet** 25 (Herengracht 497, Mo–Fr 10–14, Sa, So 13–17 Uhr) ist man auf die Katz in

Kunst und Kultur gekommen und präsentiert den Schnurbartträger mit den sanften Pfoten in Werken, die von Karel Appel bis Rembrandt reichen. Eindrücke von der Wohnkultur in den Häusern Wohlbetuchter aus dem 18./19. Jh. vermitteln das **Museum Van Loon** 26 (Keizersgracht 672, Fr–Mo 11–17 Uhr) und das **Museum Willet-Holthuysen** 27 (Herengracht 605, Mo–Fr 10–17, Sa, So 11–17 Uhr).

Am östlichen Ende des Dreigrachtengürtels liegt die **Plantage,** ursprünglich eine im 17. Jh. angelegte grüne Parkanlage, heute ein Wohngebiet der Oberschicht. Als grüne Oasen sind der **Hortus Botanicus** 28 (Botanischer Garten, Plantage Middenlaan 2a, April–Okt. Mo–Fr 9–17, Sa, So, feiertags 11–17, Nov.–März Mo–Fr 9–16, Sa, So, feiertags 11–16 Uhr) mit einer Fülle tropischer und subtropischer Pflanzen aus den ehemaligen Kolonien und der beliebte **Zoo Artis** 29 (Plantage Kerklaan 38–40, tgl. 9–17 Uhr) mit über 6000 Tieren aus allen Erdteilen, einem Aquarium, einem Planetarium, einem Geologischen und einem Zoologischen Museum erhalten.

Über einen arabischen Markt bummeln, ein indisches Dorf betreten, exotische Riten, fernöstliche Religionen, Dritte-Welt-Probleme kennen lernen – dies und mehr kann man im **Tropenmuseum** 30 (Linnaeusstraat 2, tgl. 10–17 Uhr). Viele Exponate wurden schon während der Kolonialzeit zusammengetragen. Im Museumsrestaurant gibt es authentische Speisen und Getränke aus den Tropen.

Nicht auslassen sollte man **Nederlands Scheepvaart Museum** 31 (Kattenburgerplein 1, Di–So, 15. Juni–15. Sept. und Schulferien auch Mo 10–17 Uhr). Es ist in einem ehemaligen Flottenarsenal der Amsterdamer Admiralität untergebracht, dessen Fundament aus 18 000 in den Grund des Oosterdok gerammten Baumstämmen besteht. Anhand von 1000 Ausstellungsstücken wie kleineren Booten, Schiffsmodellen, historischen Seekarten, nautischen Instrumenten, Ausrüstung und Gemälden wird die Geschichte der niederländischen Seefahrt illustriert. Highlight ist der Nachbau des Ostindienseglers ›Amsterdam‹, der am Museumsgebäude ankert. Eine freundliche Besatzung in historischen Kostümen beantwortet gern Fragen.

Wie ein Schiffsrumpf nimmt sich das futuristische grüne Bauwerk des Wissenschafts- und **Technologiezentrums NEMO** 32 (Oosterdok 2, Di–So, Ferien auch Mo 10–17 Uhr) im Hafenbecken des Oosterdoks aus. Anhand von interaktiven Medien und Experimenten können sich die Besucher mit der Thematik ›Kommunikation, Mensch und Energie‹ auseinander setzen.

Das Museumsviertel

Der Besuch des **Rijksmuseum** 33 (Stadhouderskade 42, tgl. 9–18 Uhr, www.rijksmuseum.nl) mit Rembrandts berühmter ›Nachtwache‹ gehört gewiss zum Pflichtprogramm bei einem Aufenthalt in Amsterdam. Das Gemälde nimmt einen Ehrenplatz ein innerhalb der einzigartigen Sammlung niederländischer Meister des 17. Jh., der das Museum besonders breiten Raum

gibt. Neben Rembrandt, der mit 19 Werken vertreten ist, darunter die ›Judenbraut‹ und die ›Staalmeesters‹, sind Werke weiterer Größen jener Epoche wie Frans Hals (u. a. ›Fröhlicher Trinker‹), Vermeer van Delft (u. a. ›Briefleserin‹) und Jan Steen (u. a. ›Die fröhliche Familie‹) vertreten. Ferner Werke berühmter niederländischer Maler des 18. und 19. Jh. wie Cornelis Troost und George Hendrik Breitner sowie ausländischer Meister wie Goa, Rubens, Jordaens, Murillo, Tintoretto und anderer. Außer der Gemäldegalerie verfügt das Museum über ein Kupferstichkabinett und die Abteilungen Skulpturen und Kunstgewerbe, Asiatische Kunst und Holländische Geschichte.

Das nahe **Van Gogh Museum** 34 (Paulus Potterstraat 7, tgl. 10–18, Fr bis 22 Uhr, www.vangoghmuseum.nl) zeigt in einer chronologisch-thematisch ausgerichteten Ausstellung – rund 200 Gemälde, 500 Zeichnungen, 700 Briefe – Vincent Van Goghs künstlerische Entwicklung. Werke einiger seiner Zeitgenossen, darunter Gauguin, Monet und Toulouse-Lautrec, ergänzen die

Amsterdam Pass

Der beim VVV für 31, 43 bzw. 51 € erhältliche Pass gewährt ein, zwei oder drei Tage kostenlosen Zugang zu zahlreichen Museen, einen Preisnachlass von 25 % in einigen Restaurants und freie Nutzung der öffentlichen Verkehrsmittel. Mit dem Pass kann man außerdem gratis an einer Kanalrundfahrt teilnehmen.

DAS AMSTERDAMER STADTWAPPEN

Amsterdammertjes nennen die Amsterdamer liebevoll die überall an den Straßenrändern anzutreffenden, mit drei übereinander stehenden Kreuzen verzierten schwarzen Poller. Die drei Kreuze sind ein Markenzeichen der Stadt, aus dem Stadtwappen, einem roten Schild mit drei weißen Andreaskreuzen auf schwarzem Band, entlehnt. Es sind dies die ältesten Merkmale des Wappens, dem sich über die Jahrhunderte weitere hinzugesellten.

Und seit 1489 krönt die Kaiserkrone Maximilians I. das Wappen. Dieses Privileg hatte der Österreicher der Stadt als Zeichen seiner Dankbarkeit verliehen, nachdem er 1489 nach Amsterdam, damals eine der großen Wallfahrtsstätten Europas, gepilgert und durch ein Wunder von schwerer Krankheit geheilt wurde. Anfang des 16. Jh. kamen zunächst rechts und links zwei Löwen hinzu.

Mehr als 300 Jahre danach, als Napoleon Bonapartes Bruder König der Niederlande war und in Amsterdam residierte, fügten die Franzosen dem Wappen ein paar napoleonische Bienen hinzu, die nach der Befreiung jedoch wieder entfernt wurden. Die bisher letzte Veränderung erfuhr Amsterdams Wappen 1947. Es erhielt ein Spruchband, das die Worte ›heldhaftig‹, ›vastberaden‹ und ›barmhartig‹ aufweist. Damit ehrte Königin Wilhelmina die Stadt Amsterdam für ihre ›heldenhafte‹,›entschlossene‹ und ›barmherzige‹ Haltung während der Besatzung durch die Nazis.

Sammlung. Im neuen Flügel des Museums wird zudem ein breit gefächertes Angebot an Wechselausstellungen zur Kunst des 19. Jh. geboten.

Das dritte der am Museumplein versammelten ›Kunsttempel‹, das **Stedelijk Museum** 35 (Paulus Potterstraat 13, www.stedelijk.nl, die Sammlung ist für mehrere Jahre an die Oosterdokskade 3/5, Post CS-Gebouw verzogen), verfügt über eine der bedeutendsten Sammlungen moderner Kunst ab Mitte des 19. Jh. Zu den großen hier vertretenen Künstlern zählen Chagall, Monet, Renoir, Cézanne, Kirchner, Kandinsky und Marc. Weitere Schwerpunkte bilden die Werke der Künstlervereinigungen ›De Stijl‹ und ›CoBrA‹. Entspannung nach reichlichem Kunstgenuss bietet der nahe gelegene **Vondelpark,** die größte Grünanlage der Innenstadt. Im Sommer finden auf der Freilichtbühne häufig Rock-, Jazz- und Klassikkonzerte statt, im Ronde Theehuis aus den 1930er Jahren und im Café beim Melkhuis gibt es Erfrischungen.

Noch mehr Bilder, dieses Mal aber laufende, bekommt man im **Filmmuseum** 36 am Rand des Parks zu sehen. Hier werden Filme aus aller Welt sowie zu berühmten Schauspielern, Regisseuren und ausgewählten Themen gezeigt (Vondelpark 3, Informationszentrum/Bibliothek: Vondelstraat 69, Di–Fr 10–17, Sa 11–17 Uhr; Kino: Kartenverkauf und Reservierung Mo–Fr 9–22 Uhr, Sa, So Verkauf eine Stunde vor Beginn der Vorführung).

Den Besuch der Museen kann man beschaulich am **Leidseplein,** einem häufig von Straßenkünstlern belebten und von Cafés gesäumten Platz ausklingen lassen und sich hier am Abend in den umliegenden Kneipen, Nachtclubs und Diskotheken in das Nachtleben stürzen.

VVV Amsterdam Tourist Office: Tel. 09 00/400 40 40 (0,55 €/Min), Mo–Fr 9–17 Uhr, Fax 020/625 28 69. Zweigstellen: Stationsplein 10, vor dem Hauptbahnhof, tgl. 9–17 Uhr; im Hauptbahnhof: Mo–Sa 8–20, So 9–17 Uhr; Leidseplein 1, tgl. 9–17 Uhr, März–Okt. Do–Sa bis 19 Uhr; Stadionplein, Jan.–Juni, Sept.–Dez. tgl. 9–17, Juli–Aug. tgl. 10–18 Uhr; Flughafen Schiphol, Ankunftspassage, tgl. 7–22 Uhr. Amsterdam Tourist Board: Tel. 020/551 25 25, Fax 625 28 69.

Im Internet: www.visitamsterdam.nl, www.amsterdam.nl (Website der Stadt, niederländisch).

Hotelbuchungen: Amsterdam Reservation Center, Tel. 020/201 88 00, www.amsterdamtourist.nl.
Ambassade 37: Herengracht 341, Tel. 020/555 02 22, Fax 555 02 77, www.ambassade-hotel.nl. Prachtvoller Hotelkomplex in zehn Grachtenhäusern des 17. Jh. 56 DZ, 188–195 €, Frühstück 16 €.
Canal House 38: Keizersgracht 148, Tel. 020/622 51 82, Fax 624 13 17, www.canalhouse.nl. Stilvoll antik eingerichtete Zimmer. 20 DZ, 140–190 €.
Amsterdam Prinsengracht 39: Prinsengracht 1015, Tel. 020/623 77 79, Fax 623 89 26, prinsengracht.hotel@world-online.nl. Komfortable Zimmer in Grachtenhaus. 22 DZ, 125–155 €.
Amstel Botel 40: Oosterdokskade 2, Tel. 020/626 42 47, Fax 639 19 52, www.

Kunst am Bau: Haus an der Spuistraat

amstelbotel.com. Großes Boot-Hotel, alle Zimmer mit Bad. 176 DZ, 87–92 €, Frühstück 10 €.

Agora 41: Singel 462, Tel. 020/627 22 00, www.hotelagora.nl. Garni-Hotel, komfortabel. 16 DZ, 80–125 €.

Rokin 42: Rokin 73, Tel. 020/626 74 56, Fax 625 64 53. Einfaches Touristenhotel, Fahrradverleih. 32 DZ, 65–105 €.

De Lantaerne 43: Leidsegracht 111, Tel. 020/623 22 21, Fax 623 26 83, www.hoteldelantaerne.com. Die meisten Zimmer mit Bad, Studios mit Kochnische, Frühstückssaal an Gracht. 20 DZ, 90–105 €.

Prinsenhof 44: Prinsengracht 810, Tel. 020/623 17 72, Fax 638 33 68, www.hotelprinsenhof.com. Schönes altes Grachtenhaus. 9 DZ, 60–85 €.

Continental 45: Damrak 40-41, Tel. 020/622 33 63, Fax 626 51 57. Kleine, helle Zimmer, TV, Telefon. 5 EZ, 40–73 €; 21 DZ, 55–85 €.

Jugendherbergen:

Stayokay Stadsdoelen 46: Kloveniersburgwal 97, Tel. 020/624 68 32, Fax 639 10 35, www.stayokay.com.

Stayokay Vondelpark 47: Zandpad 5, Tel. 020/589 89 96, Fax 589 89 55, www.stayokay.com.

Stayokay Haarlem: s. S. 82.

Camping (April–Okt.):

Amsterdamse Bos: Kleine Noorddijk 1, Amstelveen, Tel. 020/641 68 68, Fax 640 23 78, camping@dab.amsterdam.nl. Park im Amsterdamer Stadtwald. Ca. 19,50 €.

Gaasper Camping: Loosdrechtdreef 7 Gaasperdam, Tel. 020/696 73 26, Fax 696 93 69, www.gaaspercamping.nl. Wiesengelände, 15 km südöstl. der Stadt. Ca. 23 €.

Vliegenbos: Meeuwenlaan 138, Tel. 020/636 88 55, Fax 632 27 23. Bewaldetes Gelände, Amsterdam Noord, ins Zentrum 6 Min. mit dem Bus, *treckershutten.* Ca. 16 €.

🍴 **De Roode Leeuw** 48: Damrak 93, Tel. 020/555 06 66, tgl. 7–10/12–22 Uhr. Altholländisches Ambiente, holländische Küche. Menü ab 29 €.

Deshima 49: Weteringschans 65, Tel. 020/423 03 91, wochentags 10–14, zum Abholen bis 18 Uhr. Makrobiotische Speisen, frisch zubereitet. Menü 10–15 €.

Café Bern 50: Nieuwmarkt 9, Tel. 020/622 00 34, tgl. 18–23 Uhr. Schweizer Spezialitäten, köstliches Käsefondue, leckerer Schweizer Bohnensalat, gemütlich. Hauptgericht 9–13 €.

New King 51: Zeedijk 115, Tel. 020/625 21 80, tgl. 11.30–23 Uhr. Authentische chinesische Küche, ausgezeichnet: mit Fisch oder Schweinefleisch gefüllte Auberginen. Menü ab 9 €

Het Blauwe Theehuis 52: Vondelpark 5, Tel. 020/662 02 54, tgl. 9–22 Uhr. Sonnenterrasse, Entspannen bei Tapas und Sandwiches. Gerichte um 10 €.

Sea Palace 53: Oosterdokskade 8, Tel. 020/626 47 77, tgl. 12–23 Uhr. Chinesisch-kantonesische Küche in schwimmendem Restaurant-Tempel. Dim-Sam. Menü 27–40 €.

Pannenkoekenhuis Upstairs 54: Grimburgwal 2, Tel. 020/626 56 03, Mo–Fr 12–18, Sa bis 17, So bis 16 Uhr. Leckere Pfannkuchen aller Art. 5–10 €.

Café Americain

Einen Besuch wert ist das Café Americain (Leidsekade 97) mit seinem originalen Art-déco-Interieur und großen Lesetisch – dort soll Klaus Mann an seinem ›Mephisto‹ gearbeitet haben.

Das alte Schleusenhaus *(sluishuis)* am Zwanenburgwal ist heute ein originelles Café

Bruine Cafés:

Chris: Bloemstraat 42, Tel. 020/624 59 42. Seit 1624 Schankstube, kurios: Die Zugkette fürs WC befindet sich außerhalb der Toilette.

Hoppe: Spui 18–20, Tel. 020/420 44 20, bekanntestes Bruin Café der Stadt.

't Smalle: Egelantiersgracht 12, Tel. 020/623 96 17. Im Jordaan-Viertel, früher Likörbrennerei und Probierstube.

Karpershoek: Martelaarsgracht 2, Tel. 020/624 78 86. Hafenkneipe von 1629. Kacheln an Wänden, Sand auf dem Boden – wie früher.

't Doktertje: Rozenboomsteeg 4, Tel. 020/626 44 27. Beim Begijnhof, eines der kleinsten und schönsten Cafés.

Grand Cafés:

Dantzig: Zwanenburgwal 15, Tel. 020/620 90 39. In der Stopera, Terrasse zur Amstel.

De Kroon: Rembrandtplein 17-1, Tel. 020/625 20 11. Neokolonial-Stil, Aussicht auf Rembrandtplein.

Luxembourg: Spui 22, Tel. 020/620 62 64. Großes Bistro-Café, Studententreff.

Kunst und Antiquarisches: Zwischen den Grachten am Rokin und im ›Spiegelquartier‹ auf und rund um die Nieuwe Spiegelstraat.

Exklusive Mode: P. C. Hooftstraat und Van Baerlestraat im Museumsviertel sowie um das Concertgebouw.

Shopping Malls: Magna Plaza, Nieuwezijds Voorburgwal 182, Geschäfte und Bistros auf vier Etagen (s. S. 67). Kalvertoren, Kalverstraat/Singel, 50 Läden und Lokale, Restaurant in luftiger Höhe.

Trendige Möbel und Dekoration: In der KNSM-Laan und Umgebung trifft man auf zahlreiche Designläden.

Märkte: Blumenmarkt, Singel, tgl. 8.30–18 Uhr. Flohmarkt, Waterlooplein, Mo–Sa 9–17 Uhr. Albert Cuyp Market, Albert Cuyp Straat (Waren aller Art), Mo–Sa 9–17 Uhr.

 Kneipen mit Live-Musik:
Bimhuis: Oude Schans 73–77, Tel. 020/623 13 61. Bestes Jazzlokal in Amsterdam.
Ijsbreker: Weesperzijde 23, Tel. 020/693 90 93. Experimentelles.
Korsakoff: Lijnbaansgracht 161, Tel. 020/625 78 54. Hard Rock, Heavy Metal, Hip Hop.
Melkweg: Lijnbaansgracht 234a, Tel. 020/531 8181. Ethno-Musik. Auch Disko.
Paradiso: Weteringschans 6–8, Tel. 020/626 45 21. Diverse Musikstile, auch Disko.

Diskotheken:
In der Umgebung von Spui, Leidse- und Rembrandtplein finden sich zahlreiche Diskos, u. a.:
Back Door: Amstelstraat 32a, Tel. 020/620 23 33. Soul- und Funk-Klassiker aus den 60er und 70er Jahren.
Dansen bij Jansen: Handboogstraat 11, Tel. 020/620 17 79. Überwiegend Studenten, meist brechend voll.
Escape: Rembrandtplein 11, Tel. 020/622 11 11. Größte Disko der Stadt, tolle Lasershow, Videoclips, ab und an Konzerte.
IT: Amstelstraat 24, Tel. 020/625 01 11. Ehemals Gay-Disco, buntes, schrilles Publikum.

Kasino:
Holland Casino Amsterdam: Max Euweplein 62, Tel. 020/521 11 11, tgl. 13.30–2 Uhr. Punte Blanco, Black Jack, Big Wheel, französisches und amerikanisches Roulette.

 Infos zum Kulturleben findet man in den in Buch- und Zeitschriften-läden ausliegenden Magazinen ›Uitkrant‹ (niederländisch, kostenlos) und ›day-by-day‹ (englisch, 1,50 €).
Kartenvorverkauf: VVV (Centraal Station); AUB Ticketshop, Leidseplein 26 (Stadsschouwburg), tgl. 10–18 Uhr. Informationen und telefonischer Kartenverkauf: Uitlijn, Tel. 09 00/01 91 oder Tel. 020/621 12 88 (auch aus dem Ausland), Zahlung plus einer Gebühr mit Kreditkarte.

Theater:
Amsterdams Marionetten Theater: Nieuwe Jonkerstraat 8, Tel. 020/620 80 27. Klassisches europäisches Marionettentheater mit Einakt-Opern von Mozart und Offenbach.
Boom Chicago: Leidseplein 12, Tel. 020/423 01 01. Englischsprachige Comedy, Improvisationstheater.
Koninklijk Theater Carré: Amstel 115, Tel. 09 00/252 52 55 (Reservierungen innerhalb Holland), 020/524 94 94 (Reservierungen aus dem Ausland). Ehemals Zirkus, heute Aufführungen von Shows und Musicals, auch Zirkus.
Stadsschouwburg: Leidseplein 26, Tel. 020/624 23 11. Amsterdams schönstes Theater, Schauspiel, Oper und Ballett.
Tropeninstituut Theater: Linnaeusstraat 2, Tel. 020/568 85 00. Theater, Tanz und Film aus nicht-westlichen Kulturen.
Westergasfabriek: Haarlemmerweg 8. Tel. 020/681 30 68. Experimentelles Theater, Konzerte, Festivals.

Bluesfestival: Ende März, Blues mit internationalen Bands.
Koninginnedag: 30. April, Amsterdam feiert den Geburtstag von Königin Juliana mit Rummel, Musik, Flohmarkt. Dam, Spui, Vondelpark.
World Press Foto Exhibition: Ende April–Mitte Mai, in der Nieuwe oder Oude Kerk.

Holland Festival: Juni, bedeutendes Kulturereignis mit Theater, Tanz, Musik. Ferner bis Ende September: fast täglich Konzerte, Shows und Aufführungen auf der Freilichtbühne im Vondelpark.

Jazz Festival: Juli, großes Fest mit Straßenjazz.

Grachtenrundfahrten werden von zahlreichen Reedereien angeboten. Anlegestellen: Centraal Station, Damrak, Rokin, Leidseplan, Rijksmuseum. Tgl. 9–22, im Winter 9–18 Uhr, Fahrtdauer 1–1,5 Std.

Museumboot: Tel. 020/530 10 90. Es fährt tgl. von 10–17 Uhr alle 30/45 Min. an den bedeutendsten Museen vorbei. Anlegestellen: Centraal Station, Anne Frank Huis, Leidseplein, Rijksmuseum, Bijbelsmuseum, Stopera, Nederlands Scheepvaart Museum. Tageskarte: 14,25 €, nach 13 Uhr 12,50 €.

Stadtführungen: Beim VVV kann man zahlreiche Führungen buchen, z. B. die Jordaan Journey.

Flugzeug: Airport Schiphol 18 km südwestl. von Amsterdam. Schnellzug alle 15 Min. zwischen Centraal Station und Schiphol. KLM-Shuttlebus alle 30 Min. zwischen 15 großen Hotels und Schiphol. Info: 09 00/01 41, www.schiphol.nl.

Bahn: Verbindungen nach Berlin, Hannover, Köln, München und zu zahlreichen Orten im Inland. Informationen: NS international office im Bahnhof, tgl. 6.30–22.30 Uhr.

Bus: Euroliner der Deutsche Touring (Frankfurt/M., Tel. 069/79 03 50, www.deutsche-touring.com) verkehren regelmäßig zwischen Amsterdam und zahlreichen Großstädten in Deutschland.

Mietwagen: Internationale Vermieter sind am Flughafen Schiphol vertreten; in der Stadt: Avis, Nassaukade 380, Tel. 020/683 60 61; Budget, Overtoom 121, Tel. 020/612 60 66; Eurocar, Overtoom 197, Tel. 020/683 21 23.

Verkehrsmittel innerstädtisch:
Tram (im Zentrum), **Metro** und **Bus** (zur Peripherie). Zu empfehlen: Tageskarte *(dagkaart)* oder Mehrtageskarte *(Meerdagenkaart,* bis zu 9 Tage), erhältlich beim GVB Tickets & Info-Büro gegenüber dem Hauptbahnhof, an den Automaten in Tram Linie 5 und S-Bahn Linie 51, in den U-Bahnhöfen, bei den Fahrern und Schaffnern und beim VVV. Sehr hilfreich (auch in Deutsch): der kostenlose ›Tourist Guide Publik Transport Amsterdam‹ (erhältlich beim GVB Tickets & Info-Büro gegenüber dem Hauptbahnhof).

Fahrradverleih: McBike, Mr. Visserplein, Tel. 020/620 09 85; Holland Rent a Bike, Damrak 247, Tel. 020/622 32 07; Rijwielshop, Stationsplein 12 (in der Centraal Station), Tel. 020/624 83 91.

Taxi: Zentralruf 020/677 77 77; **Wassertaxi:** Tel. 020/535 63 63; beide sehr teuer.

Canal Bus: Tel. 020/623 98 86, www.canal.nl. Verkehrt zwischen Centraal Station und Rijksmuseum sowie auf zwei weiteren Routen.

Parken im Zentrum ist teuer (ca. 2,50 €/Std.). Wer falsch oder zu lange parkt, riskiert die gelbe Radklemme. Sie entfernen zu lassen (Zentrale Tel. 020/553 03 00), kostet mindestens 65 €. Günstig sind die bewachten P&R-Plätze am Stadtrand: Sloterdijk (im Westen) und Transferium Arena (unter dem Ajax-Stadion an der A2 aus Richtung Utrecht). Tagestarif 5,50 € inklusive Hin- und Rückfahrtickets für zwei Personen mit der Metro bis Centraal Station. Infos: www.toamsterdam.nl

Polizei: Politie Amsterdam-Amstelland, Hauptwache, Elandsgracht 117, Tel. 020/55 99 111.

Notruf (Krankenwagen, Feuerwehr, Polizei): 112.

HOLZSCHUH UND TULPE – HOLLANDS MARKENZEICHEN

Gutes Pappelholz ist bei Hollands *klompenmakers* sehr begehrt, sie können davon gar nicht genug bekommen. Grund ist die große Nachfrage nach Holzschuhen. Noch im letzten Jahrhundert hat man in den Städten über das primitive Schuhwerk des armen Landvolkes die Nase gerümpft, und so verschwanden die Holzschuhe mehr und mehr. Zwar konnte der Klompen als eines der Wahrzeichen des Landes ein Dasein als Souvenir behaupten, doch als reguläres Schuhwerk diente er bestenfalls noch einigen Bauern und Nostalgikern. Das hat sich geändert, denn seit der Holzschuh vor einigen Jahren nach eingehenden Tests als offizieller Arbeitsschuh mit EU-Gütesiegel zertifiziert wurde, ist der schweißabsorbierende, luftige Fußschutz wieder begehrt und wird in Landwirtschaft, Metzgerei, Fabrik, auf dem Bau und von Straßenarbeitern gerne getragen.

Ein Zertifikat ist auch für ein anderes holländisches Wahrzeichen von Bedeutung – für die Tulpe. Jedenfalls dann, wenn Besucher Tulpenzwiebeln aus Holland in ihr Heimatland mitnehmen möchten. Export-Zwiebeln muss nämlich ein Gesundheitszertifikat beiliegen, mit dem bestätigt wird, dass sie frei sind von Krankheiten. Ob sie auch gänzlich vom ›Virus‹ des ›Tulpenwahnsinns‹ befreit sind, der im frühen 17. Jh. in Holland grassierte, steht dahin. Damals wechselten zunächst in Frankreich Tulpen für ungeheure Summen ihre Besitzer. So gab ein Müller für ein paar Tulpenzwiebeln der seltenen Sorte ›Mère brune‹ seine gut gehende Mühle her, und ein Brauer tauschte seine Brauerei für eine Tulpenzwiebel. Man hoffte, durch ›Zwiebel-Nachwuchs‹ noch reicher zu werden.

Über Flandern gelangte der ›Tulpenvirus‹ schließlich nach Holland und führte dort zu einer regelrechten Epidemie. Eine der berühmtesten Tulpen war die 1623 auftretende ›Semper Augustus‹. Von ihr gab es lediglich ein Dutzend Zwiebeln. Sie wurden für 2000 bis 3000 Goldgulden verkauft. Als das Gerücht aufkam, es existierten nur noch zwei Zwiebeln, bot ein Spekulant zwölf Morgen Bauland für die eine, während die andere für 4600 Goldgulden, ein nagelneues Fuhrwerk, zwei Grauschimmel und eine komplette Rüstung den Besitzer wechselte. Bald breitete sich das Fieber auch unter den einfachen Leuten aus. Ob im Blumentopf oder Garten, man steckte überall Tulpenzwiebeln in die Erde, in der Hoffnung auf eine seltene Variante, die reich machen würde. Es kam zu wilden Spekulationen. Zwiebeln, die nur auf dem Papier existierten, wurden gehandelt wie Aktien. Als die Hausse ihren Höhepunkt erreicht hatte, wollten alle verkaufen, doch niemand kaufte. Die Preise fielen. Schließlich machte die Obrigkeit dem Unsinn 1637 per Dekret ein Ende. Binnen Stunden stürzten die Preise ins Bodenlose und gaben Tausenden Spekulanten den Rest. Ganz konnte man aber nicht von der Zwiebel lassen und verkauft sie heute millionenfach ganz unspekulativ in die ganze Welt – mit gutem Gewinn.

Ausflüge ins Umland

Aalsmeer und der Keukenhof bei Lisse

Holland-Atlas: S. 230, C 3
Hauptattraktion im südwestlich von Amsterdam gelegenen **Aalsmeer** ist die *bloemenveiling,* die weltweit größte Blumenauktion (Legmeerdijk 313, Mo–Fr 7.30–11 Uhr). Besucher können dort zwar keine Blumen ersteigern, wohl aber die Auktion verfolgen. Der Preis wird an rückwärts laufenden Auktionsuhren angezeigt, den Zuschlag erhält, wer durch Knopfdruck die Uhr stoppt – reine Nervensache, denn wer zu früh drückt, zahlt einen höheren Preis. Kaum gekauft, geht die ersteigerte Ware unverzüglich mit Kühlwagen und Flugzeugen in alle Welt.

Viele der Blumen stammen aus dem **Bollenstreek,** dem Zentrum der Blumenzwiebelzucht zwischen Haarlem, Katwijk und Leiden. Ab Mitte März verwandelt sich dieser Landstrich in einen farbenprächtigen Flickenteppich aus blühenden Feldern, die außer Bienenvölkern Schwärme von Besuchern aus halb Europa anlocken. Wissenswertes rund um die Blumen bietet das Museum de Zwarte Tulp (Grachtweg 2A, Di–So 13–17 Uhr) in **Lisse.** In der weitläufigen Parkanlage des nahe gelegenen **Keukenhofs** (Stationsweg 166, www.keukenhof.nl, Ende März–Ende Mai, tgl. 8–19.30 Uhr, Einlass bis 18 Uhr) kann die ganze Vielfalt der edlen Zwiebelgewächse in voller Blüte bestaunt werden.

 VVV: Aalsmeer, Drie Kolommenplein 1, Tel. 02 97/32 53 74, Fax 35 42 55.

Lisse, Grachtweg 53a, Tel. 02 52/41 42 62, Fax 41 86 39.

 Nächster **Bahnhof** in Nieuw-Vennep. **Bus:** Verbindungen nach Haarlem, Leiden, Nieuw-Vennep, Schiphol.

Haarlem

Holland-Atlas: S. 230, C 3
Prachtbauten aus dem Goldenen Jahrhundert zeugen vom einstigen Reichtum Haarlems, Namen wie Frans Hals und Jacob van Ruisdael von ihrer kulturellen Blüte, doch weist die Historie der altholländischen Stadt auch düstere Zeiten auf: Belagerung und Gemetzel durch die Spanier kosteten im 16. Jh. Tausenden von Bewohnern das Leben, bevor Wilhelm der Schweiger die Stadt endgültig befreite.

Pittoreskes Stadtzentrum ist der von der spätgotischen **St. Bavokerk** (14. Jh.) dominierte, von zahlreichen Cafés, kleinen Kneipen und Läden gesäumte **Grote Markt.** Prunkstück der Kirche, in deren Chor sich die Gruft von Frans Hals (1580–1666) befindet, ist die Müller-Barockorgel. Neben der Kirche bilden ›**De Hallen‹,** der prachtvolle Renaissancebau der Vleeshal (Fleischhalle), in deren Kellergewölben sich das **Archeologisch Museum** (Mi–So 13–17 Uhr) befindet, und die Verweyhal ein malerisches Ensemble. Sie werden als Dependancen des **Frans Hals Museums** für Ausstellungen moderner Kunst genutzt (Di–Sa 11–17, So, Fe 12–17 Uhr). Einen weiteren Blickfang bildet die Renaissancefassade des **Stadhuis** (Rathaus), ehemals Jagdschloss, an der Westseite des Marktes.

Der Haarlemer Bürger Corrie ten Boom und seine Familie boten während der NS-Zeit Verfolgten in ihrem Haus Unterschlupf, der schließlich an die Gestapo verraten wurde. Im **Corrie ten Boomhuis** (Barteljorisstraat 19, Nov.–März Di–Sa 11–15, April–Okt. Di–Sa 10–15.30 Uhr) wird mit dem authentisch erhaltenen Versteck, Fotos und Dokumenten die Erinnerung an jene Schreckenszeit wach gehalten.

Neben der **Waag** von 1595 stößt man auf das **Teylers Museum** (Spaarne 16, Di–Sa 10–17, So 12–17 Uhr) mit der musealen Hinterlassenschaft eines gut betuchten Seidenhändlers. Die erstaunliche Sammlung umfasst neben wissenschaftlichen Apparaten, Fossilien, Mineralien und Münzen auch Zeichnungen und Drucke bedeutender Künstler wie Raffael und Michelangelo.

In Haarlem gibt es noch 18 malerische *hofjes,* von denen das 1395 gegründete **Bahenesserhofje** (Wijde Appelaarsteeg 11, Mo–Sa 10–17 Uhr) das älteste ist.

Ein ehemaliges Altmännerstift, in dem Frans Hals seine letzten Jahre verbrachte, beherbergt das dem großen Maler gewidmete **Frans Hals Museum** (Groot Heiligland 62, www.franshalsmuseum.nl, Mo–Sa 11–17, So, feiertags 12–17 Uhr). Die sehenswerte Sammlung, deren Herzstücke acht Schützen- und Regentenporträts von Frans Hals bilden, umfasst – neben weiteren Porträts – Stillleben, Genre- und Landschaftsbilder von Malern des 17. Jh., darunter Jacob van Ruisdael und Adriaen van Ostade.

VVV: Stationsplein 1, Tel. 09 00/616 16 00, Fax 023/534 05 37, www.vvvzk.nl.

Die Raeckse: Raaks 1–3, Tel. 023/532 66 29, Fax 531 79 37, www.die-raeckse.nl. Am Rand des Zentrums, Zimmer mit Bad, KTV, Telefon. Grand Café, Brasserie, Terrasse. 19 DZ, 67–80 €.
Van der Valk Hotel Haarlem Zuid: Toekanweg 2, Tel. 023/536 75 00, Fax 536 79 80, www.hotelhaarlemzuid.com. Großer, moderner Hotelkomplex. 295 DZ, 69–99 €, Frühstück 12 €.

Jugendherberge:
Stayokay Haarlem: Jan Gijzenpad 3, Tel. 023/537 37 93, Fax 537 11 76, www.stayokay.com. 10 Min. vom Bahnhof Zantpoort Zuid.

Camping:
Houtrak: Zuiderweg 2, Halfweg (östl. von Haarlem), Tel. 020/497 27 96, Fax 497 58 87. Großzügige Standplätze, Camper, Zelte, Wanderhütten. Ca. 17–21 €.

Ristorante Napoli: Houtplein 1–5, Tel. 023/532 44 19, tgl. 12–23, Sa, So ab 16 Uhr. Italienische Spezialitäten. Menü ab 29 €.
De Eetkamer van Haarlem: L. Veerstraat 45, Tel. 023/531 22 61, Di–So 17–23 Uhr. Französische Küche, Saisonspezialitäten. Menü 25 €.
De Roemer: Botermarkt 15–17, Tel. 023/532 52 67, tgl. 10–24 Uhr. Sonnige Terrasse, im Art-déco-Stil, französische Küche, über 40 Biersorten. Hauptgericht 10–20 €, Menü 30 €.

De Fietznfabriek: Houtmaarkt 7a, im neuen Mondiaal Zentrum, Tel. 023/542 35 40. Fr und Sa legen hier DJs u. a. Techno auf.
Patronaat: Zijlsingel 2, Tel. 023/532

41 03, tgl. ab ca. 21 Uhr. Pop, Rock, Folk, Techno, Latin, Ethno – die ganze Palette.

Infos über das aktuelle Kulturangebot im kostenlosen Lokalblatt ›De Haarlemmer‹ und im ›Luna‹, das Kinoprogramm im ›Uitloper‹ (in Kneipen, im VVV).

Bootsrundfahrten: Woltheus Cruises, Tel. 023/535 77 23, April–Okt. 10.30–16.30 Uhr alle 1,5 Stunden, Abfahrt gegenüber Teylers Museum.
Erlebnispark Linnaeushof: Bennebroek (7 km von Haarlem an der N208 Richtung Lisse), Rijksstraatweg 4, Tel. 023/584 76 24, www.linnaeushof.nl., April–Sept. 10–18 Uhr. Geistergrotte, Spiegelkabinett, über 350 Spielgeräte u. v. m.

Blumenkorso Bollenstreek: April, großer Umzug von Noordwijk nach Haarlem.

Bahn: Verbindungen nach Alkmaar, Amsterdam, Den Haag, Rotterdam, Zandvoort. **Treintaxi:** Tel. 023/532 31 32.
Bus: Verbindungen nach Amsterdam, Ijmuiden, Schiphol, Zandvoort, während der Tulpenblüte auch zum Keukenhof.
Taxi: Tel. 023/515 15 15.
Fahrradverleih: am Bahnhof, Tel. 023/531 70 66.

Zandvoort

Holland-Atlas: S. 230, B 3
Nur 5 km westlich von Haarlem liegt das beliebte Seebad Zandvoort, dessen Strand im Sommer allerdings recht überfüllt ist. Eine herrliche Aussicht auf den Küstenstreifen hat man vom 60 m hoch gelegenen Restaurant des Palace-Hotels, Abwechslung vom Sonnenbaden bieten die zahlreichen Shops, das Spielkasino und der Circuit,

die einstige Formel-1-Rennpiste, auf der sich heute weniger PS-starke Maschinen, ab und an auch Skater, Rennen liefern. Abseits vom Trubel bietet der nördlich gelegene, 2500 ha große **Nationaal Park Zuid-Kennemerland** viel Platz zum Wandern und Radfahren.

VVV: Schoolplein 1, Tel. 023/571 79 47, Fax 571 70 03, www.vvvzk.nl.

Strandhotel: Trompstraat 2, Tel. 023/574 11 00, Fax 574 11 03, www.centerparcs.com. Luxushotel, alle Zimmer mit Meeresblick und Kitchenette, hervorragendes Büfettrestaurant und Pfannkuchenrestaurant, umfangreiches Sportangebot, Terrasse, Hallenbad, Spielplatz, Fahrradverleih. 118 DZ, 99–159 €.
Keur: Zeestraat 51, Tel. 023/571 20 23, Fax 573 17 97, www.hotelnet.nl/keur. Am Strand, Café-Restaurant, Sonnenterrasse. 27 DZ, 60–67 €.
Bell Hotel: Hogeweg 7, Tel. 023/571 90 00, Fax 573 03 91, www.bellhotel.nl. In Strandnähe, gemütlich, schöne Terrasse. 11 DZ, 50–65 €.
Pension Het Grote Huis: Brederodestraat 44, Tel./Fax 023/571 86 83. Nicht weit von Zentrum und Strand, Sonnenterrasse, Fahrradverleih. 15 DZ, 50–60 €.

La Tribune: Badhuisplein 7, Tel. 023/574 05 74, tgl. 13.30–2 Uhr. Restaurant im Spielsaal des Casinos, ausgezeichnete französische Cuisine. Hauptgericht ca. 13–21 €.
Het Familierestaurant: Kerkstraat 27, Tel. 023/571 25 37, im Sommer 12–22 Uhr, Di geschl. Internationale Gerichte à la carte, schöne Einrichtung im Art-déco-Stil. Hauptgericht ca. 14 €.

Holland Casino: Badhuisplein 7, Tel. 023/574 05 74. Roulette, Black Jack, Spielautomaten.

Bahn: Verbindungen nach Amsterdam, Haarlem, Utrecht.
Bus: Verbindungen nach Amsterdam, Haarlem.
Fahrradverleih: Rent-a-Bike Centre, Passage 20, Tel. 023/571 33 43.

Zaanse Schans

Holland-Atlas: S. 230, C 3
Ein Stück Holland des 17. und 18. Jh. existiert noch heute an der Zaanse Schans, einer Art Freilichtmuseum aus malerischen grünen Holzhäusern und Windmühlen aus jener Zeit. Das Besondere an diesem Dorf nördlich von Zaandam ist, dass hier Menschen wohnen und wie ehedem ein Handwerk ausüben. Es gibt eine Holzschuhmacherei, eine Käserei, eine Zimmerei, eine Zinngießerei, eine Bäckerei, einen Kolonialwarenladen und sieben Mühlen, in denen Öl, Senf und Farbe erzeugt und Holz zersägt wird, sowie ein Uhrenmuseum. Die meisten Museen sind Di–Sa 10–17, So 12–17 Uhr geöffnet.

Muiden

Holland-Atlas: S. 231, D 3
Die bedeutendste Sehenswürdigkeit der ehemaligen Festungsstadt Muiden an der Mündung der Vecht ist das mittelalterliche **Muiderslot** (Schloss Muiden, Herengracht 1, April–Okt. Mo–Fr 10–17, Sa, So, feiertags 13–17, Nov.–März Sa, So 13–16 Uhr), eine der besterhaltenen und schönsten Burgen der Niederlande. 1280 von Graf Floris V. erbaut, diente sie ihm als Residenz – hier wurde seinem Leben durch die Tat eines Meuchelmörders ein jähes Ende bereitet.

 VVV: Kazernestraat 10, Tel. 02 94/ 26 13 89.

 Bus: Verbindungen von und nach Amsterdam, Muiderberg, Naarden und Hilversum. **Treintaxi** am Bahnhof Weesp.

Naarden

Holland-Atlas: S. 231, D 3
Östlich von Amsterdam liegt am Gooimeer die Festungsstadt Naarden, deren im 16./17. Jh. in Form eines sechseckigen Sterns angelegte Befestigung aus Wällen, Gräben und sechs Bastionen noch völlig erhalten ist. Das **Nederlands Vestingmuseum** (Westwallstraat 6, März–Okt. Di–Fr 10.30–17, Sa, So, feiertags 12–17, Juni–Aug. auch Mo 10.30–17, Nov.–Feb. So 12–17 Uhr) mit Kanonen, Munitionsdepot und einer umfangreichen Sammlung historischer Gegenstände informiert über die Geschichte der Stadt. Sehenswert sind auch das 1601 im Stil der niederländischen Renaissance erbaute **Rathaus** und die **Grote Kerk** mit schönen Malereien in den Gewölben.

 VVV: Adriaan Dortsmanplein 1b, Tel. 035/6 94 28 36, Fax 694 34 24.

 Bahn: Verbindungen nach Amersfoort, Amsterdam, Hilversum. Bahnhof mit **Treintaxi.**
Bus: Verbindungen nach Almere, Amsterdam, Hilversum, Muiden.
Fahrradverleih: am Bahnhof, Tel. 035/ 694 55 30.

PROVINZ NOORD-HOLLAND

An der Zuiderzee, dem heutigen Ijsselmeer, erblühten im ›Goldenen Zeitalter‹ die Hafenstädte. Pittoreske, von prachtvollen Kaufmannshäusern und alten Speichern gesäumte Häfen mit historischen Plattbooten führen in das Holland vergangener Tage. An der Nordsee mit ihren aus Fischerdörfern entstandenen Seebädern laden Strände, Meeresbrandung und Dünen zum genussvollen Badeurlaub ein.

Alte Zuiderzeestädte am Ijsselmeer

Von Broek in Waterland nach Volendam

Holland-Atlas: S. 231, D 3

Malerische, in ›Broeker Grau‹ gestrichene Holzhäuschen bilden den alten Dorfkern von **Broek in Waterland.** Bei einem Besuch der Kirche des Ortes sollte man einen Blick auf die Kanzel werfen. Dort ist u. a. eine Sanduhr zu sehen, mit der früher die Länge der Predigt bemessen wurde. Durch das ›Waterland‹, eine Landschaft aus saftigen Wiesen, Kanälen und Seen, führt der Weg nach **Marken,** einst eine Fischerinsel, die seit 1957 durch einen 8 km langen Deich mit dem Festland verbunden ist. Mit seinen grün-weißen, auf Holzpfählen und Warften stehenden Holzhäusern, dem kleinen Hafen und dem Leuchtturm am östlichen Ende der Halbinsel bietet Marken ein Stück Urholland, wie es sonst nur in Gemälden zu finden ist. Einige ehemalige Aalräucherhäuser bilden heute das Marker Museum (Kerkbuurt 44, Karfreitag–Okt. Mo–Sa 10–17, So 12–16 Uhr). Eines dieser *rookhuisjes* ist als historisches Fischerhäuschen eingerichtet, in den anderen befindet sich eine Ausstellung zur Dorfgeschichte.

Weniger überlaufen ist **Monnickendam** mit seinen von schönen Giebelhäusern gesäumten schmalen Straßen, der alten Waag, dem Speeltoren von 1596 mit Glockenspiel und der Grote oder St. Nicolaaskerk (um 1400), in deren Boden 1229 Grabplatten eingelassen sind. Heute ist der Ort ein beliebtes Wassersportzentrum.

Außer über den Landweg gelangt man auch mit dem Boot zu dem pittoresken Fischerort **Volendam** mit einer alten Holzkirche von 1685.

VVV: Monnickendam, Nieuwpoortslaan 15, Tel. 02 99/65 19 98, Fax 65 52 68, vvvmonnik@wordonline.nl. Volendam, Zeestraat 37, Tel. 02 99/36 37 47, Fax 36 84 84, www.vvv-volendam.nl.

Ein Spaß für Groß und Klein: der Käsemarkt von Edam

 Ab **Bahnhof** Purmerend Busse nach Monnickendam und Volendam.

Bus: von Amsterdam nach Volendam, Edam, Monnickendam und Marken, außerdem Verbindungen zwischen den Orten; von Hoorn nach Edam und Volendam; von Bahnhof Heerhugowaard per **Treintaxi** nach Broek op Langedijk, Tel. 09 00/873 46 82 94.

Fähre: Marken–Volendam, Ende März–Okt. 9.30–18 Uhr, alle halbe Std., nur Personen und Fahrräder.

Fahrradverleih: in Marken: Hollander, Parkplatz, Tel. 02 29/65 14 52; in Monnickendam: Waterland, Haven 2, Tel. 02 99/47 57 73.

Edam

Holland-Atlas: S. 231, D 2

Weltbekannt ist das alte Hafenstädtchen durch seinen Käse. Der seit dem 16. Jh. abgehaltene traditionelle Käsemarkt auf dem Platz vor der alten **Kaaswaag,** heute nur noch eine Vorführung für Touristen, ist dann auch die größte Attraktion des Ortes. Im Herzen der Stadt liegt der Damplein mit dem 1737 im Stil Ludwig XIV. erbauten **Stadhuis** und der ehemaligen **Butterhalle** (19. Jh.). Gegenüber beherbergt ein schönes Giebelhaus von 1540 **Edams Museum** (April–Mitte Okt. Di–Sa 10–16.30, Juli/Aug. auch So 13.30–16.30 Uhr) mit weitgehend authentischer Einrichtung und einem ›schwimmenden‹ Keller (s. S. 43). Unter der Last des Glockenspiels aus dem Lot geraten ist der **Speeltoren,** der Turm der zerstörten Kleine Kerk. In der **Grote Kerk** (15. Jh.) sind 30 Fenster mit herrlichen Glasmalereien zu bewundern.

🛈 **VVV:** Damplein 1 (Stadhuis), Tel. 02 99/31 51 25, Fax 37 42 36, www. vvv-edam.nl.

🛏 **Damhotel:** Keizersgracht 1, Tel. 02 99/37 17 66, Fax 37 40 31. Stilvolles Hotel im Herzen der Stadt, Hotelterrasse. 12 DZ, 90 €.
De Fortuna: Spuistraat 3, Tel. 02 99/ 37 16 71, Fax 37 14 69, www.fortuna-edam.nl. Mehrere Gebäude aus dem 17. Jh., Terrassengarten, gesellige, nostalgische Atmosphäre, exzellentes Restaurant, französisch-niederländische Küche, Fahrradverleih. 24 DZ, 85–99 €.

🍴 **La Galera:** Gevangenpoortsteeg 1, Tel. 02 99/37 19 71, tgl. 17–21, Sa, So bis 22 Uhr. Am besten auf der Terrasse, Pizzas und Pastas 5–12 €, Fleisch- und Fischgerichte. Menü ca. 20 €.
De Eeterij: Prinsenstraat 5, Tel. 02 99/ 37 16 30, tgl. 17–22 Uhr. Schnelle Gerichte für eilige Gäste. Menü ca. 24 €.

👁 **Käsemarkt:** Juli, Aug., Mi 10.30– 12.30 Uhr, s. S. 86.

🔄 **Bahnhof** mit Fahrradverleih (Tel. 02 99/43 14 02) in Purmerend.
Bus: Verbindungen nach Amsterdam, Hoorn, Volendam.
Fahrradverleih: Schot, Grote Kerkstraat 7-9, Tel. 02 99/37 21 55.

Hoorn

Holland-Atlas: S. 231, D 2
Hoorn (63 000 Einwohner) war im 16. Jh. die bedeutendste Hafenstadt an der Zuiderzee. Viele alte Speicher- und Handelshäuser, jetzt als Wohnungen und Firmenniederlassungen genutzt, erinnern an die Blütezeit der Stadt. Auf dem Rode Steen-Platz ragt das Standbild des Jan Pieterzoon Coen, einst Generalgouverneur der Oostindischen Compagnien, auf. Im **Staten College** (1632), dem Haus mit der prächtigsten Fassade am Platz, in dem früher Westfrieslands Provinzregierung tagte, befindet sich heute das **Westfries Museum** (Mo–Fr 11–17, Sa, So 14–17 Uhr, www.wfm.nl), das mit Ausstellungen über die VOC, Hoorn und Westfriesland sowie kunstvollen Möbeln, Gemälden etc. Hoorns Vergangenheit beleuchtet. Die **Waag** (1609) gegenüber beherbergt heute das für seine leckeren Ciabattas bekannte Grand Café La Bascule. Außer dem Westfries Museum lohnen das **Museum van de Twintigste Eeuw** (Museum des 20. Jh., Bierkade 4, Di–Fr 10–17, Sa, So 12–17 Uhr) und das **Spielzeugmuseum** (Italiaanse Zeedijk 106, Di–So 11–17 Uhr) einen Besuch. Ein Stadtspaziergang sollte einen Bummel durch den Hafen mit dem malerischen, 1532 als Wehrturm erbauten **Hoofdtoren** einschließen.

🛈 **VVV/ANWB:** Veemarkt 4, Tel. 072/ 511 42 84, Fax 21 50 23, www. vvvhoorn.nl.

🛏 **De Keizerskroon:** Breed 31, Tel. 02 29/21 27 17, Fax 21 10 22. Zentral, Café-Restaurant mit Pianomusik, sonnige Terrasse. 22 DZ, 75 €.
BMG Hotel Hoorn: Lepelaar 1, Tel. 02 29/ 24 98 44, Fax 24 95 40. Am Stadtrand, Zimmer mit Bad, Telefon, KTV, gesellige Bar, Café-Restaurant, Terrasse. DZ 76,50 €.

🍴 **Oasis de la Digue:** De Hulk 16, Tel. 02 29/55 33 44, Di–Sa 12–15,

18–22 Uhr. In ehemaligem Pumpwerk, französische und regionale Küche, sehr leckere Fisch-, Fleisch- und Geflügelgerichte (Beemster Ente). Hauptgericht 19–24 €, Menü ca. 35 €.

 Bahn: Verbindungen nach Alkmaar, Amsterdam, Enkhuizen. **Treintaxi:** Tel. 02 29/24 26 44.
Bus: Verbindungen nach Amsterdam, Edam, Enkhuizen, Medemblik.
Fahrradverleih: am Bahnhof, Tel. 02 29/21 70 96.

Enkhuizen

Holland-Atlas: S. 231, E 2
Mast an Mast reihen sich im Hafen von Enkhuizen (17 000 Einwohner) die Segler der ›Braunen Flotte‹ aneinander, und auch hier bilden die Fassaden historischer Handels- und Speicherhäuser einen malerischen Rahmen. Der Hafen wird vom wuchtigen doppeltürmigen **Drommedaris,** einem Überbleibsel der Stadtbefestigung von 1540, bewacht. Er diente einst als Kerker, heute be-

Mit Dampf reisen

... von Hoorn nach Medemblik mit der *Museumsstoomtram,* der 100 Jahre alten nostalgischen Dampfkleinbahn, an historischen Bahnhofsgebäuden, pittoresken Dörfern und prächtigen Blumenfeldern vorbei. Per Boot geht es nach Enkhuizen und mit der Bahn zurück nach Hoorn (Tel. 02 29/21 48 62, www.museumsstoomtram.nl. Auskunft auch beim VVV).

herbergt er ein Café und dient bisweilen als Tagungsstätte.

Zu den beeindruckendsten historischen Bauwerken der Stadt gehören das im Stil des holländischen Klassizismus erbaute **Stadhuis** (1688), die mit Wappen und Statuen geschmückte **Waag** (1559) am Kaasmarkt sowie die gotische **Westerkerk** (1519) mit einer prachtvollen geschnitzten Chorschranke. Interessant ist auch das **Flessenscheepjesmuseum** (Zuiderspui 1, Mo–Fr 13–17, Sa, So 12–17 Uhr) mit 600 Flaschenschiffen. Highlight von Enkhuizen ist jedoch das *buitenmuseum* (Freilichtmuseum) des **Zuiderzeemuseums** (Wierdijk 12–22, www.zuiderzeemuseum.nl, tgl. 10–17 Uhr; Buitenmuseum Nov.–9.April geschlossen). 130 historische Gebäude, darunter Wohn- und Fischerhäuser sowie Krämerläden, Werkstätten, Werften und Räucherei, bilden eine Zuiderzeesiedlung aus der Zeit um 1900.

VVV: Tussen Twee Havens 1, Tel. 02 28/31 31 64, Fax 31 55 31, www.vvvweb.nl.

Die Port van Cleve: Dijk 74–78, Tel. 02 28/31 25 10, Fax 31 87 65, root@pvcenk.nl. Gegenüber vom Drommedaris-Tor. Alle Zimmer mit Bad, KTV und Telefon, Café-Restaurant, Straßenterrasse, Aussicht auf Hafen. 24 DZ, 94–115 €.
Appartement-Hotel Driebanen: Driebanen 59, Tel. 02 28/31 63 81, Fax 32 14 54, www.hoteldriebanen.com. Zentral, Appartements, auch als Hotelräume vermietet, Sonnenterrasse, Fahrradverleih. 14 DZ, 60–91 €.

Einkaufen wie ehedem: im Krämerladen des Zuiderzeemuseums

 De Smederij: Breedstraat 158–160, Tel. 02 28/31 46 04, tgl. außer Mi (Okt.–April auch außer Mi) 17–22 Uhr. In ehemaliger Schmiede, französisch-mediterrane Küche. Menü ca. 29–32 €.
De Admiral: Havenweg 4, Tel. 02 28/31 92 56, tgl. 12–22 Uhr. Französische Küche. Fisch- und Fleischgerichte, Terrasse mit Aussicht auf den Hafen. Menü 25 €.

Bahn: Verbindungen nach Hoorn.
Bus: Verbindungen nach Hoorn.
Fähren: Enkhuizen–Urk, Ende Juni–Aug. Mo–Sa. 11.30, 15.15, 18 Uhr, Fahrzeit 90 Min., nur Personen und Zweiräder, Infos: Tel. 05 27/68 34 07. Enkhuizen–Stavoren, Mai–Aug. tgl., sonst weniger häufig, 8.45, 12.45, 16.45 Uhr, Stavoren–Enkhuizen 10.15, 14.15, 18,15 Uhr, Fahrzeit 80 Min., Infos: Tel. 02 28/32 66 67.
Fahrradverleih: Dekker, Nieuwstraat 2–6, Tel. 02 28/31 29 61.

Medemblik

Holland-Atlas: S. 231, D 1
Medemblik, früher bedeutender Handelsplatz, jetzt Wassersportzentrum, ist eine der ältesten Hafenstädte am Ijsselmeer. Zum Schutz vor aufständischen Westfriesen ließ Graf Floris V. um 1282 eine Zwingburg, das **Kasteel Radboud,** errichten (Mai–15. Sept. Mo–Sa 11–17, So 14–17 Uhr, sonst nur So 14–17 Uhr). Eine einzigartige Sammlung von Dampfmaschinen, die regelmäßig unter Dampf gesetzt werden, stehen im **Nederlands Stoommachinenmuseum** (Oosterdijk 4, www.stoommachinenmuseum.nl, Feb.–Okt. Di–So 10–17 Uhr).

VVV: Kaasmarkt 1, Tel. 072/511 42 84, Fax 02 27/54 28 52, www.vvv medemblik.nl.

BOTTER, FLEUTEN, TJALKEN

Das rostbraune Segel ist eines der Merkmale, ihr hohes Alter ein weiteres. Sie sind aus Holz und mit ihren gebogenen *vordersteven* und sanft geschwungenen Bordkanten von rustikaler Schönheit. Sie sind flach und haben zum besseren Manövrieren in seichten Gewässern seitlich zwei Außenschwerter – die Rede ist von Hollands Oldtimern zur See, von der *Bruine Zeilvloot* (Braune Segelflotte).

Die Farbe der Segel kommt vom Teer, mit dem man das Tuch früher präparierte. Die Bootstypen reichen von Tjalken (s. Abb.) und Botter über Fleuten, Schocker und Schuten bis hin zu Klippern und Schonern. Sie wurden in Fischerei, Küstenhandel und Binnenschifffahrt eingesetzt. Viele waren auf der seichten Zuiderzee heimisch. In den 1950er Jahren wurden die Segler schließlich durch modernere Boote verdrängt, abgetakelt und ihrem Schicksal überlassen. In den 1960ern kaufte mancher Segelfreund eines dieser Wracks für ›'n Appel und 'n Ei‹ und restaurierte es liebevoll. Heute tummeln sich auf dem Ijsselmeer und rundherum wieder über 400 dieser hölzernen Oldtimer. Im Juli und August wird auf den friesischen Seen das *skûtsjesilen* ausgetragen, eine Regatta der Traditionssegler, die zwei Wochen dauert. Wer einmal auf einem Schoner oder Klipper der braunen Flotte segeln möchte, kann an einer der zahlreich angebotenen Chartertouren (s. S. 52) teilnehmen und wird gewiss mit Schwielen an den Händen zurückkehren, denn jeder an Bord muss mit anpacken.

Nächster **Bahnhof** in Hoorn.
Bus: von/nach Enkhuizen, Hoorn.
Fahrradverleih: Smit, Almereweg 41a, Tel. 02 27/54 12 00.

Entlang der Küste nach Norden

Egmond aan Zee

Holland-Atlas: S. 230, C 2
Der von hohen Dünen umgebene Ort besitzt einen der schönsten Leuchttürme von ganz Holland. Im **Museum van Egmond** (Zuiderstraat 7, Juni–15. Sept. So–Fr 14–16, Juni–Aug. auch Di–Do 19–21 Uhr) in der im eklektischen Stil erbauten Kirche (19. Jh.) wird die Geschichte des Ortes und im ehemaligen Seefahrerheim **Tehuis Prins Hendrik de Zeevaarder** (Voorstraat 41, Di–So 10–17 Uhr) die der Seefahrer beleuchtet.

VVV: Voorstraat 82a, Tel. 072/581 31 00, Fax 506 50 54, www.vvvegmond.nl.

Best Western Hotel Bellevue: Boulevard 7a, Tel. 072/506 10 25, Fax 506 11 16, www.bestwestern.nl/bellevue. Zimmer teils mit Balkon, Hotelterrasse, französisches Spezialitätenrestaurant mit Meerblick. 38 DZ, 92–111 €.
Neptunus: Zeeweg 42, Tel. 506 21 80, Fax 507 25 45. Pension, ruhig, an den Dünen, Sonnenterrasse. 11 DZ, 67–72 €.
Sonnevanck: Wilhelminastraat 114, Tel. 072/506 15 89, Fax 506 57 08, www.sonnevanck-egmond.nl. Garni-Hotel, zentral, in Strandnähe, komfortable Zimmer, Hotelterrasse. 14 DZ, 55–65 €.

Afsluitdijk

Nördlich von Medemblik verbindet der 30 km lange Afsluitdijk (Abschlussdeich) Noord-Holland mit Friesland. Dort wo der Deich geschlossen wurde, bei km 6,5, steht ein Aussichtsturm, der einen ausgezeichneten Fernblick bietet.

Jugendherberge:
Stayokay Egmond: Herenweg 118, Egmond-Binnen, Tel. 072/506 22 69, Fax 506 70 34, www.stayokay.com.

La Chatelaine: Smidstraat 7, Tel. 072/506 23 55, tgl. außer Mi 17–22 Uhr. Französische Küche, Interieur mit vielen Antiquitäten. Menü ab 24 €.

Nächster **Bahnhof** in Castricum.
Bus: von/nach Alkmaar, Castricum.
Fahrradverleih: Bas, Voorstraat 75, Tel. 072/506 14 38.

Alkmaar

Holland-Atlas: S. 230, C 2
Das am Nordholland-Kanal gelegene Alkmaar (22 500 Einwohner) feiert alljährlich am 8. Oktober ein großes Fest. An jenem Tag im Jahr 1573 öffneten die Alkmaarer die Schleusen und schlugen die spanischen Belagerer in die Flucht. Enge Gassen mit manch altem Giebelhaus durchziehen das Stadtzentrum, zu dessen schönsten historischen Bauwerken das spätgotische **Stadhuis** und die **Grote Kerk** (15. Jh.) zählen. Berühmt ist der historische **Käsemarkt** auf dem Waagplein,

auf dem die Käselaiber von traditionell gekleideten Trägern auf Holzbahren zur Waage getragen werden. Um Käse geht es auch im **Kaasmuseum** (April–Okt. Mo–Do, Sa 10–16, Fr 9–16 Uhr), das in der Waag, einer umgebauten Kapelle am Waagplein, eingerichtet wurde. Am anderen Ende des Platzes gewährt das **Nationaal Biermuseum De Boom** in einer alten Brauerei (Houttil 1, Sa 13–16, So 13.30–16, April–Okt. Di–Fr 10–16, Nov.–März Di–Fr 13–16 Uhr) Einblick in die Braukunst. Lohnend ist auch ein Besuch des **Stedelijk Museum** (Canadaplein 1, Di–Fr 10–17, Sa, So 13–17 Uhr) mit Exponaten zur Stadtgeschichte und einer Spielzeugsammlung.

VVV: Waagplein 2–3, Tel. 072/511 42 84, Fax 511 75 13, www.vvvalkmaar.nl.

Le Laat: : Laat 177, Tel. 072/512 55 06, Fax 512 60 81. Gemütlich, zentral, 150 m vom Käsemarkt. DZ 80 €.

Gemüseauktion

Ein Erlebnis ist ein Besuch der *Broeker Veiling,* der ›schwimmenden Gemüseauktion‹ in Broek op Langendijk, auf der Gemüse per Kahn in die auf Pfählen über dem Wasser erbaute Auktionshalle geschifft und versteigert wird – auch an Besucher (Museumweg 2, April–Okt. Mo–Fr 10–17, Sa, So 11–17 Uhr; Anfahrt s. S. 86). Die angebotene Bootsrundfahrt durch das ›Reich der tausend Inseln‹ sollte man nicht auslassen.

Het Hof van Alkmaar: Hof van Sonoy 1, Tel. 072/512 12 22, www.hofvanalkmaar.nl, Mo geschl. Romantisch im Turm oder auf der Terrasse speisen, internationale Küche. Menü 24,50 €.

Käsemarkt: Mitte April–Mitte Sept. Fr 10–12.30 Uhr, s. o.

Jahrestag der Befreiung von den Spaniern: 8. Okt., s. o.

Bahn: Verbindungen nach Amsterdam, Arnhem, Den Helder, Nijmegen, Utrecht. **Treintaxi:** Tel. 072/511 77 77. **Fahrradverleih:** am Bahnhof, Tel. 072/511 79 07.

Bergen und Bergen aan Zee

Holland-Atlas: S. 230, C 2
Die von Eichen- und Kiefernwäldern umgebene Sommerfrische **Bergen** hat seit jeher zahlreiche Künstler angelockt, deren Werke hier auch zum Verkauf angeboten oder im Museum Kranenburgh (Hoflaan 26, Di–So 13–17 Uhr) ausgestellt werden. Beliebt ist der weiße Sandstrand von **Bergen aan Zee.** Im dortigen Zee Aquarium (Van der Wijkplein 16, April–Sept. tgl. 10–18 Uhr, Okt.–März 11–17 Uhr) werden Fische und Schalentiere aus allen Weltmeeren gezeigt.

VVV: Bergen aan Zee, v. d. Wijckplein 8, Tel. 072/581 31 00, Fax 581 38 90, www.hollandsschiereiland.com.

Meyer: Bergen aan Zee, J. Kalffweg 4, Tel. 072/581 24 88, Fax 589 61 92, www.hotelmeyer.nl. 50 m von Strand, Wald und Dünen, alle Zimmer mit

Balkon, Café-Restaurant, gratis Fahrradverleih. 24 DZ, 84–106 €.
Stormvogel: Bergen aan Zee, J. Kalffweg
12, Tel. 072/581 27 34. Zentral, in Strandnähe. 10 DZ, 40 €.

 Paviljoen Noord: Bergen aan Zee,
bei Paal 32, April–Mitte Sept. tgl. 10–
24 Uhr. Am Strand, Salate, Pastas, Pizzas,
Pfannkuchen, Fisch. Menü ca. 33 €.
Nero's Place: Bergen, Breelaan 5, Tel.
072/589 78 17, tgl. 9.30–23 Uhr. Internationale Küche, exzellente Weinkarte.
Menü ca. 35, Hauptgericht ca. 20 €.

Nächster **Bahnhof** in Alkmaar, von
dort **Treintaxi,** Tel. 072/511 77 77.

Den Helder

Holland-Atlas: S. 230, C 1
Die 60 000-Einwohner-Stadt ist Fährhafen und Marinestützpunkt. In der Nähe
des 69 m hohen roten Leuchtturms **De
Lange Jaap** liegt **Fort Kijkduin** (Admi-
raal Verhuellplein 1, tgl. 10–18 Uhr), dessen Museum die Geschichte dieser
napoleonischen Festungsanlage dokumentiert. Hier ist auch ein Meeresaquarium untergebracht. Zu den Attraktionen des **Marinemuseum** (Hoofd-
gracht 3, Di–Fr 10–17, Sa, So 12–17,
Mai–Okt. auch Mo 12–17 Uhr) gehören
das U-Boot ›Tonjin‹, ein Minenräumboot
und das Rammschiff ›Schorpioen‹ von
1868. Der nautische Themenpark **Cape
Holland** (Willemsoord 60, tgl. 10–17 Uhr,
www.capeholland.nl) wartet mit einem
VOC-Segler, Lifeboatmuseum, Kinder-
spielparadies und Mega Kino auf.

VVV: Bernhardplein 18, Tel. 02 23/
62 55 44, Fax 61 48 88, www.vvv
kopvannoordholland.nl

Kirche in den Dünen von Bergen
aan Zee

Lands End: Havenplein 1, Tel. 02 23/
62 15 70, Fax 62 85 40, www.lands
end.nl. Komfortable Zimmer mit Meerblick, hervorragendes Café-Restaurant
(u. a. Fischspezialitäten). 24 DZ, 75 €.
Bellevue: Binnenhaven 40, Tel. 02 23/
61 55 45, Fax 62 66 26, www.hotel-
bellevue.nl. Mit Blick auf Hafen, Café-
Restaurant. 7 DZ, 50 €.

Camping:
De Zwaluw: Zandijk 17, Tel. 02 23/62
65 26, Fax 61 55 45. 200 m vom Meer,
Restaurant. Ca. 19 €.

Bahn: Verbindungen nach Alkmaar,
Amsterdam, Utrecht. **Treintaxi:** Tel.
02 23/63 41 44.
Fähre nach Texel s. S. 95 f.
Fahrradverleih: am Bahnhof, Tel. 02 23/
61 92 27.

DIE WESTFRIESISCHEN INSELN

Sonnenbaden und Schwimmen, Surfen und Strandwandern am Meer, *fietsen* durch Wälder und Wiesen, Natur entdecken in Dünen und Watt, Bummeln durch geschichtsträchtige Hafenstädte, Meeresfrüchte schlemmen – Auftanken auf Hollands Waddeneilanden.

Texel

Holland-Atlas: S. 230, Inset A 1/2
Die westlichste und größte der Watteninseln (18 000 ha) ist von Den Helder in 20 Minuten mit der Autofähre zu erreichen. Ein Netz von Straßen verbindet die Inseldörfer. Die schönsten Badeorte sind De Koog an der Nordseeküste und De Cocksdorp am Nordende der Insel. Gebadet werden darf überall an dem 25 km langen Sandstrand (s. S. 95), der sich entlang der ganzen Westseite der Insel erstreckt.

Zum Schutz der Flora und Fauna wurden neun Naturschutzgebiete eingerichtet, in denen die zahlreichen Vogelarten beobachtet werden können, am besten während geführter Exkursionen (s. S. 96).

Hat man sein Quartier bezogen, kann man das Auto getrost stehen lassen. Die Insel lässt sich mühelos mit dem *fiets,* dem Bus und per pedes erkunden. 120 km Radwege und zahlreiche Wanderwege führen durch Dünen, Wälder, Wiesen und Marschen. Die schönsten Routen sind in der Broschüre ›Fiets- en Wandelroutes‹, erhältlich beim VVV, zusammengestellt.

Im Inselinneren fallen die *skijpeboetes* ins Auge, wie halbierte Bauernhäuser aussehende Schafställe, deren Bewohner die Insel zu Tausenden bevölkern. Gerichte mit Lammfleisch, das durch die salzhaltige Nahrung einen würzigen Eigengeschmack hat, stehen denn auch – noch vor Fisch und Krustentieren – ganz oben auf den Speisekarten.

Den Hoorn, Den Burg und Oudeschild

Holland-Atlas: S. 230, Inset A 2
Dem Fährhafen 't Horntje am nächsten liegt das im Frühjahr von bunten Blumenfeldern umgebene **Den Hoorn** mit zahlreichen historischen Lotsenhäusern und der 500 Jahre alten Dorfkirche mit ihrem weißen Turm.

Kleinstädtisch wirkt Texels Hauptort **Den Burg** mit seinen zahlreichen Geschäften, Restaurants und Lokalen, es gibt sogar ein Kino. Im Zentrum bietet der Turm der Hervormde Kerk (15. Jh.) eine schöne Aussicht. In der ringförmig um die Kirche angelegten Fußgängerzone lässt es sich herrlich flanieren. In längst vergangene Zeiten versetzt das in einer ehemaligen Herberge für Land-streicher untergebrachte Heimatmuse-um Oudheitkamer (Kogerstraat 1, April–Okt. Mo–Fr 11–17 Uhr) seine Besucher zurück.

Direkt an der Waddensee liegt **Oudeschild,** Heimathafen der Texeler Fi-schereiflotte und Yachthafen für 300 Schiffe. Am Fuße der nahe beim Hafen stehenden Traanroeier-Kornmühle von 1902 liegt das Maritiem en Jutters Mu-seum (Barentzstraat 21, Di–Sa, Juli, Aug. auch Mo 10–17 Uhr), in dessen riesiger Scheune sich angeschwemm-tes Strandgut (s. S. 99) stapelt, ganz ähnlich wie im Schipbreuk- en Jutters-museum (Pontweg 143, Abfahrt 13 zwischen Den Burg und De Koog, Mo–Sa 10–17 Uhr).

VVV: Emmalaan 66, Den Burg, Tel. 02 22/31 28 47, Fax 31 41 29, www.texel.net.

Fletcher Hotel Het Koogerend: Den Burg, Kogerstraat 94, Tel. 02 22/31 33 01, Fax 31 59 02, www.flet cher.nl. 300 m vom Zentrum, Café-Res-taurant, Sonnenterrasse. 25 DZ, 71–111 €.
Loodsman's Welvaren: Den Hoorn, Herenstraat 12, Tel. 02 22/31 92 28, Fax 31 95 17. Zentral, alle Zimmer mit Bad, KTV, Telefon, Café-Restaurant, Fahrrad-verleih. 17 DZ, 82,50 €.
De Lindeboom: Den Burg, Groeneplaats 14, Tel. 02 22/31 20 41, Fax 31 05 17, www.lindeboomtexel.nl. Im Zentrum, Café-Restaurant, Terrasse, Fahrradver-leih. 17 DZ, 85–120 €.
Op Diek: Den Hoorn, Diek 10, Tel. 02 22/31 92 62, Fax 31 94 89, www.opdiek. com. Hotel-Pension, riedgedecktes Haus, Zimmer mit Bad, Telefon, KTV, Fahrrad-verleih. 17 DZ, 67–82 €.

Jugendherberge:
Stayokay Texel: Den Burg, Schansweg 7, Tel. 02 22/31 54 41, Fax 31 38 89, www.stayokay.com

Camping:
Loodsmansduin: Den Hoorn, Rommel-pot 19, Tel. 02 22/31 72 08, info@rstte xelnl. Im Dünengebiet, windgeschützt durch Tannen, Sportmöglichkeiten, Freibad mit Jetstream, teilweise auch FKK. Ca. 25 €.

Theodorahoeve: Den Burg, Koger-straat 26, Tel. 02 22/31 23 28, im Sommer tgl. 12–21 Uhr. Zentral, vielfälti-ge Gerichte vom Lamm, Fischgerichte, Pfannkuchen, Käsefondue, Terrasse, Spielgarten. Hauptgericht ab 17 €.

Baden: Der Orientierung am Strand dienen numerierte *paalen* (Pfähle). Rettungspersonal überwacht die Strände bei den Paalen 10, 12, 15, 17, 19–21 und 28, FKK ist nur bei Paal 9 nahe Den Hoorn und bei Paal 27 erlaubt. Bei den Paalen 31 bis 33 am Nordende der Insel ist we-gen starker Strömung das Surfen verbo-ten, auch vom Baden ist dort abzuraten.
Exkursionen: Zentrum für Meeresöko-gie, s. S. 96.
Fangfahrten: Einige Garnelenkutter neh-men tgl. außer So Besucher zu mehr-stündigen Fangfahrten mit (Abfahrtsort: Hafen von Oudeschild). Buchung beim VVV oder unter Tel. 02 22/31 36 39.

Fähre: Den Helder–Texel (Teso): Tel. 02 22/36 96 91/92, www.teso.nl. Ab Den Helder: 6.30–21.30 Uhr, stdl.; ab Te-xel: 6–21 Uhr stdl.; Fahrzeit: 20 Min., kei-ne Reservierung; Hin- u. Rückfahrt: Per-sonen ab 12 Jahre 4 €, Kinder 2 €, Pkw inkl. Insassen/Motorrad mit Fahrer April–Okt. Fr–Mo 38/11.50 €, sonst 26,50/ 8,80 €. Bus: Bahnhof Den Helder–Fähr-

Blick auf Oudeschild, im Hintergrund die Traanroeier-Kornmühle von 1902

hafen: Abfahrt 15 Min. nach jeder vollen Stunde.

Inselhopping: Fähre nach Vlieland, Abfahrt am Leuchtturm. Infos: Paviljoen Vliezicht, Paal 33, Tel. 02 22/31 64 51, www.waddenveer.nl .

Bus: Verbindung vom Fähranleger nach Den Burg, von dort Verbindungen zu den anderen Inselorten.

De Koog, De Cocksdorp, Oosterend

Holland-Atlas: S. 230, Inset A 1/2
Nordwestlich von Den Burg duckt sich das während der Badesaison stark besuchte **De Koog,** einst ein winziges Fischerdorf, hinter die Nordseedünen. Am Ortsrand liegt das sehenswerte Zentrum für Meeresökologie EcoMare (Ruijslaan 92, tgl. 9–17 Uhr), das in Ausstellungen zur Fauna und Flora von Watt und Nordsee viel Wissenswertes bietet und Führungen durch einen 70 ha großen Dünenpark sowie in die Naturschutzgebiete veranstaltet. Eine besondere Attraktion ist die Seehundauffangstation, in der kranke Seehunde gepflegt und elternlose Heuler aufgepäppelt werden, um sie später ins Meer zu entlassen.

Am nördlichen Ende der Insel, gebildet aus der bis 1835 separaten Insel Eijerland, weist Texels roter Leuchtturm den Schiffen den Weg durch das Eijerlandse Gat. Am Strand bei der Rettungsstation werden Bootsausflüge zur Nachbarinsel Vlieland und zu den Seehundbänken angeboten. Durch das Dorf **De Cocksdorp,** das sich, wie an der Vielzahl der Hotels, Restaurants und Sportanlagen zu erkennen ist, ganz dem Tourismus verschrieben hat, gelangt man zum südlich gelegenen **Oosterend.** Mit seinen zahlreichen alten, mit typischen grünen Holzgiebeln versehenen Häusern und der frühromanischen Kirche mit wuchtigem Turm (12. Jh.) ist das ruhige Dorf eine Zierde der Insel. Östlich steht die Poldermühle 't Noorden, mit der der 1876 angelegte gleichnamige Polder trockengelegt wurde. Drehen sich die Flügel oder ist eine blaue Flagge gehisst, kann die Mühle besichtigt werden.

VVV-Büro s. unter ›Den Hoorn, Den Burg und Oudeschild‹, S. 95.

Molenbos: De Cocksdorp, Postweg 224, Tel. 02 22/31 64 76, Fax 31 63 77, www.molenbos.nl. Im Grünen, 500 m vom Dorf, Zimmer mit Bad, Safe, Balkon/Terrasse, Café-Restaurant, Fahrradverleih. 29 DZ, 85–116 €.

Sporthotel Nieuw Breda: De Cocksdorp, Postweg 134, Tel. 02 22/31 12 37, Fax 31 16 01, www.hoteltexel.com. Nahe Flugfeld (Fallschirmspringen, s. u.), Restaurant, Terrasse, Schwimmbad, Fahrradverleih. 20 DZ, 70–79 €.

Het Jachthuis: De Koog, Bondtlaan 38, Tel. 02 22/31 77 58, Fax 31 72 23. Garni-Hotel am Ortsrand, Sonnenterrasse, Fahrradverleih. 12 DZ, 45–60 €.

Jugendhotel:
De Kievit: De Cocksdorp, Hoofdweg 80, Tel. 02 22/31 14 66, Fax 31 14 53, www. hoteldekievit.nl. März–Sept. geöffnet. EZ 38–50 €; 17 DZ, 45–65 €.

Camping:
De Krim: De Cocksdorp, Roggeslootweg 6, Tel. 02 22/39 01 11, 39 01 21, info@ krim.nl. Sportmöglichkeiten, Golfplatz, Reitstall Schwimmbad, Restaurants, Supermarkt. Ca. 30 €.

Kogerstrand: De Koog, Badweg 33, Tel. 02 22/31 72 08, Fax 31 70 18, info@rsttexel.nl. Die Dünenkette trennt den Platz vom Meer, geschützte, begrünte Stand-

plätze, gut für Familien geeignet, Animation. Ca. 27 €.

 La Morena: De Cocksdorp, Kikkertstraat 31, Tel. 02 22/31 64 64, tgl. 12–22.30 Uhr. Spezialitäten aus Texel; man genießt Rippchen und Pfannkuchen, und zum Dessert Apfelgebäck, überdachte Terrasse. Menü 27 €.

Bella Vista: De Cocksdorp, Kikkertstraat 30, Tel. 02 22/31 64 85, Saison tgl. 12–21 Uhr, Okt.–Feb. Mo geschl. 60 verschiedene Pizzas (8–16 €), italienische Fleisch- und Fischgerichte (ca. 20 €) und Pastas (10–12 €).

Baden: s. S. 95.
Bootsausflüge: s. S. 95.
Exkursionen: Zentrum für Meeresökologie, s. S. 96.
Fallschirmspringen: Paracentrum Texel, Flugplatz Texel, Tel. 02 22/31 14 64.

Fähre und Inselbus s. S. 95.
Fahrradverleih: in De Koog, De Cocksdorp und Oosterend.

Vlieland

Holland-Atlas: S. 230, Inset A/B 1
Vlieland ist die kleinste der Westfriesischen Inseln, sie ist nur 12 km lang und bis zu 2 km breit. Hinzu kommt im Westen die bei Flut überspülte 8 km lange Sandplatte Vliehors, ein Naturschutzgebiet, das zeitweise auch als militärisches Übungsgelände dient. Im Mittelalter war die Insel im Westen noch wesentlich länger, bis eine verheerende Sturmflut sie in zwei Inseln zerteilte, in das westliche Eijerland, das heute mit Texel verbunden ist, und das östliche Vlieland. Im 18. Jh. schlug der ›Blanke Hans‹ erneut zu und verschlang West-Vlieland, eines der beiden Inseldörfer.

Heute gibt es auf Vlieland nur das Dorf Oost-Vlieland und eine 26 km lange Ringstraße mit vielleicht einem Dutzend Autos sowie viel Natur: Wiesen, Wälder und einen 12 km langen Sandstrand. Besucher dürfen keine Autos auf die Insel bringen, man nimmt den Bus, fährt mit dem Fahrrad, geht zu Fuß oder reitet, wenn man die Insel erkunden möchte.

An warmen Sommertagen bummeln zahlreiche Besucher durch die reizvoll mit Bäumen und malerischen historischen Häuschen gesäumte Dorpsstraat von **Oost-Vlieland,** an der sich auch zahlreiche Restaurants, Cafés und Geschäfte befinden. Tromp's Huys, 1575 erbaut und ältestes Haus der Insel, beherbergt das sehenswerte **Heimatmuseum** (Dorpsstraat 99, Di–Fr 11–17, Sa 14–17 Uhr). Viele Informationen über die Insel bietet das Besucherzentrum **De Noordwester** an

Hier gibt es nichts, was es nicht gibt: Strandgut-Museum in Oudeschild, Texel

GESCHENKE DES WASSERS

Strandjutter, zu Deutsch ›Strandräuber‹ oder ›Strandgutsammler‹, sind eine eigentümliche Spezies von Küstenbewohnern. Wenn sie bei Tagesanbruch den Strand entlangwandern, und das tun viele, um der Konkurrenz zuvorzukommen, kleben die Augen am Boden, damit ihnen ja nichts entgeht, was dort angeschwemmt wurde. Was sie finden, meist Dinge, die andere schnurstracks in die Mülltonne werfen würden, lässt ihre Herzen höher schlagen und wird nach Hause geschleppt. Strandjuttern, ›professionell‹ betrieben, kann zur Manie werden.

Körbeweise Badelatschen, Pantoffeln, Stiefel und Turnschuhe sind nur eine Kategorie in der umfangreichen Sammlung von Cor Jellen, dem bekanntesten Strandjutter von Texel. Der gelernte Kranführer, der schon als Kind nichts am Strand liegen lassen konnte, hat etwas aus seiner Leidenschaft gemacht und ein heute alljährlich von Tausenden besuchtes Strandjuttermuseum eröffnet. Dutzende Rettungsringe, Wimpel und Flaggen hängen an den Wänden, Konservendosen, Tauchflaschen, Glasflaschen aller Art, Klobrillen, Fender und Anker stapeln sich in seiner bis zur Decke vollgepackten Jutterij, einem ausgedienten Seegrasschuppen. Zu den Glanzstücken seiner Sammlung gehört eine komplette amerikanische Football-Ausrüstung samt Helmen und eierförmigem Ball.

Dabei dürfte es so etwas nach den Buchstaben des Gesetzes eigentlich gar nicht geben, müssen am Strand gefundene Gegenstände doch beim Strandamt abgeliefert werden, das sie ›verwaltet‹, bis sich ein Eigentümer meldet. Zehn Prozent Finderlohn wäre dann die Provision, die der Strandjutter erhielte. Der Bürgermeister und seine sechs Strandhauptmänner sind gehalten, über die Durchführung des Strandvogtgesetzes zu wachen. Bisher hat sich jedoch noch niemand nach einer auf See verlorenen Klobrille, seinem Gebiss oder Bikinioberteil erkundigt und wenn dies geschähe, könnte man ja immer noch bei Cor Jellen vorbeischauen.

Früher war die Jutterei für die vielen armen Insulaner lebensnotwendig. Das Holz gestrandeter Schiffswracks wurde als Bauholz verwendet oder im Winter verheizt. Konserven, die hin und wieder kistenweise angespült wurden, ergänzten den mageren Speiseplan oder wurden getauscht. Gelegentlich wurde auch, wenn der Segen zu lange ausblieb, ein wenig nachgeholfen, indem Schiffe bei Sturm und Nebel durch Feuer auf Sandbänke gelockt, zum Stranden gebracht und leer geräumt wurden. Skrupellose Strandjutter gibt es noch immer, nur sitzen sie heute bei Sturm am Funkgerät, warten auf das SOS, orten das Boot oder Schiff und begeben sich dann an den Strand.

Im Allgemeinen weiß sogar die Obrigkeit die Sammelwut der Jutter durchaus zu schätzen, helfen diese doch, den Strand sauber zu halten und die Inselbesucher, besonders die kleinen, vor manchem Unheil zu bewahren, z. B. vor der Gefahr, die von angeschwemmten Arzneimitteln und Drogen ausgeht.

der Dorpsstraat 150. Vom Dorf, das seit 1971 unter Denkmalschutz steht, führt der Postweg durch Dünen und Wälder zum alten **Posthuys,** einem beliebten Ausflugsziel mit Restaurant, Café und uriger Atmosphäre.

 VVV: Havenweg 10, Tel. 05 62/45 11 11, Fax 45 13 61, www.vlieland.net.

 Golden Tulip Strandhotel Seeduyn: Badweg 3, Tel. 05 62/45 15 77, Fax 45 11 15, www.westcordhotels.nl. Am Strand, Zimmer mit Balkon oder Terrasse, Restaurant, überdachtes Schwimmparadies, Hotelterrasse, Spielplatz, Fahrradverleih. 64 DZ, 114–190 €.

Badhotel Bruin: Dorpsstraat 88, Tel. 05 62/45 13 01, 45 12 27, www.vlieland gids.nl. An Wald und Dünen, Café-Restaurant, Lounge mit offenem Kamin, Hotelterrasse. 30 DZ, 79–100, Frühst. 10 €.

Camping:
Sportemelk: Kampweg 1, Tel. 05 62/45 12 25, Fax 45 12 59, info@sportemelk.nl. Riesig, nur Zelte, nur ein Dünenstreifen vom Strand, Zeltverleih, Animation. Ca. 20 €.

Het Armhuis: Kerkplein 6, Tel. 05 62/45 19 35, www.armhuis.com, tgl. 10–24 Uhr. In historischem Haus aus dem 17. Jh., holländische Küche, Fisch und Vegetarisches, gute Weinkarte. Menü 23,50, Hauptgericht ca. 20–24 €.

Reiten: Manege de Seeruyter, Badweg 3, Tel. 05 62/45 19 62. Stal Edda, Fortweg, Tel. 05 62/45 11 28.

Fähre: Harlingen–Vlieland (Reederei Doeksen): Tel. 05 17/49 15 00, www.rederij-doeksen.nl. Ab Harlingen: tgl. 9, 14.15, 19 Uhr (Schnellfähre andere Zeiten). Ab Vlieland: tgl. 7, 11.45, 16.45 Uhr. Fahrzeit 90 Min., Schnellfähre 45 Min. Keine Autos. Hin- u. Rückfahrt: ab 12 Jahre 20,15 €; Kinder 10,60 €; Fahrrad, Hund: 9,60 €, Schnellfähre 3,85 € Zuschlag je Strecke. Vlieland–Terschelling: Erwachsene 10,75 €, Kinder 5,35 €. Bewachter, kostenpflichtiger Parkplatz am Fährterminal (Tel. 05 62/44 21 41).

Inselhopping: nach Terschelling, Info-Tel. 05 62/44 29 69; nach Texel, Info-Tel. 02 22/31 64 51.

Bus: Verbindung zwischen Oost-Vlieland und dem Posthuys am Rande des Vliehors 6 x tgl.

Fahrradverleih: Zeelen, Dorpsstraat 2, und Yachthafen, Tel. 05 62/45 16 99.

Terschelling

Holland-Atlas: S. 232, A/B 1
»Rode wolken, blauwe lucht, gele helmen, groen gras, wit Zand, 't is het wape van't Schellingland« (Rote Wolken, blauer Himmel, gelbe Halme, grünes Gras, weißer Sand, das ist das Wappen von Terschellingland). Tatsächlich führt die Inselgemeinschaft eigene Embleme – trotz oder gerade wegen der wechselvollen Zugehörigkeit der Insel, die je nach Machthaber mal Friesland, mal Holland zugeschlagen, mal ausgeplündert, mal von Reichtum gesegnet war.

Die rund 5000 Bewohner der 30 km langen und bis zu 5 km breiten Insel leben in den Siedlungen West-Terschelling, Baaiduinen, Midsland, Landerum, Formerum, Lies, Hoorn und Oosterend, von denen etliche an den Nordseedünen noch ›aan Zee‹-Ableger haben. Gebadet werden kann überall am bis zu 1 km breiten Strand, Rettungspersonal bewacht jedoch nur im Juli und

Sturmwarnung an der Hafeneinfahrt von Oost-Vlieland

August den Bereich von Paal 8 bis 12. Große Gebiete stehen unter Naturschutz, so nimmt allein schon das **Naturreservat De Boschplaat** im Osten der Insel 4400 der 11 000 ha großen Insel ein.

Vom Wohlstand des 16./17. Jh., als Walfang, Schiffsbau und Seehandel der Insel eine wirtschaftliche Blütezeit bescherten, zeugen etliche historische Commandeurshäuser reicher Kapitäne in **West-Terschelling.** Aus jener Zeit stammt auch der 1594 im Ort erbaute *vuurtoren* ›Brandaris‹, der älteste Leuchtturm Hollands. Etwas vom Flair vergangener Seefahrerzeiten ist noch heute am Hafen zu spüren, wenn dort neben den bunten Fischkuttern die rustikalen historischen Schiffe der ›Braunen Flotte‹ festmachen. Das in zwei Commandeurshäusern eingerichtete Museum 't Behouden Huys (Commandeursstraat 30–32, Jan.–März Mi, Sa 13–17, April–Okt. Mo–Fr 10–17, Juli, Aug. auch So 13–17, 15. Juni–Sept. auch Sa 13–17 Uhr) beleuchtet die Kulturgeschichte der Insel, während sich das Centrum voor Natuur en Landschap (Burgemeester Reedekkerstraat 11, April–Okt. Mo–Fr 9–17, Sa, So 14–17 Uhr) der Natur der Insel widmet.

Außer ›West‹, wie der Hafenort kurz genannt wird, besitzt nur **Midsland** einen richtigen Dorfkern. Mit zahlreichen Restaurants, Bars, Kneipen und Diskotheken ist es das touristische Zentrum der Insel. Sehenswert sind die alten verwitterten Grabsteine auf dem Stryper Kerkhof am westlichen Ortseingang.

Formerum ist der Geburtsort des Seefahrers und Entdeckers Willem Barents, nach dem die Barentssee benannt wurde. Im Mühlen-Café der Koffiemolen von 1838 lässt es sich gemütlich bei einer Tasse Kaffee entspannen. Oder bei einem Bierchen in der Kneipe des Wrackmuseums De Boerderij (Zuid 13, Mai–Herbstferien tgl. 10–17 Uhr), in dem es tonnenweise Schiffskram zu sehen gibt.

VVV: Willem Barentszkade 19a, Terschelling-West, Tel. 05 62/44 30 00, Fax 44 28 75, www.vvv-terschelling.nl.

Europa: Terschelling-West, Europalaan 35, Tel. 05 62/44 22 41, Fax 44 31 25, www.hoteleuropa.nl. Ruhige Lage am Waldrand, Terrasse, Fahrradverleih, Café-Restaurant, Tanzlokal. 51 DZ, 60–93 €.

Jugendherberge:
Stayokay Terschelling: West-Terschelling, Burg van Heusdenweg 39, Tel. 05 62/44 23 38, Fax 44 33 12, www.stayokay. com.

Camping:
't Wantij: Oosterend, Oosterend 41, Tel. 05 62/44 85 22, Fax 44 89 93. Klein, am Fuße der Dünen und Rand des Naturreservats De Boschplaat. Ca. 12 €.
Nieuw Formerum: Formerum Noord 13, Tel. 05 62/44 89 77, Fax 05 62/44 83 70. Im bewaldetem Naturgebiet. Ca. 15 €.

Zeezicht: West-Terschelling, Willem Barentzkade 20, Tel. 05 62/44 22 68, tgl. 10–20 Uhr. Große Auswahl an Fisch- und Fleischgerichten, kleine und große Karte, Terrasse. Hauptgericht 13–20 €.

Autofähre: Harlingen–Terschelling (Doeksen): Tel. 05 17/49 15 00. www.rederij-doeksten.nl. Ab Harlingen: 9.45–19.45 Uhr sechs Fähren, ab Terschelling: 7–17.30 Uhr sechs Fähren, zu-

Ameland: Das Sorgdragershûske war einst das Haus eines Walfängerkommandeurs

sätzlich Schnellfähren. Hin- u. Rückfahrt: ab 12 Jahre 22,95 €; Kinder 11,50 €; Pkw (frühzeitig reservieren): 12,10 € pro angefangenem halben Meter, Motorrad 28,80 €. Schnellfähre: ca. 3,85 € Zuschlag/Strecke. Terschelling–Vlieland: Erwachsene: 10.75 €, Kinder: 5,35 €.
Inselhopping: nach Vlieland: Tel. 05 62/49 15 16, nach Ameland: Tel. 05 19/54 21 66.
Bus: Verbindungen zwischen den Inselorten.
Fahrradverleih: in allen Inselorten.

Ameland

Holland-Atlas: S. 232, B/C 1
Die Geschichte von Ameland verleitet zum Schmunzeln, gelang es den gewitzten Inselfriesen doch immer wieder durch geschickte Neutralitätspolitik, das Beste für ihr Eiland herauszuschlagen: 1396 überließen sie beim Kampf um Friesland die Insel widerstandslos dem holländischen Grafen Albrecht von Bayern und durften deshalb wie bisher über die Insel bestimmen; als im 17. Jh. auf dem Festland der Achtzigjährige Krieg gegen Spanien tobte, erlangte die Insel 1629 die Unabhängigkeit von Spanien, weil sie den Katholiken auf der Insel Religionsfreiheit zusicherte. Und als sich die Holländer 1654 im Seekrieg mit England befanden, rangen die Insulaner Oliver Cromwell die Anerkennung ihrer Unabhängigkeit ab und konnten, während die niederländische Handelsflotte in den Häfen der Zuiderzee festsaß, mit ihren Schiffen unbehelligt Handel treiben. Vom dadurch und durch Walfang im 17./18. Jh. erlangten Wohlstand zeugen noch heute zahlreiche hübsche Kapitäns- und Commandeurshäuser auf der Insel.

Heute leben die Insulaner weitgehend vom Tourismus mit jährlich über 25 000 Gästen. Natürlich lockt an erster Stelle der 27 km lange Nordseestrand (FKK verboten). Der größte Teil der Insel besteht aus Naturschutzgebieten mit einer artenreichen Vogelwelt, aber auch Rehen. Autos können auf die Insel gebracht werden, doch lassen sich die kurzen Strecken bequem mit dem Bus oder *fiets* bewältigen.

Nes und Buren

Holland-Atlas: S. 232, B/C 1
Trotz des starken Tourismus hat die Hafensiedlung **Nes** in ihrem historischen Zentrum noch einiges von ihrer malerischen Ursprünglichkeit bewahrt. Um den 1664 erbauten und 1732 zum Leuchtturm erhöhten Kirchturm scharen sich kleine Häuschen, von denen das am Rixt van Doniaweg 8 erbaute Commandeurshuiz von 1625 das älteste ist. Am Ortsrand präsentiert das sehenswerte Natuurcentrum (Strandweg 38, 8. Jan.–29. März, Nov.–19. Dez. Mi–Sa 13-17, 23. Feb–8. März Mo–Fr 10–17, Sa 13–17, 30. März–5. Juli Mo–Fr 10–17, Sa, So 13–17, 6. Juli–Aug. Mo–Fr 10–19, Sa 10–17, Sept.–Okt., 20. Dez.–7. Jan. Mo–Fr 10–17, Sa, So 13–17 Uhr) die Flora und Fauna der verschiedenen Insellandschaften, und im riesigen Meeresaquarium ist versammelt, was in der Nordsee kreucht und fleucht.

Im eher tristen Bauerndorf **Buren** zeigt das Landbouw- en Juttersmuseum Swartwoude (Hoofdweg 1, 10.

Jan–29. März, Nov.–19. Dez. Mi–Sa 13.30–17, 23. Feb.–8. März Mo–Fr 10–12, 13–17, Sa 13.30–17, 30. März–5. Juli, Sept.–Okt., 20. Dez.–9. Jan. Mo–Fr 10–12, 13–17, Sa, So 13.30–17, 6. Juli–Aug. Mo–Fr 10–17, Sa 13.30–17 Uhr, 7., 8., 25. Dez., 1 Jan. geschl), wie man sich anno 1900 mit einer Mischung aus Landbau, Fischfang und Strandjutten über Wasser gehalten hat.

VVV: Nes, R. van Doniaweg 2, Tel. 05 19/54 65 46, Fax 54 65 47, www.ameland.nl.

Hofker: Nes, J. Hofkerweg 1, Tel. 05 19/54 20 02, Fax 54 28 65, www.hotel-hofker.nl. An der Südseite des Dorfes, große Lounge mit Kamin, Hallenbad, Sauna, Solarium, Allwetter-Tennisplatz. 32 DZ, 80–95 €.
Nes: Nes, Strandweg 39, Tel. 05 19/54 21 83, Fax 54 35 44, www.ameland.nl/hotelnes. Hotel-Pension zwischen Dorf und Strand. 32 DZ, 66–77 €.

Camping:
Klein Vaarwater: Buren, Klein Vaarwaterweg 114, Tel. 05 19/54 21 56, Fax 54 26 55, camping@kleinvaarwater.com. Zwischen Buren und dem Strand, Mietwohnwagen, Zelte, Wohnwagen. 12–13 €.
Duinoord: Nes, Jan van Eijkweg 4, Tel. 05 19/54 20 70, Fax 54 21 46, duinoord@wxs.nl. Riesiges, gut ausgestattetes Areal in den Dünen, strandnah. 13–15 €.

Het van Heeckeren Huys: Nes, Kerkplein 6, Tel. 05 19/54 29 11. Populäres Restaurant mit schöner Terrasse, Pizzas und Pastas, indische und traditionelle holländische Gerichte. Menü 14–24 €.
De Klok: Buren, Hoofdweg 11, Tel. 05 19/54 21 81, tgl. 10–21.30 Uhr. Verschiedene Spezialitäten, Fischgerichte, Sonnenterrasse. Menü ca. 15 €.

Autofähre: Holwerd–Ameland (Wagenborg): Tel. 05 19/54 61 11 (reservieren), www.wpd.nl. Ab Holwerd: 7.30–19.30 Uhr alle zwei Std., Sommer: Fr, Sa stdl., ab Ameland: 6.30–18.30 Uhr alle 2 Std., Sommer: Fr, Sa stdl. Fahrzeit: 45 Min. Gebührenpflichtige, bewachte Parkplätze am Hafen (Tel. 05 19/56 25 09). Bus zur Fähre: stdl. von Bahnhof Leeuwarden (Linie 60, 66) und 4 x tgl. von Bahnhof Groningen (Linie 34).
Fahrradverleih: Fa. Kiewiet, M. Janszenstraat 4–6 und Veerdam (Fährdamm), Nes, Tel. 05 19/54 21 30.

Ballum und Hollum

Holland-Atlas: S. 232, B 1
Schöne alte, von kleinen Gärten eingerahmte Häuschen und Höfe bestimmen das Dorfbild von **Ballum.** Das schönste Dorf der Insel ist jedoch **Hollum,** mit dem mächtigen Bau der Hervormde Kerk (14. Jh.), auf deren *kerkhof* noch zahlreiche mit Abbildungen von Segelschiffen verzierte Grabsteine an die Walfangzeiten erinnern, und mit Bäumen gesäumte Straßen, an denen sich zahlreiche alte Commandeurshuizen reihen. Ausgebleichte Walfischknochen in der Umfriedung des Sorgdragershûske am Heerenweg 1 lassen keinen Zweifel daran, dass auch dieses Haus einst einem Walfängerkommandeur, nämlich Pieter Sorgdrager, gehörte. Jetzt hat man darin das sehenswerte Cultuurhistorisch Sorgdrager-Museum (5. Jan.–29. März, Nov.–19. Dez. Mi–Sa 13.30–17, 23. Feb.––8. März Mo–Fr 10–12, 13–17, Sa 13.30–17, 30. März–5. Juli Mo–Fr 10–17, Sa, So 13.30–17, 6. Juli–30. Aug. Mo–Fr 10–17, Sa 13.30–17, Sept.–Okt. Mo–Fr

Spuren im Sand: Strand bei Hollum

10–12, 13.30–17, Sa, So 13.30–17, 20. Dez.–5. Jan. Mo–Fr 10–12, 13–17, Sa, So 13.30–17 Uhr, 30. April, 7., 8., 25. Dez., 1. Jan. geschl.) eingerichtet, in dem die mit typisch Amelander Mobiliar eingerichtete Commandeurswohnung aus dem 18. Jh. und eine Sammlung Amelander Volkskunst zu sehen ist. Der Rettung Schiffsbrüchiger widmet sich das Reddingsmuseum (Oranjeweg 18, Öffnungszeiten s. oben Sordrager-Museum), dessen Prunkstück das alte, von zehn Pferden ins Meer gezogene *paardenreddingboot* ist.

VVV: Hollum, Fabrieksweg 6, Tel. 05 19/55 52 01, Fax 55 52 07, www. vvv-wadden.nl.

Resort Hotel d'Amelander Kaap: Hollum, Oosterhiemweg 1, Tel. 05 19/55 46 46, Fax 55 48 09, www. amelander-kaap.nl. Luxushotel und Appartementhaus am Fuße der Dünen. 40 DZ, 99–108 €.
Brouwer: Ballum, Baron Rengersweg 2, Tel. 05 19/55 44 68. Kleines B&B-Haus, ganzjährig. 2 DZ, 34 €.
De Jong: Hollum, Oosterlaan 6, Tel. 05 19/ 55 43 05. Gemütliche Atmosphäre, B&B, ganzjährig. 1 EZ, 18 €; 2 DZ 36 €.

Jugendherberge:
Stayokay Ameland: Hollum, Oranjeweg 59, Tel. 05 19/55 53 53, Fax 55 53 55, www.stayokay.com.

Boerderij: Ballum, Camminghastraat 22, Tel. 05 19/55 42 14, tgl. 11–22 Uhr. Gemütlicher ehemaliger Bauernhof, Ameländer Apfelgebäck, köstlich: Spareribs, Scholle. Hauptgericht ca. 19 €.

Verkehrsverbindungen s. unter ›Nes und Buren‹, S. 104.

Schiermonnikoog

Holland-Atlas: S. 232/233, C/D 1
Eine dreiviertel Stunde braucht die
Fähre von Lauwersoog bis zur Insel
Schiermonnikoog. Sie misst 16 mal 4
km und wurde, wie auch ihr einziger
Ort, nach friesischen Mönchen in grau-
en Kutten benannt, die das kleine
Eiland im 12. Jh. in eine fruchtbare
Scholle umzuwandeln versuchten.
Später wurde sie mehrmals an Privat-
leute verkauft. Der letzte Besitzer, Graf
von Bernstorff, in dessen einstigem
Gutssitz De Rijsbergen sich heute die
Jugendherberge befindet, wurde 1945
ohne Federlesen enteignet, die Insel
gehört jetzt zu Friesland.

Die Insel ist besonders bei Natur-
liebhabern beliebt. Besucher müssen
ihre Autos auf dem Festland zurück-
lassen, die meisten Straßen enden
ehedem am Ortsrand oder setzen sich
als Rad- oder Fußwege fort.

Drei Viertel der Insel sind Nationalpark. Die drei Naturreservate **Wester-
plas, Kapeglob** und **Kobbeduinen**
sind auf den vorgegebenen Wegen frei
zugänglich, ausgenommen während
der Brutzeit der Vögel. Jedoch werden
dann vogelkundliche Führungen vom
Bezoekerscentrum am Wasserturm
(Torenstreek 20, Mo–Sa 10–12, 13.30–
17.30 Uhr) angeboten, das auch die
Bio- und Ökologie von Wattenmeer
und Insel beleuchtet und Exkursionen
organisiert.

Auf Schiermonnikoog geht es ruhiger zu als auf den anderen Inseln. Das
eher bescheidene Nachtleben spielt
sich in einigen wenigen Lokalen ab. Mit
architektonischen Attraktionen ist die

Insel nicht gesegnet, da wird der rote
Leuchtturm schon zur Sehenswürdigkeit. Hässlich ist der ›**Wassermann**‹,
ein auf der höchsten Düne gelegener
Bunker, von dem man jedoch eine
schöne Aussicht hat. Zu Füßen der Düne liegt der **Vredenhof,** ein kleiner
Friedhof, auf dem vom Meer ange-
schwemmte Tote zahlreicher Nationen
begraben sind.

VVV: Reeweg 5, Tel. 05 19/53 19 00,
Fax 53 13 25, www.schiermonni-
koog.nl.

Strandhotel Noderstraun: Badweg
32, Tel. 05 19/53 11 11, Fax 53 18 57,
www.strandhotel.nl. Am Strand, Zimmer
mit Balkon oder Terrasse, Café-Restaurant. 32 DZ, 115–155 €.
Duinzicht: Badweg 17, Tel. 05 19/53 12 18,
Fax 53 14 25, www.hotelduinzicht.nl. In
Dünen, Familienhotel am Dorfrand, luxu-
riöse Gartenzimmer, altholländisch eingerichtetes Spezialitätenrestaurant mit
Kamin, Terrasse, Spielplatz. 31 DZ, 80–
94 €.
B&B Rijsbergen: Knuppeldam 2, Tel. 05
19/53 12 57, www.herbergrijsbergen.nl.
Am Ortsrand, Bar, Terrasse, Spielterrain,
14 DZ, 66 €.

Camping:
Seedune: Seeduneweg 1, Tel. 05 19/
53 13 98, Fax 53 12 80, info@seedune.nl.
Im Nationalpark, nur Zelte. Ca. 14 €.

Norderstraun: Bachweg 32, Tel.
05 19/53 11 11, tgl. 11–22 Uhr. Romantisch, französische Küche. Menü ca.
21 €.
Brakzand: Langestreek 66, Tel. 05 19/
53 13 82, Saison tgl. 16–21.30 Uhr. Deftige Steaks 15–25 €, Fisch und vegetarische Gerichte ca. 12–25 €, Menü 15 €.

Ein Paradies für Radfahrer: die Insel Schiermonnikoog

Baden: Gebadet werden darf überall am Strand, allerdings ist Nacktbaden zwischen Paal 2 und 7 verboten. Der Strand bei Paal 6 und 7 wird im Sommer von Rettungspersonal bewacht, gesurft werden kann bei Paal 3 und 4. Die Sandbänke vor der Insel, Kinderstuben der Seehunde, dürfen nicht betreten werden.

Fähre: Lauwersoog–Schiermonnikoog (Wagenborg): Tel. 09 00/455 44 55 u. Tel. 05 19/34 90 50. www.wpd.nl. Ab Lauwersoog: Mo–Fr 6.30, 9.30, 13.30, 17.30, 19.30 (Fr) Uhr. Ab Schiermonnikoog: Mo–Fr 7.30, 10.30, 14.30, 18.30, 20.30 (Fr) Uhr. Sa, So u. Juli, Aug. abweichend. Hin- u. Rückfahrt (Sommer): ab 12 Jahre 11,42 €, Kind 6,31 €, Fahrrad 5,11 €, Fahrzeit 45 Min. Keine Autos. Bewachter, kostenpflichtiger Parkplatz am Hafen (Tel. 05 19/34 91 39/110). Bus zur Fähre von Bahnhof Leeuwarden (Linie 50) oder Bahnhof Groningen (Linie 63).

Inselhopping: nach Ameland, Info-Tel. 05 95/52 83 90.

Bus: Pendelbus zwischen Fährhafen auf der Insel und dem Ort.

Fahrradverleih: Schierfiets, Noorderstreek 32, Tel. 05 19/53 17 13; Gebr. Soepboer, Paaslandweg 1, Tel. 05 19/53 16 36.

PROVINZ FRIESLAND

Friesland will entdeckt werden: Mit dem Boot auf friesischen Meeren, Kanälen und Flüssen unterwegs sein, per Fahrrad zwischen saftig grünen Weiden, auf Schusters Rappen in rauschenden Wäldern und Marschland, in historischen Städten, belebten Häfen, stillen Weilern – genießen Sie die Ruhe und Weite des Nordens.

Leeuwarden (Ljouwert)

Holland-Atlas: S. 232, B/C 2
Leeuwarden (ca. 90 000 Einwohner), Hauptstadt und kulturelles Zentrum der Provinz Friesland, hat es sogar ins ›Guiness Book of Records‹ geschafft: Es ist weltweit der Ort, dessen Name die meisten Schreibweisen kennt – über 200! Die aus drei besiedelten Terpen an der längst verschwundenen Middelzee hervorgegangene Stadt war von 1584 bis 1765 Sitz der Statthalter Frieslands, von denen Johan Willem Friso die Linie von Oranien-Nassau fortsetzte, als der letzte direkte Nachkomme Wilhelms von Oranien kinderlos starb. Weithin bekannt ist Leeuwarden durch den berühmten Eislaufmarathon ›Elfstedentocht‹ (s. S. 117).

Besichtigung

Von der Centraal Station führt der Weg ins Zentrum an der 1880 erbauten **Beurs** 1 und an der **Mercuriusfontein** 2, einem 1923 aufgestellten Springbrunnen mit symbolischen Tierfiguren, vorbei ins Zentrum zum Waagplein.

Blickfang auf dem belebten Platz ist der pittoreske Renaissancebau der **Waag** 3 von 1598, wo früher Butter und Käse gewogen wurden. Geht man nun an einer Gracht entlang in nordöstliche Richtung zur Korfmakerspijp, stößt man auf ein **Denkmal für Mata Hari** 4, deren Geburtshaus ganz in der Nähe liegt (Op de Kelders 33). Margaretha Geertruida Zelle, so der richtige Name der legendären Tänzerin, wurde 1917 nach einem dubiosen Prozess in Paris wegen Spionage für die Deutschen verurteilt und hingerichtet. Auch im **Fries Museum** 5 (Turfmarkt 11, www.friesmuseum.nl, Di–So 11–17 Uhr), das in dem schönsten Gebäude der Stadt, der ab 1566 erbauten Kanselarij (Kanzlei), sowie im Eysingahuis aus dem 18. Jh. und einem modernen Eingangsgebäude untergebracht ist, gedenkt man Mata Hari mit einer Ausstellung. Das bedeutendste Heimatmuseum der Niederlande beleuchtet 50 000 Jahre friesische Kultur und Geschichte, angefangen bei archäologischen Funden bis hin zur modernen Kunst.

Westlich erhebt sich die **Grote Kerk** 6 aus dem 15. Jh. Unter dem Chor mit schönen Glasmalereien in den Fenstern liegt seit 1588 die Familiengruft der friesischen Nassauer. An den Wänden der Grabstätte sind die Wappen und Namen aller Beigesetzten angebracht. An der Südostseite des Chors gewährte das 1663 gebaute ›Oranjepoortje‹ den Mitgliedern des Hauses Oranien-Nassau standesgemäß separaten Zugang zur Kirche.

In dem im einstigen Stadtwaisenhaus eingerichteten **Fries Natuurmuseum** 7 (Schoenmakersperk 2, Di–Sa 10–17, So, Fe 13–17 Uhr) lernt man u. a. ›Friesland onder Water‹ kennen.

An die glanzvolle Zeit friesischer Statthalter erinnert der **Prinsentuin,** ein 1648 als Lustgarten angelegter, durch zahlreiche Skulpturen verschönerter Park, in dem sich das **Pier Pander Museum** 8 (Di–So 11–17 Uhr) mit Werken

dieses friesischen Bildhauers befindet. Im schönen Stadtpalast Het Princessehof, in dem bis 1765 Prinzessin Maria-Louise, die Witwe des bei Moerdijk ertrunkenen Statthalters Johan Willem Friso, lebte, ist jetzt das **Museum Het Princessehof** 9 (Grote Kerkstraat 11, Di–So 11–17 Uhr) mit einer einmaligen Sammlung von asiatischem und modernem Porzellan sowie der größten Sammlung von Fliesen in der Welt untergebracht.

Leeuwardens Wahrzeichen, der spätgotische **Oldehove Toren** 10, neigt sich bedenklich zur Seite. Aus diesem Grund war der Bau des 1529 begonnenen Kirchturms bei 40 m Höhe gestoppt worden (Aufstieg nur im Sommer). Am Nieuwesteeg versetzen einen zahlreiche herrlich altmodische Läden in längst vergangene Zeiten zurück. An

Auf dass nichts runterfällt: Kneipe in Leeuwarden

der säkularisierten Westerkerk vorbei geht es zu einem der markantesten Gebäude der Stadt: dem im Stil des klassizistischen Barock erbauten **Stadhuis** 11 mit einem Glockenturm von 1715. Auf dem Raadhuisplein spendet die von Königin Wilhelmina gepflanzte Wilhelminalinde Schatten.

VVV: Stationsplein 1, Tel. 09 00/202 40 60, Fax 058/215 35 93, www.vvvleeuwarden.nl.

Bilderberg Oranje Hotel 12: Stationsweg 4, Tel. 058/212 62 41, Fax 212 14 41, www.bilderbergoranjehotel.nl. Terrasse, Fahrradverleih, Spezialitätenrestaurant, Taverne, Pub. 54 DZ, 125–169 €.

Het Anker 13: Eeval 73, Tel. 058/212 52 16, Fax 212 82 93, www.hotelhetanker.nl. Zimmer mit oder ohne Bad, altholländische Einrichtung, Restaurant. 16 DZ, 47–65 €.

De Pauw 14: Stationsweg 10, Tel. 058/212 36 51, Fax 216 07 93. Gegenüber Bahnhof, gemütliche Atmosphäre, Café-Restaurant, Terrasse. 18 DZ, 49–58 €.

Camping:

De Kleine Wielen: De Groene Ster 14, Tel. 05 11/43 16 60, Fax 43 25 84. Am See, 5 km östlich von Leeuwarden, Cafeteria, Laden, Snackbar, Sportmöglichkeiten. Ca. 15 €.

Dionisos 15: Zaaland 88–90, Tel. 058/213 13 83, tgl. außer Mo 16–23 Uhr. Griech. Spezialitäten. Menü ab 21 €.

Sehenswürdigkeiten

1. Beurs
2. Mercuriusfontein
3. Waag
4. Mata Hari-Denkmal
5. Fries Museum
6. Grote Kerk
7. Fries Natuurmuseum
8. Pier Pander Museum
9. Museum Het Princessehof
10. Oldehove Toren
11. Stadhuis

Übernachten

12. Bilderberg Oranje
13. Het Anker
14. De Pauw

Essen und Trinken

15. Dionisos
16. 't Pannekoekschip

't Pannekoekschip 16: Willemskade 69, Tel. 058/212 09 03, Mo, Di 17–21, Mi–So ab 12 Uhr. Im Herzen der Stadt auf einem Schiff, mehr als 90 verschiedene Pfannkuchensorten (4–10 €).

In der großen Fußgängerzone im Zentrum gibt es vielerlei Läden und Galerien, die originellsten werden in der Broschüre ›Verborgen Schatten van Leeuwarden‹ vorgestellt (beim VVV erhältlich).
Wochenmärkte: Wilhelminaplein, Fr 8–16, Mo 13–17 Uhr, und Voorstreck, Over de Kelders, Sa 9–17 Uhr.
Viehmarkt: Helicomberg 52, Di 7–12, Fr 5–12 Uhr.

Grachtenrundfahrten und **Stadtführungen** organisiert das VVV im Juli und Aug.

Bahn: Verbindungen nach Groningen, Harlingen, Sneek, Utrecht, Zwolle. **Treintaxi:** Tel. 058/213 25 25.
Bus: von/nach Dokkum, Drachten, Holwerd (Fähre nach Ameland), Lauwersoog (Fähre nach Schiermonnikoog).
Fahrradverleih: am Bahnhof, Tel. 058/213 98 00.
Parken: P&R neben dem Bahnhof.

Rund um die friesische Seenplatte

Sneek (Snit)

Holland-Atlas: S. 232, B 3
Im Mittelalter lag Sneek, heute die zweitgrößte Stadt Frieslands (30 000 Einwohner), noch an der Zuiderzee und war stark befestigt, woran das beeindruckende **Waterpoort** (1613), Wahrzeichen der Stadt, noch erinnert. Das nette Städtchen mit dem großen Yachthafen ist das Tor zu den friesischen Seen, einem riesigen Segelrevier. Hier findet im August die ›Sneekweek‹ statt, ein bedeutendes Segelereignis. Um die friesische Seefahrt dreht sich auch alles im **Fries Scheepvaart Museum** (Kleinzand 14, Mo–Sa 10–17, So 12–17 Uhr).

VVV: Marktstraat 18, Tel. 05 15/41 40 96, Fax 42 37 03, www.friesland-vvv.net.

De Daaldersplaats: Stationsstraat 62–66, Tel. 05 15/41 31 75, Fax 42 54 55, www.daaldersplaats.nl. Gegenüber dem Bahnhof, Restaurant, Terrasse. 11 DZ, 80–90 €.
De Wijnberg: Marktstraat 23, Tel. 05 15/41 24 21, Fax 41 33 69, www.hotelwijn

FRIESEN SIND EIGEN

›It bêste lân fan d'ierde‹ (das beste Land der Welt) nennen die Friesen in ihrer Nationalhymne stolz ihre Provinz, die die Form eines *pompeblédden* hat. Sieben dieser scharlachroten Seerosenblätter – von Nichtfriesen meist fälschlich für rote Herzen gehalten – zieren stellvertretend für die einst sieben friesischen Seeländer, die im Mittelalter gemeinsam den Normannen die Stirn boten, die blau-weiß gestreifte Friesenfahne.

›Friesisch‹ und ›frei‹ sind so gut wie synonym, das ging schon dem römischen Geschichtsschreiber Tacitus auf, der von der Freiheitsliebe der ›Frisii‹ berichtet. Natürlich hat dieses eigensinnige Völkchen seine eigene offizielle Sprache und die wird auch praktiziert: Frysk findet man auf Orts- und Straßenschildern, in den Tageszeitungen und in der Literatur, man kann es in Radio Friesland (88.6 MHz) und im Fernsehen hören – und natürlich auch, wenn sich Friesen miteinander unterhalten. Typisch friesisch ist auch manche Sportart: das Schlagballspiel *kaatsen,* das *fierljeppen* genannte Stabweitspringen über einen Wassergraben, das *skûtsjesilen,* Wettsegeln mit Frachtsegler-Oldtimern, und *belslydjeien,* Pferdeschlittenrennen. Drei dieser Volkssportarten haben mit Wasser zu tun – kein Wunder, grenzt die Provinz doch mit zwei Seiten ans Meer und wird zudem von einem blauen Band von Seen durchzogen. Wassersportaktivitäten aller Art gehören daher auch zu den beliebtesten Freizeitvergnügen.

berg.nl. Im Zentrum, alte Lounge und Pub mit Einrichtung aus dem 19. Jh., Café-Restaurant, Terrasse. 22 DZ, 60–95 €.

Jugendherberge:
Stayokay Sneek: Oude Oppenhuizerweg 20, Tel. 05 15/41 21 32, Fax 41 21 88, www.stayokay.com.

 Bistro-Restaurant Hindelooper Kamer: Oosterdijk 10, Tel. 05 15/41 27 56, tgl. 11–22.30, So ab 17 Uhr. In alter Bäckerei und ehemaliger Kapitänswohnung, Bettschrank, Ofen und Antiquitäten, vorzügliche Fleisch- und Fischgerichte, gute Weine. Menü ca. 25 €.
De Albatros: Oppenhuizerweg 50–52, Tel. 05 15/43 06 62, tgl. 11–24 Uhr, im Winter Mo geschl. Schöne Terrasse, viele Köstlichkeiten: italienische Ciabattas,

mexikanische Burritos, Gegrilltes, Fisch. Hauptgericht um 12 €.

 Sneekweek: Aug., internationale Segelregatta auf dem Sneeker Meer.

Bahn: Verbindungen nach Leeuwarden, Stavoren. **Treintaxi:** Tel. 05 15/41 50 00.
Bus: Verbindungen mit Bolsward, Emmeloord, Heerenveen.
Fahrradverleih: am Bahnhof, Tel. 05 15/41 38 78.

Sloten und das Gaarsterland

Holland-Atlas: S. 232, B 3/4
Stadtwälle, von Giebelhäusern gesäumte Grachten, die Wassertore Wousenderpoort und Lemsterpoort sowie

eine Holländermühle von 1755 bestimmen das Ortsbild von **Sloten,** der kleinsten Stadt Frieslands.

Südwestlich von Sloten lädt das **Gaasterland,** ein Wald- und Hügelgebiet mit etlichen steilen Kliffs wie dem Oudemirdumerklif und dem Rode Klif zum Wandern und Radfahren ein. Das Informatiecentrum Mar en Klif in **Oudemirdum** (De Brink 4, April–Okt. Mo–Sa 10–17 Uhr) informiert über diese reizvolle Landschaft.

 VVV: Koestraat 44, Tel. 05 14/ 53 15 83.

 Nächster **Bahnhof:** Heerenveen. **Bus:** von/nach Bolsward, Workum.

Stavoren und Hindeloopen

Holland-Atlas: S. 232, A 3
Stavoren (friesisch: Starum) gehörte im 14. Jh. der Hanse an, doch dann versandete die Zufahrt zum Meer, und die Stadt wurde vom Seehandel abgeschnitten. Heute ist die Hafenstadt ein Zentrum für Wassersport und Sportfischerei.

Enge Straßen, schmale Kanäle, rustikale kleine Holzbrücken und schöne Kapitänshäuser tragen zum Reiz von **Hindeloopen** bei, das ebenfalls einst eine Hansestadt war. Im Hidde Nijland Museum (Dijkweg 1, März–Okt. Mo–Sa 10–17, So, Fe 13.30–17 Uhr) im Stadhuis (1683) kann man sich mit der Stadtgeschichte vertraut machen. Das Eerste Friese Schaatsmuseum (Kleine Weide 1, Mo–Sa 10–18, So 13–17 Uhr) bietet Wissenswertes rund um den Schlittschuh und den berühmten ›Elfstedentocht‹ (s. S. 117).

 VVV: Hindeloopen, Nieuwstad 26, Tel. 05 14/52 25 50.

 De Stadsboerderij: Hindeloopen, Nieuwe Weide 9, Tel. 05 14/52 12 78, Fax 52 30 16, www.destadsboerderij.nl. In ehemaligem Stadtbauernhof von 1797, Café-Restaurant, schöne Terrasse am Wasser, Fahrradverleih. 12 DZ, 70 €.

Camping:
Hindeloopen: Westerdijk 9, Tel. 05 14/ 52 14 52, Fax 52 32 21, www.camping hindeloopen.nl. Nur durch Deich vom Ijsselmeer getrennt, Spiel- und Tennisplätze, Kinderbauernhof, Supermarkt, Snackbar in 200 Jahre altem Bauernhof. Ca. 19 €.

De Gasterie: Hindeloopen, Kalverstraat 13, Tel. 05 14/52 19 86, tgl. außer Di, Mi ab 17.30 Uhr, Mai-Aug. nur Mi geschl. Top-Adresse, Saisongerichte wie Spargel, Lamm, Matjes, Ijsselmeer-Aal und Muscheln. Hauptgericht 9–27 €, Menü ca. 29 €.
Pannekoekhuis: Hindeloopen, Kleine Weide 1–3, am Schaatsmuseum. 50 Sorten leckere Pfannkuchen. 3–10 €.

Aldfaers Erf

Auf der Museumsroute ›Aldfaers Erf‹ (Erbe unserer Vorfahren) lässt sich das Friesland von anno dazumal entdecken: in den Dörfern Ferwoude, Piaam, Exmorra und Allingawior mit Tante-Emma- und Krämerläden, Dorfbäckerei, Dorftischlerei, Schmiede, Tagelöhnerbehausung, Dorfschule, Kirche und Bauernhof (April–Okt., tgl. 10–17 Uhr, www.aldfaerserf.nl).

Bahnverbindungen: Stavoren–Hindeloopen–Sneek–Leeuwarden.
Bus: Verbindungen zwischen Hindeloopen und Bolsward.
Fahrradverleih: in Hindeloopen: Heeres, Zuiderzeeweg 2, Tel. 05 14/52 21 03.
Fähre: Ab Stavoren über das Ijsselmeer nach Enkhuizen, Mai–Aug. tgl., sonst seltener, 10.15, 14.15, 18.15 Uhr, Fahrzeit 80 Min., Infos Tel. 02 28/32 66 67.

Workum (Warkum)

Holland-Atlas: S. 232, B 3
Schöne alte Häuser findet man in Workum, das früher an der Zuiderzee lag, bis sich nach Westen zurückzog. Die 1550 begonnene **Ste. Gertruidekerk** blieb unvollendet, die zum Kircheninventar gehörenden bemalten Totenbahren der Gilden (1600) sind eine Rarität. In der alten Waag (17.Jh.) befindet sich das **Heimatmuseum Warkums Erfskip** (Merk 4, April–Okt. Sa–Mo 13–17, Di–Fr 11–17 Uhr). Unbedingt einen Besuch wert ist das **Jopie Huisman Museum** (Noard 6, April–Okt. Mo–Sa 10–17, So 13–17, März, Nov. tgl. 13–17 Uhr) mit Werken eines aus Workum stammenden autodidaktischen Malers, der eigentlich Eisen- und Lumpensammler war.

VVV: Noard 5, Tel. 09 00/540 00 01, Fax 05 15/54 36 05.

Bus: Workum–Hindeloopen (Nr. 102), Workum–Bolsward (Nr. 44).

Bolsward (Boalsert)

Holland-Atlas: S. 232, B 3
Kaum zu glauben: Bolsward hatte einst Zugang zum Meer, denn es lag an der Middelzee, war sogar Hansestadt, und nutzte den heute mit einem Satteldach versehenen Turm der **Martinikerk** als Leuchtturm. Eindrucksvolles Zeugnis friesischer Architektur ist das mit Rokoko-Freitreppe und Barockgiebel geschmückte **Stadhuis** (1614), in dessen Oudheidkamer (Jongemastraat 2, April–Okt. Mo 14–16, Di–Fr 9–12, 14–16 Uhr, Juli, Aug. Mo–Sa 10–17 Uhr) die Historie der Stadt dargelegt wird. In der **Brennerei Sonnema** (Stoombootkade 12) wird der bekannte Berenburger Kräuterschnaps destilliert und kann in der Probierstube gekostet werden.

VVV: Marktplein 1, Tel. 05 15/57 27 27, Fax 57 77 18.

De Wijnberg: Marktplein 5, Tel. 05 15/57 22 20, Fax 57 26 65, www.hollandhotels.nl. Gemütliches Hotel im Zentrum, Sauna, Solarium, Café-Restaurant (u. a. Fischgerichte). 22 DZ, 75 €.

De Lavendelhof: Nieuwmarkt 24, Tel. 05 15/57 48 97, tgl. außer So 12–14 und ab 18 Uhr, Sa, Mo mittags geschl. Französische und regionale Küche. *Fries Menü.* Menü ca. 19–28 €.

Elf-Steden-Tour: Juni, Fahrradtour durch elf friesische Städte.

 Nächster **Bahnhof** in Sneek.
Bus: Verbindungen nach Heerenveen, Leeuwarden, Sneek.
Fahrradverleih: Koopmans, Dijlacker 58, Tel. 05 15/57 27 17.

Wasserspiele: Gracht in Harlingen

Harlingen (Harns)

Holland-Atlas: S. 232, B 2
Namen wie ›Java‹ und ›Sumatra‹ an ehemaligen Lagerhäusern des **Noorderhaven** erinnern an die Kolonialzeit, als die Hafenstadt Harlingen ihre Hochblüte erlebte. Gut 500 historische Giebelhäuser, der weiß getünchte Leuchtturm, der alte Hafen, wo im Sommer die historischen Frachtsegler festmachen, und der belebte Yachthafen verleihen der Fährstadt einen besonderen Reiz. Ihre Vergangenheit als Festungsstadt und Walfanghafen wird mit vielerlei Exponaten im **Gemeentemuseum Het Hannemahuis** (Voorstraat 56, April–Juni, Mitte Sept.–Okt. Mo–Fr 13.30–17, Juli–Mitte Sept. Di–Sa 10–17, So 13.30–17 Uhr) illustriert.

VVV: Voorstraat 34, Tel. 09 00/919 19 99, Fax 05 17/41 51 76, www.vvv.harlingen.nl.

Anna Casparii: Noorderhaven 67, Tel. 05 17/41 20 65, Fax 41 45 40, www.annacaspari.nl. In malerischem Grachtenhaus von 1737 am Yachthafen, Sonnenterrasse, komfortable Zimmer, Café-Restaurant (s. u.). 13 DZ, 78 €.
't Heerenlogement: Franekereind 23, Tel. 05 17/41 58 46, Fax 41 27 62, www.heerenlogement.nl. Gemütliches Familienhotel in altem Herrenhaus an einer Gracht am Rande des Zentrums, Café-Restaurant, Sonnenterrasse. 25 DZ, 73–78 €.

Camping:
De Zeehoeve: Westerzeedijk 45, Tel. 05 17/41 34 65, Fax 41 69 71. Moderne Sanitäranlagen, Fahrradverleih, Wanderhütten, Bootsanleger. Ca. 15 €.

Anna Casparii: Noorderhaven 67, Tel. 05 17/41 20 65, tgl. 12–21 Uhr. Schöner Wintergarten, holländische und moderne europäische Küche. Menü 18 €.
Chinese Muur: Voorstraat 22, Tel. 05 17/41 57 67, 11.30–22, Mo ab 16 Uhr. Vier chinesische Köche wetteifern hier um die Gunst der Gäste. Menü um 15 €.

Visserijdagen: Ende Aug., Fischereifest mit Schiffsparade und traditionellem Ringreiten.

Bahn: von/nach Franeker, Leeuwarden. **Treintaxi:** Tel. 05 17/42 00 00.
Fähren: von Harlingen Hafen nach Vlieland (s. S. 100), Terschelling (s. S. 103).
Fahrradverleih: Huyser, Lanen 20, Tel. 05 17/41 22 01.

Franeker (Frjentsjer)

Holland-Atlas: S. 232, B 2
Das von Ringwall und Stadtgraben umgebene Franeker war über 200 Jahre eine renommierte Universitätsstadt, bis Napoleon dem 1811 ein Ende bereitete. Die Studentenkneipe ›De Bogt fen Genú‹ (1589), die älteste Kneipe Hollands (Vijverstraat 1), existiert noch immer. Im **Museum 't Coopmanshûs** (Voorstr. 49, Di–Sa 10–17, April–Sept. auch So 13–17 Uhr), untergebracht in zwei Professorenhäusern und der alten Stadtwaage, ist eine interessante Sammlung über die Alma Mater zu sehen. Berühmt ist das gegenüber dem schönen **Stadhuis** (1591) im Haus des Amateurastronoms Eise Eisinga unter der Wohnstubendecke installierte **Planetarium** (Eise Eisingastraat 3, Di–Sa 10–17, So 13–17, April–Okt. auch Mo

EISLAUFMARATHON ›ELFSTEDENTOCHT‹

Wenn in Friesland die Temperatur unter den Gefrierpunkt sinkt, steigt in ganz Holland die Spannung. Hält der Frost an, wird die Nation zunehmend nervös. Man hofft, dass das Eis auf Frieslands Kanälen eine Stärke von mehr als 15 cm erreicht und wartet vor Radios und TVs auf die erlösenden Worte des Vorsitzenden des Alve Steden-Komitees: »It giet oan! – Es geht los!« Sind diese gefallen, setzen schlagartig im Königreich fieberhafte Aktivitäten ein, denn nun wird der *elfstedentocht* (Elf-Städte-Tour) ausgetragen. Dabei handelt es sich um den weltgrößten Eislauf-Marathon über 200 km auf zugefrorenen friesischen Kanälen. Die Reichsbahn setzt Sonderzüge ein, um Teilnehmer und Zuschauer an die Strecke zu bringen, TV-Gesellschaften postieren ihre Übertragungswagen. Der Elfstedentocht ist ein nationales Ereignis, das größte Spektakel des Landes.

Um fünf in der Früh hocken 2 Mio. Holländer vor ihren Fernsehern. Ab 5.30 Uhr flitzen und schlittern, ab dem Startpunkt in Leeuwarden, 16 000 Eisläufer über das Glatteis, angefeuert von 1 Mio. dick eingepackter, Fahnen schwenkender Zuschauer und unzähligen Brass-Bands. Überall an der Strecke halten die Leute heißen Tee für die Akteure bereit. Der Lauf führt über Sneek, Ijlst, Sloten, Stavoren, Hindeloopen, Workum, Bolsward, Harlingen, Franeker, Dokkum und zurück nach Leeuwarden. Unterwegs müssen alle Läufer an zahlreichen Kontrollposten Teilnehmerkarten abstempeln lassen und bis Mitternacht am Ziel sein. Einen Preis gibt es nicht, nur das ›Elfstedenkruisje‹ (Elfstädtekreuzchen), doch das ist äußerst begehrt. Teilnehmen dürfen nur Mitglieder der Vereinigung ›De Friesche Elf Steden‹ sein, der Andrang ist so groß, dass gelost werden muss.

Das erste Rennen fand 1909 statt, das letzte 1997. Dazwischen konnte es nur dreizehnmal ausgetragen werden. Der Rekord für die Streckte liegt bei sechs Stunden und 47 Minuten. Berühmt wurde Evert van Benthem, er hat das Rennen gleich zweimal gewonnen (1985 und 1986) und gilt als Nationalheld. Prominentester Teilnehmer war niemand Geringerer als Kronprinz Willem-Alexander. Er wollte anonym bleiben und hatte sich 1986 als W. A. van Buren eingetragen, doch bei Stavoren hatte man ihn erkannt. Als er kurz vor Mitternacht durchs Ziel glitt und von seiner überglücklichen Mutter, Königin Beatrix, in die Arme geschlossen wurde, stieg seine Beliebtheit beim Volk sprunghaft.

Am härtesten war das Rennen 1963. Damals war es so kalt, dass das Ijsselmeer zufror. Was ein Kaplan dazu nutzte, mit dem Auto von Noord-Holland über das Meer nach Friesland zu fahren, um sich das Rennen anzusehen. Strenger Frost, starker Wind, schlechtes Eis und Pulverschnee bereiteten den Läufern die Hölle. Von 9294 eingeschriebenen Teilnehmern kamen nur 69 ins Ziel, der erste nach zehn Stunden und 54 Minuten. Wie schon zuvor auf dem Elfstedentocht gab es auch diesmal abgefrorene Zehen. Einer ist in einer Vitrine im Eerste Friese Schaatsmuseum in Hindeloopen (s. S. 113) zu sehen.

Koffie- en Theeschenkerij in Franeker

13–17 Uhr). Von 1774 bis 1781 hatte der Wollkämmer daran gearbeitet, noch heute funktioniert es präzise.

VVV: Voorstraat 51, Tel. 09 00/92 22, Fax 05 17/39 21 15

Tulip Inn ›de Valk‹ Franeker: Htg. v. Saxenlaan 78, Tel. 05 17/39 80 00, Fax 39 31 11, www.tulipinn-franeker.nl. Am Stadtrand, modernes Haus, komfortable Zimmer, Hotelterrasse, Café-Restaurant, Fahrradverleih. 42 DZ, 82 €.
De Stadsherberg: Oud Kaatsveld 8, Tel. 05 17/39 26 86, Fax 39 80 95, www.stadsherbergfraneker.nl. Im Zentrum, eigener Anlegesteg, Kanu- und Fahrradverleih, Café-Restaurant mit Blick aufs Wasser. 7 DZ, 73–80 €.

De Grillerije: Groenmarkt 13, Tel. 05 17/39 70 44, tgl. außer Mo, Di 17–21 Uhr. Während man auf die Spezialitäten vom Grill wartet, kann man sich an alten holländischen Spielen versuchen. Menü ab 22 €.
Koffie-Theeschenkerij De Tuinkamer: Eise Eisingastraat 2 (neben dem Museum), Tel. 05 17/39 74 74, Mo 11–17, Di–Fr 9.30–18.30, Sa 10–17, So 11–17 Uhr. Tee und Snacks im kleinen Café hinten im alten Kaffee- und Teeladen. Suppen ca. 4 €, Pfannkuchen ca. 4–6 €.

Bahn: von/nach Harlingen und Leeuwarden.
Bus: von/nach Harlingen und Leeuwarden.
Fahrradverleih: Zandberg, L. Homanstraat 4, Tel. 05 17/39 70 38.

Dokkum und Umgebung

Holland-Atlas: S. 232, C 2

Die von Wällen umgebene Festungsstadt war im 17. Jh. Sitz der friesischen Admiralität. Das Admiraliteitshuis von 1618 beherbergt jetzt das **Streekmuseum** (Diepwal 27, April–Sept. Di–Sa 10–17, Okt.–März 14–17 Uhr) mit friesischer Volkskunst, Funden aus friesischen Terpen und einer Ausstellung über den 754 in Dokkum ermordeten Missionar Bonifatius. Auf den Festungswällen ragen die alten **Kornmühlen Zeldenrust** und **De Hoop** auf.

Im weiten Umland von Dokkum liegen zahlreiche alte friesische Bauernhöfe und Dörfer wie **Hogebeintum,** die mit 8,80 m höchsten Warft des Landes, **Veenwouden** mit seinem 500 Jahre alten Burgfried und schönen Giebelhäusern, sowie **Moddergat** mit manch altem Fischerhäuschen.

VVV: Op de Fetze 13 Tel. 05 19/29 78 60, Fax 29 80 15, www.lauwersland.net.

't Readhus: Koningstraat 1, Tel. 05 19/29 40 82, Fax 29 40 24, www.readhus.nl. Im Zentrum am berühmten Wendepunkt des Elfstedentocht. 11 DZ, 58–65 €.

De Posthoorn: Diepswal 21, Tel. 05 19/29 35 00, tgl. 7–1 Uhr. Internationale Küche. Hauptgericht 13–21 €.

Nächster **Bahnhof** in Veenwouden. **Bus:** Verbindungen nach Holwerd, Leeuwarden, Veenwouden. **Fahrradverleih:** Schaafsma, Vlasstraat 11, Tel. 05 19/29 26 94.

Appelscha und Umgebung

Holland-Atlas: S. 233, D 3

Im Südosten der Provinz liegt inmitten von Moor, Heide, grünen Wäldern und Sandverwehungen das ehemalige Torfstecherdorf Appelscha. Hier findet man noch einen *klokkenstoel,* einen so genannten ›Kirchturm der Armen‹. Da man sich keine richtige Kirche leisten konnte, begnügte man sich mit einem Holzgerüst mit Glocke, das häufig auf einem Friedhof aufgestellt wurde. Der **Vergnügungspark ›Duinen Zathe‹** (Boerestreek 13, April–Sept. 9.30–17/18 Uhr) lässt Kinderherzen höher schlagen, und der **Miniatuur Park** (Boerestreek 7a, 15. April–Okt. tgl. 9.30–17, Juli, Aug. bis 18 Uhr) mit maßstabsgetreu erbauten historischen Bauwerken aus Drenthe, Friesland und Groningen auch die von Erwachsenen.

Der 6100 ha große **Nationaal Park Drents-Friese Woud** und das **Fochteloёrveen,** eines der letzten erhaltenen und heute geschützten Hochmoore Hollands, in dem man aber auch auf Waldstücke trifft, lassen sich am besten per pedes oder per *fiets* erkunden.

VVV: Boerestreek 23, Tel. 05 16/43 17 60, Fax 43 37 05.

Holland Inn Appelscha: Boerestreek 2, Tel. 05 16/43 15 93, Fax 43 26 63, www.hotelappelscha.nl. Komfortable Zimmer, Terrasse, Fahrradverleih, Restaurant mit original niederländischer Küche. 6 EZ, 35 €; 28 DZ, 70 €.

Bus: Verbindungen von/nach Assen.

PROVINZ GRONINGEN

Die dynamische Universitätsstadt Groningen, Nabel und Hauptstadt der Provinz, überrascht mit modernen und historischen Bauwerken, reichen Museen und von viel jungem Volk belebten Plätzen. Alte Warften, feudale Gutshöfe, beeindruckende Landsitze und alte Moorkolonien im Umland erzählen die Geschichte dieser Provinz im Nordosten Hollands.

Groningen – die Stadt

Holland-Atlas: S. 233, D/E 2
Die Hauptstadt der Provinz Groningen liegt am Ausläufer des Hondsrug, einem Hügelstreifen, der sich südöstlich bis Emmen zieht. Der Ort wurde erstmals im Jahr 1040 erwähnt. Damals schenkte König Heinrich III. dem Bischof von Utrecht die *Villa Cruoninga,* samt Zoll- und Münzprägerecht. Als freie Reichsstadt erlebte Groningen im 15. Jh. sein ›goldenes Zeitalter‹. Seit 1614 gibt es hier eine Universität. Heute sind rund 50 000 der 170 000 Einwohner Studenten. Sie tragen zum Flair der Stadt bei, genauso wie die zahlreichen gemütlichen Kneipen, Cafés und Restaurants. Groningen ist aber auch Einkaufszentrum und Marktplatz, hierher kommen die Menschen aus der ganzen Provinz zum Shopping.

Mittelpunkt des von einem Kanalring umgebenen Zentrums ist der von zahlreichen Cafés gesäumte **Grote Markt** mit dem neoklassizistischen **Stadhuis** [1] von 1810 und dem prächtigen Renaissancebau des **Goudkantoor** [2] von 1635, einst Steuerkontor,

später Goldprüfungsamt. Eine der größten Barockorgeln des Landes und beeindruckende Fresken findet man in der **Martinikerk** [3] aus dem 13. Jh., von deren Turm sich eine schöne Aussicht bietet. Dahinter liegen am Martinikerkhof der Neorenaissancebau des **Provinciehuis** [4], Sitz der Provinzregierung. Der **Prinsenhof** [5], ein ehemaliges Kloster aus dem 15. Jh., war Bischofs- und Statthalterresidenz. Ein Blickfang in seinem herrlichen, im Stil des 17. Jh. angelegten Garten ist die Sonnenuhr von 1731. Für eine Pause bietet sich die ›Theeschenkerij‹ an. Über die Stadt sind mehr als 30 *hofjes* und *gasthuizen* verteilt, das **Pepergasthuis** [6] (Peperstraat 22), das **Anthonygasthuis** [7] (Rademarkt 27) und das **Pelstergasthuis** [8] (Pelsterstraat 43) zählen zu den schönsten.

Highlight der Museumslandschaft Groningens ist das in einem von Alessandro Mendini geschaffenen modernen Baukunstwerk untergebrachte **Groninger Museum** [9] (Museumeiland 1, www.groninger-museum.nl, Di–So 10–17, 7. Juli–25. Aug. auch Mo 13–17 Uhr) für regionale Geschichte,

Kunsthandwerk und bildende Kunst des 16. bis 20. Jh. ›Mehr Natur als Museum‹ ist das Motto des **Naturmuseums** 10 (Praediniussingel 59, Di–Fr 10–17, Sa, So 13–17 Uhr), das u. a. mit einer Schnüffelecke und einer Eiszeitausstellung aufwartet. Nordöstlich erhebt sich die **A-Kerk** 11 mit ihrer schönen Turmbekrönung. In der Fassade der **Korenbeurs** 12 von 1865 findet man Standbilder von Ceres, Merkur und Neptun, den Gottheiten für Ackerbau, Handel und Schifffahrt.

Imposante moderne Baukunst offenbart das **PTT Opleidingscentrum** 13 (Laan Corpus den Hoorn), das von einem fünfköpfigen Architektenteam entworfene, 1992 erbaute Ausbildungszentrum der Post, und der monumentale Komplex der **Gasunie** 14 (Concourslaan 17) von 1994, im Volksmund ›Affenfelsen‹ genannt.

VVV: Grote Markt 25, Tel. 09 00/202 30 50, Fax 050/313 63 58, www.vvvgroningen.nl.

Bastion Hotel Groningen 15: Bornholmstraat 99 (A7 Richtung Hoogezand, Abfahrt Westerbroek), Tel. 050/541 49 77, Fax 541 30 12, www.bastionhotel.nl. Modern, Zimmer mit Safe und Modemanschluss, Café-Restaurant, Sonnenterrasse. 40 DZ, 60 €, Frühstück 10 €.
Martini 16: Gedempte Zuiderdiep 8, Tel. 050/312 99 19, Fax 312 79 04. Zimmer mit Radio, KTV, Telefon, die meisten mit Bad. A la carte-Restaurant. 47 DZ, 66–90 €, Frühstück 7,50 €.
Groningen Garni 17: Damsterdiep 94, Tel. 050/313 54 35, Fax 589 39 81. Wenige Gehminuten vom alten Stadtzentrum, gepflegte Zimmer. 14 DZ, 50–71 €.

Camping:
Stadspark: Campinglaan 6, Tel. 050/525 16 24, Fax 525 00 99, info@park

Eine Stadt mit Atmosphäre: Groningen

campings.nl. Etwa 2,5 km vom Stadtzentrum, Zelte, Camper, Caravans, sehr gut ausgestattet. Ca. 24 €.

De Apedans 18: Verlengde Oosterstraat 1 (Rademarkt), Tel. 050/312 41 64, Mo–Fr ab 16, Sa, So ab 15, Di–Fr auch 12–14 Uhr. Schön mit Kunstwerken dekoriert, internationale Küche, auch vegetarische Gerichte. Hauptgericht ca. 20–22 € (vegetarisch 15–20 €).

De Zevendehemel 19: Zuiderkerkstraat 7, Tel. 050/314 51 41, Di–Sa ab 17 Uhr. Französische Küche, Fleisch vom Biobauern, auch vegetarische Gerichte. Do, Fr, Sa oft Pianomusik live. Hauptgericht ca. 15 €.

Zahlreiche Läden findet man in der Herenstraat und im modernen Waagstraatcomplex, stimmungsvoll ist es in der alten Korenbeurs.

Märkte: Obst, Gemüse, Blumen etc.: Grote Markt und Vismarkt, Di, Fr und Sa 8–17 Uhr. Bio-Markt und Flohmarkt: Vismarkt, Mi 8–17 Uhr. Non-Food-Markt: Grote Markt, Do 12–21 Uhr.

Blumenjahrmarkt: s. Feste.

Die quirlige Universitätsstadt erfreut sich eines ebenso lebhaften Nachtlebens. Kneipen häufen sich um den Grote Markt, um die Waag, um den Kromme Ellebogen und die Gedempte Zuiderdiep.

Sehenswürdigkeiten

1. Stadhuis
2. Goudkantoor
3. Martinikerk
4. Provinciehuis
5. Prinsenhof
6. Pepergasthuis
7. Anthonygasthuis
8. Pelstergasthuis
9. Groninger Museum
10. Natuurmuseum
11. A-Kerk
12. Korenbeurs
13. PTT Opleidingscentrum
14. Gasunie

Übernachten

15. Bastion Hotel Groningen
16. Martini
17. Groningen Garni

Essen und Trinken

18. De Apedans
19. De Zevendehemel

Auf etliche Diskotheken trifft man in der Poeleen Peperstraat.

Holland Casino: Gedempte Kattendiep 150, Tel. 050/317 23 17, tgl. außer 31. Dez. und 4. Mai 13.30–3 Uhr. American und französisches Roulette, Big Wheel, Black Jack, Punto Blanco und etliches mehr. Mindestalter 18 Jahre, gültiger Ausweis erforderlich.

Veranstaltungstermine etc. findet man in ›Uitgaanskrant Groningen‹ und ›Uitloper‹, erhältlich beim VVV.

Blumenjahrmarkt: Karfreitag auf dem Fischmarkt.

Bommen Berend: 28. Aug., große Feier anlässlich der Befreiung von den Truppen des Bischofs von Münster.

Grachtenrundfahrten: Rondvaartbedrijf Kool, Tel. 050/312 83 79, Mai–Sept., Abfahrt gegenüber Hauptbahnhof.

Noorderzon: Aug., Sommerfestival und kultureller Höhepunkt des Sommers mit einer Vielzahl von Veranstaltungen.

Stadtführungen: Juli, Aug. Mo nachmittags, ausgehend vom VVV.

Bahn: Verbindungen nach Amersfoort, Assen, Delfzijl, Harlingen, Leeuwarden, Winschoten, Zwolle. **Treintaxi:** Tel. 050/311 46 28.

Bus: Verbindungen nach Holwerd (Fähre nach Ameland, s. S. 104), Lauwersoog (Fähre nach Schiermonnikoog, s. S. 106 und 107), Stadskanaal, Veendam.

Parken: P&R-Plätze befinden sich am Stadtrand.

Fahrradverleih: am Bahnhof, Tel. 050/ 312 41 74.

Rund um Groningen

Holland-Atlas: S. 233, D/E 1/2

Den Garten eines englischen Landhauses, einen Wildkräutergarten, einen chinesischen Garten der Mingdynastie, einen Steingarten und einen keltischen Garten der Mythologie – im Hortus Haren (Kerklaan 34, Jan.–März 9–17, April– Okt. 9–18 Uhr) in **Haren** (E 2) ist all dies zu finden. Der figurativen Kunst der Niederlande nach 1945 widmet sich ein sehenswertes Museum (Museum voor figuratieve Kunst, Hoofdweg 76, Di–So 11–17) in **Eelde** (E 2). Ein Juwel der Bildhauerei birgt die Dorfkirche von

Midwolde (D 2): das 1669 von Rombout Verhulst geschaffene Prunkgrab eines Adligen von der nahe gelegenen Burg Nienoord. Das Kasteel selbst beherbergt das interessante Nationaal Rijtuigmuseum (Kutschenmuseum, April–Okt. Di–Sa 10–17, So 13–17 Uhr).

Im Norden kommt man durch das malerische, denkmalgeschützte Dorf Winsum nach **Warffum** (E 1), wo das Openluchtmuseum Het Hoogeland (Schoolstraat 2, April–Okt. Di–Sa 10–17, So, Fe 13–17 Uhr) mit Dorfladen, Schänke, Fischerhaus u. v. m. einen Eindruck vom dörflichen Leben in früheren Zeiten vermittelt. Im Zeehondencrèche (Seehundasyl, tgl. 9–18 Uhr) in **Pieterburen** (D 1) werden kranke Seehunde aus dem Wattenmeer aufgepäppelt – über 1500 Seehunde leben hier.

Bei **Uithuizen** (E 1) ragt die schönste Burg der Provinz auf, die Menkemaborg (10. Jan.–25. April., 28. Sept.–9. Jan. Di–So 10–12/13–16, 26. April–27. Sept. tgl. 10–17 Uhr). **Appingedam** (E 2) ist besonders wegen der ›hängenden Küchen‹ bekannt, Küchenanbauten, die über dem Wasser ›schweben‹. Sehenswert sind außerdem die Wand- und Deckenmalereien in der Nikolaikerk (13. Jh.), einer der eindrucksvollsten Kirchen der Provinz.

Bei **Slochteren** (E 2) wurde 1959 ›die Blase‹ entdeckt, das damals größte Erdgasfeld Europas. Nahe dem Ort liegt die um 1600 erbaute Fraeylemaborg (März–Dez. Di–Fr 10–17, Sa, So 13–17 Uhr), deren reich mit Stilmöbeln ausgestattete Räume besichtigt werden können. Dass nicht alle Mühlen in Holland Windmühlen sind, beweisen die Wassermühlen Fraeylemamolen

(1786) und Grote Polder (1783) am Groenendijk.

Sehenswertes in Grenznähe

Holland-Atlas: S. 233, F 2/3
Die ›Mühlenstadt‹ **Winschoten** (F 2) wartet mit den Korn- und Graupenmühlen De Edens, erbaut 1761 (Nassaustraat), und De Berg von 1854 (Grintweg 61, Besichtigung auf Anfrage, Tel. 05 97/42 51 04) auf sowie der 25 m hohen Mühle De Dijkstra von 1862 (Nassaustraat 63, Besichtigung auf Anfrage, Tel. 05 97/41 42 69). Auch wenn eine blaue Fahne aufgezogen ist, können Besucher das Innere der Mühlen besichtigen.

Direkt an der Grenze zu Deutschland beeindruckt die sternförmig angelegte Festungsstadt **Bourtange** (F 3), von Wilhelm von Oranien um 1580 an der einzigen Furt im umliegenden Moor errichtet und über Jahrhunderte weiter ausgebaut – sie trotzte allen Angriffen. Inmitten von Wäldern liegt bei **Ter Apel** (F 3) das im 13. Jh. gegründete mittelalterliche Kreuzherrenkloster Ter Apel, heute ein Museum für Religionsgeschichte und kirchliche Kunst (Boslaan 3, Mo–Sa 10–17, So 13–17 Uhr, Nov.–März Mo geschl.).

Stadskanaal (F 3), eine 25 km lange Siedlung mit Häusern und Bauernhöfen, die sich an schnurgeraden Kanälen reihen, ist die älteste Moorkolonie der Provinz. Im Streekhistorisch Centrum (Ceresstraat 2, Di–Fr 10–17, So 14–17 Uhr) wird die Geschichte der Veensiedlungen veranschaulicht.

PROVINZ DRENTHE

Die Reste von mehr als 50 jungsteinzeitlichen Hünengräbern auf dem hügeligen Hondsrug bezeugen, dass Drenthe das älteste Siedlungsgebiet Hollands ist. Mit ihren Mooren, ausgedehnten Wäldern, Äckern und Wiesen, den von Schafherden bevölkerten Heiden, den stillen Angerdörfern und altsächsischen Gehöften hat die Provinz viel von ihrem ursprünglichen ländlichen Charakter bewahrt.

Assen

Holland-Atlas: S. 233, E 3
Assen (58 000 Einwohner), die Hauptstadt der Provinz Drenthe, war noch bis 1809, als König Louis Bonaparte dem Ort Stadtrechte verlieh, ein unbedeutendes, nur rund 600 Einwohner zählendes Dorf, dessen Ursprung eine mittelalterliche Abtei ist.

Nicht versäumen sollte man das in einem Komplex historischer Bauwerke, dem Ontvangershuis (1698), dem Drostenhuis (1778) und dem neugotischen Gouvernementshuis (1885), eingerichtete **Drents Museum** (Brink 1, Di–So 11–17 Uhr) mit dem 8300 Jahre alten Einbaum von Pesse, mit Moorleichen und dem ›GeoExplorer‹, einem audiovisuellen Spektakel rund um die Entstehung der Erdc.

Gut besucht ist die Fußgängerzone mit modernem Einkaufszentrum. Besonders lebhaft geht es hier zu, wenn Ende Juni auf dem Circuit südwestlich der Stadt (De Haar 1a, April–Okt. tgl. 9.30–17, Juli/Aug. bis 18 Uhr) die TT-Motoradrennen ausgetragen werden. In der Nähe liegt der Verkeerspark Assen (Infos/Buchungen: www.verkeerspark assen.nl) mit Kart- und Tretautobahn, einem See, den man im Boot erkunden kann, sowie einer Ausstellung alter Autos, Fahrräder und Dampfmaschinen.

VVV: Marktstraat 8, Tel. 05 92/ 31 43 24, Fax 31 73 06, vvvassen@ wxs.nl.

de Jonge: Brinkstraat 85, Tel. 05 92/ 31 20 23, Fax 31 31 14, www.hotel dejonge.nl. Zentral, alle Zimmer mit Bad oder Dusche, Toilette, KTV, Radio und Telefon, etliche mit Balkon. Fahrradverleih, Grand Café. 54 DZ, 66–110 €.

Bojangles: Singelpassage 19, Tel. 05 92/31 22 02, tgl. außer Mo 17–21.30 Uhr. Französische Küche. Menü 27 €.

Bahn: von/nach Groningen und Zwolle. **Treintaxi:** Tel. 05 92/37 31 11. **Bus:** von/nach Stadskanaal, Veendam. **Fahrradverleih:** am Bahnhof, Tel. 05 92/ 31 04 24.

Ausflüge von Assen

Holland-Atlas: S. 233, E 3
Nördlich von Assen liegt beim beliebten Wassersportrevier Zuidlardermeer das Angerdorf **Zuidlaren.** Auf dem von sächsischen Bauernhäusern umgebenen Dorfplatz findet alljährlich am dritten Dienstag im Oktober ein uriger Pferdemarkt statt – der größte Westeuropas.

Bei **Anloo,** einem der schönsten Dörfer der Provinz, sind im Pinetum ter Borgh 300 verschiedene Koniferen zu sehen. Bäume kennen lernen, von der Wurzel bis zur Spitze, kann man auch auf **Drents Boomkroonpad** (Landstraße Assen–Borger, Paviljoen de Woudstee, Boswachterij Gieten/Borger, tgl. 10–17 Uhr): Erst geht es durch einen 22 m langen Wurzeltunnel, dann bewegt man sich auf dem in 22 m Höhe errichteten Baumkronenpfad zwischen den Wipfeln fort.

Nahe **Borger** bezeugen mehr als 50 gewaltige Hünengräber aus dem Neolithikum auf dem Hondsrug, einem bis über 30 m hohen eiszeitlichen Moränenstreifen, dass die Provinz Drenthe das älteste Siedlungsgebiet Hollands ist. Das beim größten von elf um den Ort liegenden Hunebedden eingerich-

Pferdemarkt in Zuidlaren – eine gute Gelegenheit für Fachsimpeleien

tete Nationaal Hunebed Informatiecentrum (Bronnegerstraat 12, Feb.–Dez. Mo–Fr 10–17, Sa, So, Fe 13–17 Uhr) informiert über die Trichterbecherkultur und ihre Hünengräber.

Kamp Westerbork bei Hooghalen war während der Nazibesatzung ein Durchgangslager. 102 000 Steine auf dem einstigen Appellplatz stehen für jene Gefangenen, die von hier in die Konzentrationslager deportiert wurden – eine von ihnen war Anne Frank (Herinneringscentrum Kamp Westerbork: Feb.–Weihnachtsferien, Mo–Fr 10–17, Sa, So, Fe 13–17, 4. Mai 10–19, Juli, Aug. Sa, So 11–17 Uhr).

Bus: von Assen nach Zuidlaren, Anloo, Kamp Westerbork und Borger. **Treintaxi** von Assen nach Anloo, Tel. 09 00/873 46 82 94.

Emmen und Umgebung

Holland-Atlas: S. 233, E/F 4
Auch um die Stadt **Emmen** (100 000 Einwohner) liegen etliche Hünengräber. Im Ort ist der Zoo Noorder Dierenpark (Hoofdstraat 18, tgl., März–Mai 9–17, Juni–Aug. 9–18, Sept. 9–17.30, Okt. 9–17, Nov.–Feb. 9–16.30 Uhr) mit 450 Tierarten und dem tropischen Schmetterlingspark sehenswert.

Ein Bild vom Leben der Menschen im Moor in der Zeit um 1900 erhält man in den Freilichtmuseen Veenpark (Berkenrode 4, Karfreitag–Herbstferien 10–17, Juli, Aug. 10–18 Uhr) bei **Barger-Compascuum** (F 4) und Ellert en Brammert (Tramstraat 73, April–Okt. tgl. 9–18 Uhr) in **Schoonoord** (E 4).

Auch im ›Museumsdorf‹ **Orvelte** (E 4) scheint die Zeit stehen geblieben zu sein (April–Okt. Mo–Fr 10–17, Sa, So, Fe 11–17, Juli, Aug. bis 17.30 Uhr). Hier gibt es noch alte Bauernhöfe und Handwerksbetriebe, z. B. eine Schmiede, in der auf traditionelle Weise gearbeitet wird.

VVV: Hoofdstraat 22, Tel. 05 91/ 61 30 00, Fax 64 41 06, www.vvv emmen.nl.

Bahn: Emmen–Mariënberg–Zwolle. **Bus:** Emmen–Barger-Compascuum und Emmen–Schoonoord sowie Assen–Orvelte–Zweeloo.

Ruinen und Nationaal Park Dwingelderveld

Holland-Atlas: S. 233, D 4
Alles über das Drentse Heideschaf ist in **Ruinen** im Bezoekerszentrum De Schapskooi (Benderse 38, Mai–Sept. und Herbstferien tgl. 10–12, 14–18 Uhr), bestehend aus Schafstall, Schäferwohnung und Schafherde zu erfahren. Nordöstlich des Ortes bietet der **Nationaal Park Dwingelderveld** (Besucherzentrum in Ruinen, Benders 22, Di–So 10–17, Mai–Okt. auch Mo 12–17 Uhr) mit Wäldern sowie Heide- und Moorlandschaften zahlreichen Vogelarten ein Refugium und Besuchern gute Möglichkeiten für erholsame Wanderungen.

VVV: Brink 3, Telefon 05 22/4717 00, Fax 47 30 45.

Nächster **Bahnhof** in Hogeveen, ab dort **Bus** oder **Treintaxi.** Außerdem Busse ab Meppel.

Die ›Mitte‹ von Holland

Holland-Atlas S. 231, 234, 235 und 237

PROVINZ FLEVOLAND

Flevoland, dem Ijsselmeer abgerungen, ist die jüngste Provinz Hollands. In Lelystad und Almere kommen Freunde moderner Architektur auf ihre Kosten, während die einst auf Inseln in der Zuiderzee gelegenen Fischerorte Urk und Schokland durch historischen Charme bestechen.

Lelystad

Holland-Atlas: S. 231, E 2
Die Provinzhauptstadt (62 000 Einwohner) ist nach Cornelius Lely, dem ›Vater des Abschlussdeiches‹, benannt. Die Attraktion der erst seit 1967 existierenden Retortenstadt mit ihrer mittlerweile etwas betagten ›modernen‹ Architektur ist die **Batavia Werf** (Oostvaardersdijk 1–9, www.bataviawerf.nl, tgl. 10–17 Uhr) mit den faszinierenden Nachbauten des VOC-Schiffs ›Batavia‹ und des Admiralitätsschiffs ›De Zeven Provinciën‹, beide ursprünglich aus dem 17. Jh. In der Nähe befinden sich das **Poldermuseum ›Nieuw Land‹** (Oostvaardersdijk 1–13, Mo–Fr 10–17, Sa, So 11.30–17 Uhr), das die Kulturgeschichte der Zuiderzee und die Entstehung der Polder illustriert, und das **Sportmuseum** (Museumweg 10, Di–Fr 10–17, Sa, So 12–17 Uhr), wo Besucher u. a. Sportarten ausprobieren können.

Südwestlich erstreckt sich entlang des Markermeers das 5600 ha große Naturschutzgebiet **Oostvaardersplassen,** in dem über 200 Vogelarten, aber auch Fuchs und Rotwild heimisch sind.

VVV/ANWB: Stationsplein 186, Tel. 03 20/24 34 44, 28 02 18, www.vvvflevoland.nl.

Batavia Stad: Bataviaplein 60, www.bataviastad.nl. Factory Outlet Shopping Center mit 70 kleinen Läden.

Rundflüge: Flugzeug: Aero-Service, Tel. 03 20/28 83 33. Mit Helikopter: Heli-Holland, Tel. 03 20/28 86 54.
Surfschool Paradiso: Uilenweg 8, Tel. 03 20/25 68 93, Vermietung von Segelbooten, Surfbrettern, Kanus.

Bahn: Verbindungen nach Amsterdam, Almere, Utrecht. **Treintaxi:** Tel. 03 20/23 12 34.
Bus: von/nach Enkhuizen, Kampen.
Fahrradverleih: Cees Beers, Stationsplein 10, Tel. 03 20/23 31 22.

Almere

Holland-Atlas: S. 231, D 3
Die erst 1975 gegründete und rasant gewachsene Stadt Almere (136 000 Einwohner) ist vor allem für ihre moderne Architektur bekannt. Besonders in den Vierteln Musiekwijk, Filmwijk, Stedenwijk, De Regenboogbuurt und

De Realität werden Freunde farbenfroher Baukunst fündig. Die inmitten der Stadt liegenden Seen Weerwater und Noorderplassen sowie das Gooimeer, an dem sich Almere-Haven erstreckt, bieten ausgezeichnete Möglichkeiten für Wassersport.

Das Kunstzentrum **De Paviljoens** (Odeonstraat 5, Di–So 12–17 Uhr) zeigt Werke zeitgenössischer Künstler. Dort erhält man auch eine Routenbeschreibung und kann Fahrräder mieten, um die riesigen Landschaftskunstwerke ›De Groene Kathedral‹ (Grundriss der Kathedrale von Reims aus 178 italienischen Pappeln) und ›Polderland Garden of Love and Fire‹ zu besichtigen.

VVV/ANWB: Almere-Stad, Spoordreef 20, Tel. 036/533 46 00.
VVV: Almere-Haven, Sluiskade 30, Tel. 036/534 80 88, Fax 547 07 88.

Bastion Hotel Deluxe Almere: Audioweg 1, Almere-Stad, Tel. 036/536 77 55, Fax 536 70 09, www.bastionhotel. nl. Am Stadtrand, gemütliche Bar, Café-Restaurant. 100 DZ, 78-100 €, Frühst. 10 €.

La Bastille: Grote Markt 42, Tel. 036/533 22 23, tgl. 10–23 Uhr, Mo, So kein Mittagessen. Rustikales Interieur, französische und internationale Küche, leckere Pfannkuchen. Menü ca. 20 €.

CASLa (Centrum voor Architectuur, Stedebouw en Landschap), Markt 110, Almere-Stad, Tel. 036/538 68 42, www.casla.org, veranstaltet Architektur-Führungen und gibt Infos sowie Fahrrad- und Wanderrouten zu den architektonisch interessanten Bauwerken heraus.

Six Flags Holland: Biddinghuizen, Spijkweg 30, Tel. 03 21/32 99 91, www.six flags.nl, April–Okt. tgl. 10–17/19 Uhr. Hier stürzt ›El Condor‹, eine Riesenachterbahn, mit 85 km/h ins Tal.

Flevoland ist eine Provinz der Gegensätze: Moderne Baukunst kann man in Lelystad bewundern, traditionelle Architektur in Urk (s. Abb.)

Bahn: Verbindungen nach Amsterdam und Lelystad.

Urk

Holland-Atlas: S. 231, E 2
Die Bewohner von Urk, einst eine Zuiderzeeinsel, die jetzt am Rand des Noordoostpolders liegt, haben auch nach dem Bau des Abschlussdeichs ihre Fischfangtradition beibehalten, ebenso den alten, in der Abgeschiedenheit der Insel entstandenen Dialekt und den Brauch, an Festtagen die Volkstracht zu tragen. Kleine, traditionell grün oder braun gestrichene Häuser und der runde, weiße Leuchtturm verleihen dem 15 000-Einwohner-Ort einen besonderen Charme. Im Urker **Rathaus,** einer Mini-Ausgabe des Kopenhagener Stadthauses, befindet sich das **Museum het oude Raadhuis** (Wijk 2/2, April–Sept. Mo–Sa 10–17 Uhr) mit einer authentisch eingerichteten Fischerwohnung und vielerlei Exponaten zur Geschichte von Urk.

VVV: Wijk 2/2, Tel. 05 27/68 40 40, Fax 68 61 80.

Orchideenpracht

Eine der schönsten Orchideensammlungen ist im tropischen Paradies Orchideenhoeve bei Luttelgeest zu bewundern (Oosterringweg 34, Tel. 05 27/20 28 75, www.orchideenhoeve.nl, Mo–Sa 9–18, So 11–18 Uhr).

In den Fischrestaurants am Hafen kann man vorzüglich speisen.

 Nächster **Bahnhof** in Kampen.
 Bus: Verbindungen nach Kampen.
Fähre: Urk–Enkhuizen, Ende Juni–Aug. Mo–Sa. 9.30, 13.15, 17 Uhr, Fahrzeit 90 Min., nur Personen und Zweiräder, Information: Tel. 05 27/68 34 07.
Fahrradverleih: Weerstand, Wijk 6–15, Tel. 05 27/68 12 72.

Emmeloord und Schokland

Holland-Atlas: S. 231, F 2
In der Mitte des Noordoostpolders überragt der 65 m hohe Poldertoren, zugleich Wasser- und Glockenturm mit einem der größten Glockenspiele des Landes, das Städtchen **Emmeloord.** Von hier bietet sich ein schöner Rundblick.

Das Dorf **Schokland** auf der gleichnamigen ehemaligen Fischerinsel, die jetzt nur noch als Hügel in der Landschaft zu erkennen ist, gehört zum UNESCO-Weltkulturerbe. Das Schokland Museum (Middelbuurt 3, Fr–So 11–17, April–Okt. auch Di–Do 11–17, Juli–Aug. auch Mo 11–17 Uhr) dokumentiert die Geschichte der Insel.

VVV/ANWB: De Deel 25a, Emmeloord, Tel. 05 27/61 20 00, Fax 61 44 57.

Bus: von Kampen, Lelystad Centrum, Steenwijk und Zwolle nach Emmeloord. Kein öffentliches Verkehrsmittel nach Schokland.

Café in der Altstadt von Utrecht

PROVINZ UTRECHT

Hollands kleinste Provinz hat viel zu bieten: malerische Dörfer, prachtvolle Schlösser, alte Gehöfte und Mühlen und eine vielseitige Landschaft, die vom schönen Tal der Vecht bis zum Utrechter Hügelland reicht. Mittelpunkt ist die lebhafte Universitäts- und Bischofsstadt Utrecht mit ihrem imposanten Dom.

Utrecht – die Stadt

Holland-Atlas: S. 231, D 4
Die Universitäts- und Bischofsstadt Utrecht ist die viertgrößte Stadt der Niederlande (230 000 Einwohner), das historische Zentrum ist jedoch klein und lässt sich mühelos auf einem Spaziergang erkunden.

Die von Stadtgräben umgebene Altstadt wird vom Wahrzeichen Utrechts, dem 112 m hohen Turm des **Doms** (erbaut ab 1254) dominiert. Das Mittelschiff existiert nur noch als Grundriss in Form von dunklen Pflastersteinen auf dem Domplatz, ein Orkan hat es 1674 fortgerissen; das Querschiff mit Chor steht seitdem separat. Der Dom bildet das Zentrum eines von Bischof Bernold im 11. Jh. aus Kirchen gebildeten Kreuzes, von dem noch die turmlose **St. Janskerk** (Nord), die **Pieterskerk** (Ost) und ein Kreuzgang der **Mariakerk** (West) existieren. Nicht weit vom Dom steht an der Kromme Nieuwegracht 49 das gotische **Paushuisje,** das Haus des bisher einzigen holländischen Papstes, Hadrian VI. (1522–1523).

Zu den stimmungsvollsten Grachten zählt die **Oude Gracht** mit zahlreichen schönen Giebelhäusern. Treppen führen zu baumbestandenen Kais hinab, in deren alten Lagern und Stapelräumen sich jetzt Studentenkneipen, Boutiquen und Restaurants eingenistet haben. Im **Stadtschloss Oudaen** von 1320 (Oude Gracht 99) wurde 1713 mit dem Frieden von Utrecht der spanische Erbfolgekrieg beendet.

Für einen Einkaufsbummel bietet sich das Shoppingzentrum **Hoog Catharijne** beim Bahnhof an, ein Netz überdachter Einkaufspassagen mit an die 200 Läden, Restaurants und Cafés. Es ist das größte überdachte Shoppingzentrum der Niederlande.

Utrechts Museen

Von den 14 Museen in Utrecht sind folgende hervorzuheben: **Museum Catharijneconvent** (Lange Nieuwstraat 38, Di–Fr 10–17, Sa, So, Fe 11–17 Uhr) zur Geschichte des Christentums in den Niederlanden; **Centraal Museum** (Nicolaaskerkhof 10, Di–So 11–17 Uhr) für Kunst, Kunstgewerbe, Design und Stadtgeschichte; **Nederlands Spoor-**

wegmuseum (Maliebaanstation, ab Sept. 2003 für ca. 1,5 Jahre geschl.) mit Eisenbahn- und Tram-Oldtimern im Original oder Modell; **Nationaal Museum van Speelklok tot Pierement** (Buurkerkhof 10, Di–Sa 10–17, So 12–17 Uhr), eine einzigartige Sammlung mechanischer Musikinstrumente.

VVV: Vredenburg 90, Tel. 09 00/414 14 14, Fax 030/233 14 17, vvv. utrecht@tref.nl.

Bastion Hotel: Mauritiuslaan 1, Tel. 030/287 14 00, Fax 287 10 12, www. bastionhotel.nl. Am Stadtrand, mit Grill-Restaurant. 77 DZ, 83 €, Frühstück 10 €. **Parkhotel:** Tolsteegsingel 34, Tel. 030/254 67 12, Fax 251 04 01. Nahe dem Zentrum, gemütlicher Frühstücksraum, Terrasse. 7 DZ, 66–72 €.

Het Grachtenhuis: Nieuwegracht 33, Tel. 030/231 74 94, tgl. 17.30–21.30 Uhr. Grachtenrestaurant, niederländisch-französische Kochkunst. Hauptgericht 22–27 €, Menü 32–38 €. **The Ostrich:** Oudegracht 153, Tel. 030/231 05 44, Di–So 17–22 Uhr. Ausgefallene afrikanische Küche, Fisch, Fleisch, Vegetarisches, in Grachtenkeller mit schöner Terrasse. Hauptgericht 17–26 €, Menü ca. 25 €.

Shoppingzentrum Hoog Catharijne: s. S. 134. Weitere interessante Läden in der Fußgängerzone in der Altstadt. **Spezialitäten:** u. a. *boterspritsjes,* leckeres Spritzgebäck.

Kreuzgang des Utrechter Doms

🍷 Gemütliche Kneipen und Cafés findet man in den alten Kellergewölben unten an den Kaimauern, am Janskerkhof und an der Neude.

🎭 **Bluesroute:** 3. Wochenende im April, Konzerte in der ganzen Stadt.
Festival a/d Werf: Mai, internationales Theater- und Kunstfestival.
Holland Festival Oude Muziek: Ende Aug.–Anfang Sept., Musik aus dem 11.–19. Jh.

⛵ **Bootsausflüge:** Rederij Schuttevaer, gegenüber Oude Gracht 85, Tel. 030/272 01 11; Rederij Lovers, gegenüber Nieuwekade 269, Tel. 030/231 64 68. Grachtenrundfahrten, Bootsausflüge auf der Vecht und dem Kromme Rijn.
Kutschfahrten: vom Domplein.

🚉 **Bahn:** Verbindungen nach Amsterdam, Arnhem, Den Haag, Eindhoven, Leiden, Rotterdam, Zwolle. **Treintaxi:** Tel. 030/230 20 20.
Fahrradverleih: am Bahnhof, Tel. 030/231 11 59.
Park & Ride: beim Stadion Galgenwaard im Osten des Zentrums.

Rietveldhuis

Weltbekannt ist das von dem ›De-Stijl‹-Architekten Gerrit Rietveld 1924 für Truus Schröder entworfene und von ihr lange Zeit bewohnte Haus an der Prins Hendriklaan 50, heute ein Monument der Moderne, zu dem alljährlich unzählige Kunstkenner pilgern (Mi–Sa 11–17, So 12–17 Uhr, Besichtigung nur während Führungen, telefonische Anmeldung empfohlen, Tel. 030/236 23 10).

Ausflüge von Utrecht

Schlösser in der Umgebung

Holland-Atlas: S. 231, D–E 4 und S. 234, B 3
Die wechselvolle Geschichte Hollands hat der Provinz Utrecht zahlreiche sehenswerte Schlösser beschert, viele waren einst Festungen. Nur wenige von ihnen sind allerdings zugänglich. Das imposanteste ist gewiss das von P. J. H. Cuypers entworfene Bilderbuchschloss **Kasteel De Haar** (1892) bei Haarzuilens (Kasteellaan 1, www.kasteeldehaar.nl, 6. Jan.–17. März und 18.–24. Nov. So 13–16, 18. März–26. Mai Di–So 13–16, 27. Mai–1. Sept. Mo–Fr 11–16, Sa, So 13–16, 1. Okt.–17. Nov. Di–So 13–16 Uhr).

Östlich von Utrecht reihen sich am Flüsschen Vecht neben Schlössern und Burgen auch edle Landsitze (s. S. 138). Bei Soest liegt in einem herrlichen Park das weiße Schloss der königlichen Familie, **Paleis Soestdijk** (keine Besichtigung). **Schloss Zeist** (Zinzendorflaan 1, Führungen Sa, So 14 und 15.30, Juli, Aug. 14.30 Uhr) aus dem 17. Jh. nahe der Sommerfrische und einstigen Herrnhuter-Gemeinde Zeist erinnert an das Schloss von Versailles.

Von einem reizvollen bewaldeten Park umgeben ist **Kasteel Huis Doorn** (Doorn, Langbroekerweg 10, Nov.–Mitte März Di–So 13–17, Mitte März–Okt. Di–Sa 10–17, So 13–17 Uhr). Hier lebte der deutsche Kaiser Wilhelm II. bis zu seinem Tod im Exil. Highlight bei einer Schlossbesichtigung ist seine berühmte Sammlung von Schnupftabakdosen.

Südlich von Doorn schirmten die Festungen Beverweerd, Sterkenburg, Lünenburg, Moersbergen, Leeuwenburgh, Sandenburg und Zuilenburg, heute Schlösser, den Südosten von Utrecht gegen Eindringlinge ab. **Schloss Amerongen** (17. Jh.) mit seinem reichen Interieur ist zu besichtigen (Drostestraat 20. April–Okt. Di–Fr 10.30–16.30, Sa, So, Fe 13–17 Uhr).

 Kasteel de Haar: Bahn bis Maarssen, dann Treintaxi, Tel. 09 00/873 46 82 94, oder Bahn bis Vleuten, dann Treintaxi, oder Bus Linie 127 bis Haltestelle Haarzuilens Brinkweg. **Schloss Zeist:** Bahn bis Driebergen-Zeist, dann Treintaxi oder Bus Linien 0, 51, bis Haltestelle Zeist Het Rond/1. Dorpsstraat. **Kasteel Huis Doorn:** Bahn bis Driebergen-Zeist, dann Treintaxi, oder Bahn bis Maarn, dann Treintaxi oder Bus Linie 82 bis Haltestelle Doorn Kampweg. **Schloss Amerongen:** Bahn bis Rhenen, dann Bus Linie 50 bis Haltestelle Amerongen Dorp.

Wijk bij Duurstede

Holland-Atlas: S. 234, A/B 3
An der Stelle der von den Normannen vernichteten Handelsstadt Dorestad entstand im 13. Jh. eine Burg und die befestigte Siedlung Wijk bij Duurstede, im Mittelalter Residenz der Utrechter Bischöfe. Von der Festung existieren noch ein Donjon, ein Eckturm und Mauerreste. Bekannt ist der Ort durch Jacob van Ruisdaels Gemälde ›Mühle von Wijk bij Duurstede‹ (Rijksmuseum, Amsterdam), die jedoch nicht mit der noch existierenden Mühle ›Rijn en Lek‹ von 1659 identisch ist.

Bus: Verbindungen von Utrecht Centraal und Driebergen-Zeist.

Oudewater

Holland-Atlas: S. 237, E 1
Im 16. Jh. pilgerten Frauen aus ganz Europa nach Oudewater. Wer dort mehr als 50 kg auf die ›Heksenwaag‹ brachte, war zu schwer, um als Hexe auf einem Besen zu reiten und erhielt ein entsprechendes Zertifikat. Wer will, kann sich im **Museum Heksenwaag** (Leeuweringerstraat 2, April–Okt. Di–Sa 10–17, So 12–17 Uhr, www.heksenwaag.nl) heute noch ein derartiges Dokument ausstellen lassen.

VVV: Kapellestraat 2, Tel. 03 48/ 56 46 36, Fax 56 53 72, vvvoudewater@hetnet.nl.

 Treintaxi ab **Bahnhof** Woerden. **Bus:** von Gouda, Utrecht, Woerden.

Amersfoort

Holland-Atlas: S. 231, E 4
Schmale Gassen und malerische Plätze mit alten Giebelhäusern prägen das Bild des alten, von einem Grachtenring umgebenen Kerns der Stadt Amersfoort (125 000 Einwohner). Drei historische Stadttore, der Kamperbinnenpoort, der pittoreske Koppelpoort und der Waterpoort Monnickendam, zeugen von der einst starken Befestigung. Auf der Stadtmauer sind noch etliche *muurhuizen* (Mauerhäuser) erhalten. 100 m hoch ist der ›Lange Jan‹, der spätgotische **Onze Lieve Vrouwen Toren.** Die

DIE ›HOLLANDSE WATERLINIE‹

Zahlreiche Reisende des 18. und 19. Jh. schwärmten von der Schönheit des Vechttals zwischen Utrecht und Muiden. Alexander von Humboldt hob die »große Anzahl und die Pracht der Gebäude und die Lieblichkeit der Parks« hervor und bezeichnete die Region gar als ein »wahres Arkadium«. Er empfahl, sich der schönen Aussicht auf Landsitze, Schlösser und Burgen wegen am rechten Ufer fortzubewegen.

Burgen wie Muiderslot und Gunterstein an der Vecht und unzählige Forts östlich davon deuten es an: Entlang der Vecht verlief einst eine Verteidigungslinie. Ihr wesentliches Element war das nasse – was lag in einem Land, dessen tief liegende Felder und Weiden durch Deiche vor dem Wasser geschützt werden mussten, auch näher, als dem Feind durch gezielte Überschwemmungen den Weg zu verbauen! So entstand im 16. Jh. der Plan der ›Hollandse Waterlinie‹. Durch Überfluten des Gebietes von Muiden bis zum Biesbosch wollte man sich von Osten kommende Angreifer vom Leibe halten. Wirklich geflutet wurde zwar nur einmal, doch das mit Erfolg: Als 1672 die Franzosen anrückten, holten sie sich dort nasse Füße und kehrten um.

Heute führen Radwander- und Wanderrouten wie der 180 km lange ›Waterliniepad‹ (Infos bei den örtlichen VVV) durch die mit zahlreichen alten Wehranlagen gespickte Landschaft aus Poldern, Seen und Wäldern. Um die ehemals dem Schutz des Landes dienende ›Hollandse Waterlinie‹ jetzt selbst zu schützen, soll sie für die Aufnahme in die Liste des UNESCO-Weltkulturerbes nominiert werden.

Kirche selbst flog 1787 in die Luft, man hatte sie als Pulvermagazin benutzt. Dies und anderes aus der Geschichte der Stadt erfährt man im **Museum Flehite** (Westsingel 50, Di–Fr 11–17, Sa, So 13–17 Uhr). Amersfoort ist die Geburtsstadt des Begründers des Kubismus, Piet Mondrian, dessen Leben und Werk im **Mondriaanhuis** (Kortegracht 11, Di–Fr 10–17, Sa, So 13–17 Uhr), seinem Geburtshaus, gewürdigt wird.

VVV: Stationsplein 9–11, Tel. 09 00/ 112 23 64, Fax 033/465 01 08, info@vvv-amersfoort.com.

Campanile Amersfoort: De Brand 50, Tel. 033/455 87 57, Fax 456 26 20, www.campanile.nl. Nahe A1 Amsterdam–Amersfoort, komfortabel, Restaurant. 76 DZ, 74–82 €, Frühstück 10 €.

Het Croontje: Westsingel 48, Tel. 033/461 38 77, Di–So 11–21.30 Uhr. Im Zentrum, kreative französisch/holländische Küche, Terrasse in altem Garten. Hauptgericht 16–22 €, Menü ca. 25 €.

Bahn: Verbindungen nach Amsterdam, Groningen, Utrecht. **Treintaxi:** Tel. 033/462 24 44.
Fahrradverleih: am Bahnhof, Tel. 033/ 461 49 85.

PROVINZ OVERIJSSEL

Die alten Hansestädte Zwolle, Kampen und Deventer, das malerische Giethoorn mit seinen Kanälen, die urcalvinistischen Dörfer Staphorst und Rouveen, das Salland mit seinen bewaldeten Hügelketten, Heidegebieten und alten Flussarmen sind nur einige der Highlights in der Provinz Overijssel.

Zwolle und das Vechtdal

Holland-Atlas: S. 234/235, C/D 1
Von der mittelalterlichen Festungsanlage der Provinzhauptstadt (100 000 Einwohner) sind noch der sternförmige Stadtgraben sowie zwei ehemalige Stadttore erhalten: das fünftürmige **Sassenpoort** und das **Pelserpoortje**. Zu den bemerkenswerten historischen Bauwerken zählen außerdem die **Onze Lieve Vrouwe Kerk** (um 1500) mit ihrem *peperbus* (Pfefferbüchse) genannten Turm, die **Grote Kerk** (um 1400), deren Turm 1669 durch ein Feuer vernichtet wurde, und die neugotische **Hoofdwacht** (Hauptwache) von 1614.

Östlich von Zwolle liegt das **Vechtdal** (s. a. S. 138), eine reizvolle Landschaft mit Wäldern und Heideflächen, über die das Natuurinformatiecentrum Ommen (Hemmerweg 59, Mai–Okt. MI–So 13–17, Nov.–April So 13–16 Uhr) informiert.

VVV: Grote Kerkplein 14, Tel. 09 00/112 23 75, Fax 038/422 26 79, www.vvv-zwolle.nl.

Campanile Zwolle: Schuttevaerkade 40, Tel. 038/455 04 44, Fax 455 07 50. Komfortabel eingerichtete Zimmer, Brasserie, Bar. 64 DZ, 72–80 €, Frühstück 10 €.

Ristorante La Liguria: Rode Haanstraat 4–6, Tel. 038/422 07 82, tgl. außer Di 17–22.30 Uhr. Ausgezeichnete italienische Küche, Pizzas 7–12 €.

Bahn: von/nach Deventer, Enschede, Groningen, Kampen, Leeuwarden, Utrecht. **Treintaxi:** Tel. 038/460 04 66. **Fahrradverleih:** am Bahnhof, Tel. 038/421 45 98.

Kampen

Holland-Atlas: S. 234, C 1
Das nahe der Ijsselmündung gelegene Kampen war während seiner Blütezeit im 15. Jh. Hanse- und Freie Reichsstadt. Von der damaligen Stadtbefestigung existieren noch die Tore Koornmarktpoort, Broedeerpoort und Cellebroederpoort. In der Altstadt sind rund 500 denkmalgeschützte historische Bauwerke zu bewundern. Besonders beeindruckend ist die Fassade des

Raadhuis, dessen Schöffensaal besichtigt werden kann (Oude Straat 133, Mo–Do 10–12, 14–16, Fr 10–12, April–Okt. auch Sa 11–17 Uhr). Im Gotischen Haus dokumentiert das **Stedelijk Museum** (Oude Straat 158, Feb.–17 Juni, 19. Sept.–Dez Di–Sa 11–12.30, 13.30–17, 21. Juni–Mitte Sept. Di–Sa 11–17, So 13–17 Uhr) die Stadtgeschichte seit dem Mittelalter.

VVV: Oudestraat 151, Tel. 038/ 331 35 00, Fax 332 89 00 www. vvvkampen.nl.

Van Dijk: Ijsselkade 30, Tel. 038/331 49 25, Fax 331 65 08, 1.wessels@ world online.nl. An der Ijssel, nett eingerichtete Zimmer, Bar, Terrasse, Fahrradverleih. 18 DZ, 70 €.

Kota Radja: Oudestraat 119–121, Tel. 038/332 44 19, tgl. 11–22 Uhr. Chinesisch-indonesische Küche, auch kantonesische Gerichte. Menü ab 14 €.

Bahn: Verbindung nach Zwolle. **Treintaxi:** Tel. 038/332 96 71. **Bus:** von/nach Bolsward, Dronten, Emmeloord, Lelystad, Meppel, Sneek, Urk. **Fahrradverleih:** am Bahnhof, Tel. 038/ 331 50 79.

De Weerribben

Herrliche Kanutouren lassen sich in dem wasserreichen Naturreservat De Weerribben zwischen Kalenberg und Ossenzijl unternehmen (Natuuractiviteitencentrum De Weerribben, Ossenzijl, Hoogeweg 27, März–Okt. tgl. 10–17 Uhr).

Giethoorn

Holland-Atlas: S. 232, C 4

Ein Netz von Kanälen, ursprünglich für den Transport des in der Gegend abgebauten Torfs ausgehoben, und malerische riedgedeckte Häuser prägen das Bild des Dorfes Giethoorn. Das ›grüne Venedig des Nordens‹ lässt sich nur mit dem Mietboot oder zu Fuß erkunden. Von den fünf kleinen Museen ist besonders das **Automuseum Histo-Mobil** (Cornelisgracht 42, März–Okt. 10–18 Uhr) mit seinen Oldtimern und über 3000 Modellautos interessant.

VVV: Beulakerweg 114a, Tel. 05 21/ 36 12 48, Fax 36 22 81, vvvgiet hoorn@wsx.nl.

Nächster **Bahnhof** in Meppel, dort **Treintaxi:** Tel. 05 22/27 01 13. **Bus:** von/nach Steenwijk, Zwolle.

Staphorst und Rouveen

Holland-Atlas: S. 235, D 1

Über 12 km erstrecken sich die Reihendörfer Staphorst und Rouveen mit zahlreichen riedgedeckten, blau-grünen Bauernhäusern aus dem 18. Jh. Die Bewohner, von denen noch einige traditionelle Trachten tragen, sind streng calvinistisch. In der **Museumsboerderij** (Gemeenteweg 67, April–Okt. Mo–Sa 10–17 Uhr) erfährt man allerlei über das bäuerliche Leben in früheren Zeiten.

Bahn bis Meppel, von dort **Bus** Linie 40 nach Staphorst.

Nah am Wasser gebaut: Giethoorn, das ›grüne Venedig des Nordens‹

Deventer und das Salland

Holland-Atlas: S. 235, D 2 und E 2
Die Silhouette der alten Hansestadt **Deventer** (85 000 Einwohner) wird vom Deventertoren, dem Turm der romanischen Grote Kerk, dominiert. In der hübschen Altstadt findet man zahlreiche mittelalterliche Bauwerke wie den Stadhuiskomplex, das Buyskensklooster, die imposante Waag (1528) mit dem **Historisch Museum** (Grote Kerkhof 1, Di–Sa 10–17, So, Fe 13–17 Uhr) und das pittoreske Bergkwartier, das Viertel rund um die Bergkerk.

Östlich von Deventer erstreckt sich wellenförmig der waldreiche **Sallandse Heuvelrug** mit dem großen Heidegebiet am Haarlerberg – eine Einladung zum Wandern und Radfahren. Das Bezoekerscentrum in **Nijverdal** (Grotestraat 281, März–Okt. Di–So, Nov.–Feb.

Sa, So 10–17, niederländische Schulferien Di–So 10–16 Uhr) informiert ausführlich über diese Landschaft, in der auch **Hellendoorn** mit dem bekannten Freizeitpark Avonturenpark liegt (Luttenbergerweg 22, Tel. 05 48/65 55 55, www.avonturen park-hellendoorn.nl, Ostern–Okt. tgl. 10–17/18 Uhr).

VVV: Keizerstraat 22, Tel. 09 00/353 53 55, Fax 05 70/64 33 38, vvvdeventer@anwb.nl.

Gilde Hotel: Nieuwstraat 41, Tel. 05 70/64 18 46, Fax 64 18 19, www.gildehotel.nl. Schönes Patrizierhaus im historischen Zentrum, komfortable Zimmer. DZ 100–120 €.

Da Mario: Vleeshouwerstraat 4, Tel. 05 70/61 93 93, tgl. 16–22 Uhr. Behagliches italienisches Restaurant, leckere Geflügel- und Fischgerichte, auch Vegetarisches. Menü 22 €.

Köstlich

… ist der Deventerkuchen – ein seit Jahrhunderten nach einem geheimen Rezept mit Honig hergestelltes Gebäck, das man u. a. im nostalgisch eingerichteten Bussinks Koekhuisje, Brink 84, bekommt.

Bahn: Verbindungen nach Apeldoorn, Arnhem, Enschede, Zwolle.
Treintaxi: Tel. 05 70/62 23 23.
Fahrradverleih: am Bahnhof, Tel. 05 70/61 38 32.

Enschede

Holland-Atlas: S. 235, F 2
Die Textilstadt Enschede in der Region Twente ist mit rund 150 000 Einwohnern der größte Ort der Provinz. Mit seinen modernen Geschäften und einem breiten Kulturangebot übt er eine starke Anziehung auf die Menschen des Umlandes aus. Da die Altstadt 1862 bei einem verheerenden Feuer nahezu völlig zerstört wurde, sind außer der Grote Kerk keine historischen Bauwerke zu besichtigen. Einen Besuch lohnt das **Rijksmuseum Twenthe** (Lasondersingel 129, Di–So 11–17 Uhr) mit einer beachtlichen Kunstsammlung (von alten Meistern bis zu Werken zeitgenössischer Künstler) und das in einer restaurierten Textilfabrik eingerichtete **Museum Jannink** (Haaksbergerstraat 147, Di–Fr 10–17, Sa, So 13–17 Uhr), das die Entwicklung dieses Gewerbes aufzeigt.

VVV: Oude Markt 31, Tel. 053/432 32 00, Fax 430 41 62, www.vvv-enschede.nl.

Huize Hölterhof: Hölterhofweg 325, Tel. 053/461 13 06, Fax 461 38 75, www.deholterhof.nl. 4 km vom Zentrum gelegenes, romantisches englisches Landhaus im Grünen, Café-Restaurant, Spielplatz und Fahrradverleih. 24 DZ, 65 €.

Sam Sam's: Oude Markt 15–17, Tel. 053/430 39 29, tgl. 10–22 Uhr. Kinderfreundlich, große Terrasse, Grand Café, internationale Küche. Hauptgericht 11–23 €.

Bahn: von/nach Apeldoorn, Hengelo, Zwolle. Bahnhof mit Treintaxi.
Fahrradverleih: am Bahnhof, Tel. 0 53/4 32 27 92.

Ootmarsum

Holland-Atlas: S. 235, F 1
Mit seiner westfälischen Hallenkirche (13. Jh.), dem Rokokorathaus (1778) und den vielen Fachwerkhäusern könnte das schöne Dorf Ootmarsum glatt als Freiluftmuseum durchgehen. Ein solches, das **Openluchtmuseum Los Hoes** (Smithuisstraat 2, April–Okt. tgl. 10–17, Nov.–März Di–So 10–16 Uhr) mit einem Bauernhaus von 1700, Fachwerkscheune, Schmiede, Wagenmacherei u. v. m. gibt es hier aber sogar noch zusätzlich.

Bahn bis Almelo, Bus Linie 64 bis Haltestelle Ootmarsum Denekamperstraat.

PROVINZ GELDERLAND

Entspannen kann man in der Veluwe, Hollands größter Naturlandschaft, mit großen Wäldern, Heidegebieten und Sandverwehungen. Auch die Betuwe, das Deltaland von Rhein, Waal und Maas – ›Hollands Obstgarten‹ – lädt zu Wanderungen und Radtouren ein. Die Feudalzeit wird beim Besuch der alten Herrenhäuser und Gehöfte im Achterhoek lebendig.

Arnhem

Holland-Atlas: S. 234, C 3

Die am Niederrhein gelegene Hauptstadt der Provinz Gelderland ist durch den Film ›Die Brücke von Arnhem‹ weltbekannt. Bei den Kämpfen im September 1944 wurden große Teile der Stadt zerstört. Heute ist Arnhem eine moderne Großstadt mit rund 140 000 Einwohnern, Sitz eines überregionalen Gerichtshofs und staatlicher Institutionen sowie Unternehmen der metallverarbeitenden und chemischen Industrie.

Einige der historischen Gebäude wurden rekonstruiert: Am Markt ragt die **Eusebiuskerk** (15. Jh.) mit ihrem 93 m hohen Turm empor. In ihm gelangt man in einem gläsernen Lift in die Höhe und hat eine herrliche Aussicht auf die Stadt. Das **Duivelshuis** (1545) gegenüber, so benannt wegen der drei ›Teufel‹ an der Fassade, war ursprünglich das Wohnhaus des Heerführers Maarten van Rossum (1478–1555), dessen Statue hoch oben auf der Dachkrone steht. Vom Rheinufer hinter der **Sabelspoort** (14. Jh.) erblickt man die im Zweiten Weltkrieg schwer um-

kämpfte Rheinbrücke ›John Frost‹ (s. S. 143). Über die Ereignisse jener Zeit informiert Arnhems **Oorlogsmuseum 40–45** (Kemperbergerweg 780, Di–So 10–17 Uhr). Einen Besuch wert ist auch das in einem ehemaligen Bürgerwaisenhaus eingerichtete **Historisch Museum Arnhem** (Bovenbeekstraat 21, Di–Fr 10–17, Sa, So, feiertags 11–17 Uhr), das die Geschichte der Stadt anhand von Fotos, Gemälden und anderen Exponaten dokumentiert. Am **Korenmarkt** im Nordwesten der Altstadt findet man zahlreiche gemütliche Kneipen und Cafés.

Im Norden von Arnhem lädt das **Openluchtmuseum** (Schelmseweg 89, www.openluchtmuseum.nl, Apr.–Okt. tgl.10–17, Nov.–März Di–So 10–16 Uhr) mit ca. 85 historischen Bauwerken aus der Zeit von 1600–1970 zu einer Reise in die Vergangenheit ein.

Viel Zeit kann man in **Burgers' Zoo** (Schelmseweg 85, April–Okt. tgl. 9–19 Uhr, Nov.–März 9 Uhr–Sonnenuntergang) verbringen, wo einem u. a. verschiedene Ökosysteme und Landschaften, z. B. tropischer Regenwald oder Wüste, mit allem, was dort

Einziges Überbleibsel der Stadtmauer aus dem 14. Jh.: das Sabelspoort

kreucht und fleucht, nahe gebracht werden.

VVV: Stationsplein 45, Tel. 09 00/ 202 40 75, Fax 442 26 44, www. arnhem.nl.

Molendal: Cronjéstraat 15, Tel. 026/ 442 48 58, Fax 443 66 14, www. hotel-molendal.nl. Stattliche Villa am Rand des Zentrums. 11 DZ, 85–150 €.
Parkzicht: Apeldoornsestraat 16, Tel. 026/442 06 98, Fax 443 62 02. Gemütliche Hotel-Pension in Bahnhofsnähe. 5 EZ, 35 €; 10 DZ, 60 €.

Jugendherberge:
Stayokay Arnhem: Diepenbrocklaan 27, Tel. 026/442 01 14, Fax 351 48 92, www. stayokay.com.

Camping:
Warnsborn: Bakenbergseweg 257, Tel. 026/442 34 69, Fax 442 10 95, info@cam pingwarnsborn.nl. Ruhig auf dem Landgut Warnsborn, Wanderhütten. Ca. 18 €.
De Hooge Veluwe: Koningsweg 14, Tel. 026/443 22 72, Fax 443 68 09, info@de hoogeveluwe.nl. Direkt vor dem Nationalpark, Wanderhütten. Ca. 25 €.

Kohinoor of India: Oude Oeverstraat 7, Tel. 026/351 45 13, tgl. 17–23 Uhr. Am Rand des Einkaufszentrums, orientalisches Flair, indische Küche, auch viele vegetarische Gerichte. Menü 13 €.
Pannekoekhuis Den Strooper: Koningsweg 18, Tel. 026/351 69 87, tgl. außer Di 12–20 Uhr. Beim Eingang Schaarsbergen des Nationalparks De Hoge Veluwe, Terrasse, sehr große Auswahl an Pfannkuchen. Menü 11 €.

OPERATION ›MARKET GARDEN‹

Im Morgengrauen des 17. September 1944 schwebten in Holland entlang einer Route von Eindhoven bis Arnhem Tausende von britischen und amerikanischen Fallschirmjägern zu Boden. Ihr Auftrag: Brücken und Straßen freizukämpfen und freizuhalten, bis die Truppen des XXX. Britischen Korps zu Lande mit Panzern eintreffen würden. Die Operation ›Market Garden‹ hatte begonnen. Den Plan hatte der britische Feldmarschall Montgomery aufgestellt. Er sah vor, einen schmalen Korridor von Belgien durch Holland bis nach Arnhem zu schaffen, durch den starke alliierte Verbände über den Rhein und durch das Ruhrgebiet nach Berlin vorstoßen sollten, um dem Krieg noch vor Wintereinbruch ein Ende zu bereiten. Innerhalb von zwei Tagen wollte man den Rhein bei Arnhem überquert haben. Doch statt in der Befreiung endete die Operation ›Market Garden‹ in einem entsetzlichen Desaster. Als das Unternehmen am 26. September abgebrochen wurde, hatte es bei den Alliierten über 17 000 Opfer gefordert – Tote, Verwundete, Vermisste, Gefangene.

Der Erfolg des gewagten Unternehmens hing wesentlich davon ab, dass fünf große Brücken im Handstreich genommen und gehalten werden konnten, bis die Truppen und Panzer eintrafen. Ein riskanter Plan, der dem britischen General Browning bei der Lagebesprechung mit Montgomery vor der Operation die Bemerkung entlockte: »I think we might be going a bridge too far.« (Ich glaube, das könnte eine Brücke zu viel sein). Der seidene Faden, an dem das Unternehmen hing, riss an mehreren Stellen: Eine der Brücken wurde von den Deutschen gesprengt, eine andere konnte nicht schnell genug eingenommen werden. Nach zwei Tagen hatten die Panzer des XXX. Korps nicht einmal die Hälfte des 80 km langen ›Hell's Highway‹ nach Arnhem bewältigt.

Zur größten Katastrophe kam es in der Schlacht um Arnhem. Montgomery hatte den Hinweis aus dem holländischen Untergrund, dass sich deutsche Panzerverbände bei Arnhem aufhielten, ignoriert. Eine 600 Mann starke Truppe der legendären ›Red Devils‹ der 1. Britischen Luftlandedivision unter Lt. Colonel John Frost konnte die Brücke von Arnhem zwar einnehmen und den Brückenkopf vier Tage lang unter Verlusten halten, doch gelang es dem Gros der bei Arnheim gelandeten 9500 Briten nicht, sich zu ihnen durchzukämpfen. Am 20. September um 6 Uhr morgens gab Frosts Funker den Spruch »Out of ammunition. God Save the King.« durch. Frost und der Rest seiner Männer ergaben sich den Deutschen – ihnen war die Munition ausgegangen. Am Ende konnten sich von 10 000 ›Roten Teufeln‹ nur 2163 zu ihren eigenen Truppen durchschlagen. Die ersten Panzer des XXX. Britischen Korps erreichten Arnhem erst zwei Tage später – zu spät! Die Ereignisse liegen Richard Attenborough's berühmtem Film ›A bridge too far‹ (Die Brücke von Arnheim) zugrunde. Eindrucksvoller als der Film sind die unzähligen weißen Kreuze auf dem britischen Soldatenfriedhof in Oosterbeek bei Arnhem.

Kasteel Doorwerth

In die Welt der Junker und Ritter führt ein Besuch der Wasserburg Doorwerth (13. Jh., im 15./16. Jh. erweitert) mit ihrem Rittersaal, der mittelalterlichen Küche und den Gemächern (April–Okt. Di–Fr 10–17, Sa, So 13–17 Uhr).

Wandern: Nationaal Park Veluwezoom, Besucherzentrum, Heuvenseweg 5a, Rheden, Tel. 026/497 91 00, Di–So 10–17 Uhr. Wald- und Heidelandschaft.

Bahn: Verbindungen nach Zwolle, Nijmegen, Eindhoven, Amsterdam, Utrecht. **Treintaxi:** Tel. 026/442 66 68. **Fahrradverleih:** am Bahnhof, Tel. 026/442 17 82.

Ausflüge von Arnhem

Nationaal Park De Hoge Veluwe

Holland-Atlas: S. 234, C 3
Natur und Kultur bietet der Nationaal Park De Hoge Veluwe, dessen Eingänge bei Hoenderloo, Otterlo und Schaarsbergen liegen (Apeldoornseweg 250, 7351 TA Hoenderloo, Tel. 03 18/59 16 27, www.hogeveluwe.nl, Nov.–März 9–17.30, April 8–20, Mai 8–21, Juni, Juli 8–22, Aug. 8–21, Sept. 9–20, Okt. 9–19; Besucherzentrum 10–17 Uhr). Eingebettet in eine Landschaft aus Wäldern, Heide und Moor, in der Fuchs und Rothirsch zu Hause sind, liegt an einem See das 1914–1920 von H. P. Berlage erbaute **Jagdschloss St. Hubertus,** dessen Grundriss einem Hirschge

Einladung zu einer Pause: Café am Korenmarkt in Arnhem

KUNST IN DER HOGE VELUWE

In der herrlichen Naturlandschaft des Nationalparks De Hoge Veluwe stößt man auf ein Juwel, das die Herzen von Kunstfreunden aus aller Welt höher schlagen lässt: Das Kröller-Müller Museum (Di–So 10–17, Skulpturengarten 10–16.30 Uhr). Die von der vermögenden Kunstsammlerin und Museumsgründerin Helene Kröller-Müller angelegte Sammlung von Gemälden, Zeichnungen und Skulpturen hat ihren Schwerpunkt in der Kunst des späten 19. und frühen 20. Jh., doch findet man hier auch Werke des Mittelalters von Gerard David, Lucas Cranach und anderen sowie Keramik aus Asien, Griechenland und Holland. Die Liste mit Namen großer Meister, deren Arbeiten hier zu sehen sind, ist lang. Darin zu finden sind u. a. Berühmtheiten wie Ensor, Manet, Monet, Gauguin, Picasso, Renoir, Mondrian und Toorop. Das Herzstück der Sammlung bilden 280 Gemälde und Zeichnungen von Vincent van Gogh, darunter so berühmte Werke wie ›Die Brücke von Arles‹, ›Der gute Samariter‹, ›Verblühte Sonnenblumen‹ und ›Die Arlésienne‹. Zum Museum gehört zudem der 21 ha große Beeldentuin en -park (Skulpturengarten und -park), in dem, verteilt über einen schön angelegten Park über 20 Plastiken zeitgenössischer Künstler zu bewundern sind. Zahlreiche weitere Skulpturen findet der Besucher in dem teilweise in den ursprünglichen Wald integrierten Beeldenbos (Skulpturenwald) und im Beeldenpark.

147

Ideales Terrain für Reiter: der Nationalpark De Hoge Veluwe

weih nachempfunden ist. Mitten im Park trifft man auf das weltbekannte **Kröller-Müller Museum** (s. S. 147).

 Für Besucher stehen über 800 weiße Fahrräder gratis zur Verfügung.

Doesburg

Holland-Atlas: S. 235, D 3
Das Hansestädtchen Doesburg ist wegen seines schönen alten Stadtkerns mit der spätgotischen Martinikerk, der Waag und dem Stadhuis mit Renaissanceportal einen Besuch wert. Das **Streekmuseum De Roode Toren** Roggestraat 9, Di–Fr 10–12, 13.30–16.30, Sa 13.30–16.30, Juli, Aug. auch So 13.30–16.30 Uhr) widmet sich der Historie der Region.

VVV: Kerkstraat 6, Tel. 03 13/47 90 88, Fax 47 19 86.

Bahn: Der nächste Bahnhof befindet sich in Dieren.

Zutphen und Umgebung

Holland-Atlas: S. 235, D 3
Die Festungs- und Hansestadt Zutphen an der Ijssel hat ihr altes Stadtbild seit dem Mittelalter weitgehend bewahrt. Von der Festungsanlage sind noch einige Tore und Türme wie das imposante Wassertor Berkelpoort (1312), das Nieuwstadpoort (1536), der Drogenapstoren (1444), der Geschützturm Bourgonjetoren und ein großer Teil der Stadtmauer erhalten. Die **St. Walbur-**

giskerk (12. Jh.) birgt eine Kostbarkeit: eine mittelalterliche Bibliothek, in der die Bücher an die Kette gelegt sind.

 VVV: Stationsplein 39, Tel. 09 00/ 269 28 88, Fax 05 75/51 79 28, www.vvvzutphen.nl.

Bahn: Verbindungen nach Apeldoorn, Arnhem, Deventer, Hengelo. **Treintaxi:** 05 75/51 37 21.
Bus: Verbindungen nach Apeldoorn, Arnhem, Deventer. **Fahrradverleih:** am Bahnhof, Tel. 05 75/51 93 27.

Sehenswertes im Achterhoek

Holland-Atlas: S. 235, D 2/3
Im östlich der Ijssel gelegenen, sich bis zur deutschen Grenze erstreckenden Achterhoek, der ›hintersten Ecke‹ Gelderlands, findet man fruchtbare Äcker sowie große Moor- und Heideflächen. Hier residierte früher der Adel in von prachtvollen Parks umgebenen Land- und Herrenhäusern. Bei **Vorden** (D 3) und **Laren** (D 2) findet man etliche dieser Schlösser, so Kasteel Vorden, heute Rathaus von Vorden und das neoklassische Landhaus Huis Verwolde bei Laren (Jonker Emile Laan 4, 15. April–Okt. Di–Sa 10–17, So 13–17 Uhr). Im Süden zieht die bei **'s-Heerenberg** (D 4) gelegene Wasserburg Huis Bergh (www. huisberg.nl, Führungen: So, April–Okt. auch Sa, Juni–Sept. Mo–So 14 und 15 Uhr), eine der schönsten Burgen Hollands, viele Besucher an.

Der autofreie Ort **Bronkhorst** (D 3), mit 160 Einwohnern kleinste Stadt Hollands, hat noch den Charme eines Bauerndorfes von früher.

Apeldoorn

Holland-Atlas: S. 234, C 2
Das einst ärmliche Nest Apeldoorn am Ostrand der Veluwe verwandelte sich in eine reizende Villen- und Gartenstadt, nachdem Wilhelm II. es 1692 zur Sommerresidenz erwählt und dort sein Jagdschloss Het Loo errichtet hatte. Heute ist die 153 000 Einwohner zählende Stadt ein wirtschaftliches Zentrum der Region. Der Geschichte der Stadt und der Provinz widmet sich das **Historisch Museum Apeldoorn/Van Reekum Museum** (Raadhuisplein 8, Di–Sa 10–17, So 13–17 Uhr, das auch moderne und zeitgenössische Kunst zeigt.

In der Sommerresidenz der Oranier, **Jagdschloss Het Loo,** lebte zuletzt Königin Wilhelmina bis zu ihrem Tod 1962. Eine Besichtigung des Schlosses und der herrlichen Parkanlagen ist ein Muss (Koninklijk Park 1, www.paleishetloo.nl, Di–So 10–17 Uhr, Führungen).

 VVV: Stationsstraat 72, Tel. 09 00/ 168 46 36, Fax 521 12 90, info@ vvvapeldoorn.nl

Astra: Bas Backerlaan 12–14, Tel. 055/522 30 22, Fax 522 30 21, www.hotelastra.nl. Im Park-Stadtteil, ruhige Lage, Restaurant, 25 DZ, 76–95 €.
Abbekerk: Canadalaan 26, Tel. 055/522 24 33, Fax 521 13 23, www.hotelabbekerk.nl. Gemütliches Hotel fünf Minuten zu Fuß vom Zentrum, finische Sauna. 10 DZ, 69–80 €.

Camping:
De Pampel: Woeste Hoefweg 33–35, Hoenderloo, Tel. 055/378 17 60, Fax 378 19 92, www.pampel.nl. Beim Eingang des Nationalparks De Hoge Veluwe, hervorra-

400 Affen

Im Freigehege Apenheul (J.C. Wilslaan 31, Tel. 357 57 57, www.apen heul.nl, April–Okt. tgl. 9.30–17, Juni–Aug. bis 18 Uhr) des Naturparks Berg en Bos westlich von Apeldoorn leben rund 400 Affen – ca. 30 verschiedene Spezies. Die meisten tummeln sich frei zwischen den Besuchern. Die Gorillas – hier lebt die größte Gruppe der Zoowelt – sind natürlich eingezäunt.

gende sanitäre Einrichtungen. 22,50 €.
Beek en Hei: Heideweg 4, Otterlo, Tel. 03 18/59 14 83, Fax 59 14 31. Ruhig, freier Zugang zum Naturpark Planken Wambuis, Wanderhütten. Ca. 10 €.

Farmer's Steak House: Nieuwstraat 74 b, Tel. 055/522 09 85, tgl. 17–22 Uhr. Urige Bauerngeräte fürs Auge, deftige Steaks mit Cajun-Fritten oder gebackenen aardappelen. Menü ca. 22 €.
Parthenon: Raadhuisplein 8, Tel. 055/522 23 23, tgl. 17–22. Griechische Spezialitäten. Menü ca. 17–26 €.

Bahn: u. a. von/nach Deventer, Utrecht und Zutphen. **Treintaxi** am Bahnhof. Paleis Het Loo erreicht man vom Bahnhof Apeldoorn mit dem Treintaxi oder **Bussen** (Nr. 102 und 104). **Fahrradverleih** am Bahnhof.

Ausflug ans Veluwemeer

Holland-Atlas: S. 234, C 1 und B 2
Am Veluwemeer liegt die alte Festungs- und Hansestadt **Elburg,** deren

mittelalterliche Stadtwälle mit unterirdischen Kasematten noch erhalten sind ebenso wie das Stadttor Vischpoort von 1397. Interessant ist das im restaurierten Agnitienklooster aus dem 15. Jh. eingerichtete Gemeentemuseum (Jufferenstraat 6–8, Di–Fr 10–17 Uhr) zur Geschichte des Ortes.

Harderwijk war einst ein bedeutender Fischereihafen, von 1647 bis 1811 sogar Universitätsstadt. Hier studierte der bedeutende Botaniker Carolus Linnaeus (Carl von Linné, 1707–1778). Das in einem stattlichen Herrenhaus des 18. Jh. eingerichtete Stadsmuseum (Donkerstraat 4, Mo–Fr 10–17, Sa 13–16 Uhr) informiert über die Stadthistorie. Zu den Resten der Stadtbefestigung gehört das Vispoort aus dem 14. Jh. Ein Besuch im Dolfinarium (Strandboulevard Oost 1, 21. Feb.–Dez. tgl. 10–18 Uhr) mit Delphinen, Seehunden, Haien, Lagune und Indianerdorf ist vor allem für Kinder ein riesiger Spaß.

Elburg: Bahn bis Zwolle, Bus Linie 100. **Harderwijk:** Bahnverbindung nach Zwolle, Amersfoort.

Zaltbommel

Holland-Atlas: S. 234, A 4
Die Kleinstadt an der Waal wurde früher von schweren Überschwemmungen heimgesucht, woran heute noch der alte Kinderreim »Een temidden van die rommel, dreef de torenspits van Bommel« (In der Mitte von dem Unrat treibt die Turmspitze von Bommel) erinnert. Besonders sehenswert in der von Wällen und Stadttoren

umgebenen Altstadt ist das **Maarten van Rossumhuis,** das Geburtshaus des Gelderschen Heerführers, heute ein Museum (Nonnenstraat 5, Di–Fr 10–12.30, 13.30–16.30, Sa, So 14–16.30 Uhr), in dem u. a. achäologische Funde aus der Region ausgestellt sind. Zu den berühmten Besuchern der ehemaligen Hansestadt gehörten in der Vergangenheit Karl Marx, Franz Lizt und Eduard Manet. Letztgenannter heiratete sogar eine Einheimische.

VVV: Markt 15, Tel. 04 18/51 81 77, www.vvvrivierenland.nl.

Bahn: Verbindungen nach 's-Hertogenbosch, Eindhoven, Utrecht. **Treintaxi:** Tel. 04 18/66 32 11. **Fahrradverleih:** am Bahnhof, Tel. 04 18/51 42 54.

Nijmegen

Holland-Atlas: S. 234, C 4
Die 150 000-Einwohner-Stadt geht auf die römische Siedlung Ulpia Noviomagus zurück. Karl der Große erwählte den Ort zur Residenz. Von seiner Pfalz auf dem heutigen Valkhof ist nur noch die Schlosskapelle St. Nikolaaskerk erhalten. 1579 trat Nijmegen der Union von Utrecht bei, wurde 1585 von den Spaniern eingenommen und 1591 von Maurits von Oranien befreit. Nach den schweren Bombardierungen von 1944 wieder aufgebaut, ist Nijmegen heute eine vitale Universitätsstadt.

Interessantes über die Stadtgeschichte erfährt man im **Museum Valkhof** (Kelfkensbos 59, Di–Fr 10–17, Sa, So 12–17 Uhr), das auch eine große Kunstsammlung besitzt. Sehenswert sind außerdem der **Belvedere** (16. Jh.), ein Wachturm der einstigen Festungsanlage, die **St. Stevenskerk** (ab 1254) mit Fürstenbank, Herrenbank und einer Kanzel im Renaissancestil, die **Latijnse School**, eine Lateinschule aus dem 16. Jh., und die **Stadwaag** von 1612. Zu einer Verschnaufpause laden die hübschen Terrassencafés und Restaurants an der Waal ein.

Etwa 4 km südöstlich der Stadt wird im Freilichtmuseum **Bijbels Openluchtmuseum** (Profetenlaan 2, 20. März–2. Nov. Mo–So 9–17.30 Uhr) biblische Geschichte anhand von biblischen Stätten nachgezeichnet.

VVV: Keizer Karelplein 2, Tel. 09 00/112 23 44, Fax 024/329 78 79, www.vvvnijmegen.nl.

Atlanta: Grote Markt 38-40, Tel. 024/360 30 00, Fax 360 32 10. Zentral, komfortabel, Café. 13 DZ, 80–85 €.

Uylenspieghel Spijshuis: Ganzenheuvel 71, Tel. 024/3 23 20 75, tgl. ab 16 Uhr. Typisch Nijmegisches Restaurant, holländische Küche. Hauptgericht 11–19 €.

Internationale Vier-Tages-Wanderung: Mitte Juli, 200 km-Wandermarathon auf den Deichen um die Stadt.

Rederij Tonissen: Tel. 024/323 32 85, Juli/Aug. Bootsfahrten auf der Waal.

Bahn: u. a. von/nach Arnhem, 's-Hertogenbosch, Kleve, Venlo, Zwolle. **Treintaxi:** Tel. 024/3 78 84 85. **Fahrradverleih:** am Bahnhof, Tel. 024/322 96 18.

Der Süden

Strand von Scheveningen

Holland-Atlas S. 230, 234 und 237–239

PROVINZ ZUID-HOLLAND

Das urbane Ballungsgebiet der ›Randstad‹ ist das politische, wirtschaftliche und kulturelle Zentrum des Landes. In den Städten zeugen prächtige Bauten, in den Museen großartige Kunstwerke vom Reichtum des ›Goldenen Jahrhunderts‹. Hübsche Seebäder bieten Strandkultur und Badespaß. Im Süden greift das Delta von Rhein und Maas mit seinen Flussarmen wie mit Fingern in die Nordsee – ein Eldorado für Wassersportler.

Rotterdam

Holland-Atlas: S. 237, D 1/2

Imposante Hochhäuser und markante Brücken prägen die Skyline von Rotterdam. Kein Wunder, dass Hollands zweitgrößte Stadt (600 000 Einwohner) gern als ›Manhattan an der Maas‹, kurz ›Maashattan‹, bezeichnet wird. Zweimal wurde Rotterdam, das Mitte des 13. Jh. an der Mündung des Flüsschens Rotte in die Nieuwe Maas als Fischerdorf entstand und 1340 Stadtrechte erhielt, nahezu völlig zerstört: 1563 durch ein verheerendes Feuer, 1940 durch Bomben, die die deutsche Wehrmacht trotz bereits laufender Kapitulationsverhandlungen abwarf. Hieran erinnert Ossip Zadkines beeindruckende Bronze ›De verwoeste stad‹ (Verwüstete Stadt) am Churchillplein.

Im 17. Jh. war Rotterdam nach Amsterdam Hollands zweitgrößter Handelshafen, doch dann versandete die Maasmündung, und die großen Frachtensegler blieben fern. Als jedoch im 19. Jh. der Nieuwe Waterweg vom Hafen Rotterdams zur Nordsee angelegt war und die Binnenschifffahrt durch den Ausbau des Kanalnetzes neue Impulse erhielt, setzte ein enormer Aufschwung ein. Heute erstreckt sich Rotterdams Hafenanlage mit einer Kailänge von 40 km bis nach Hoek van Holland und ist mit dem Europoort, wo die größten Supertanker festmachen können, der Welthafen Nummer Eins.

Besichtigung

Zu den wenigen beim Bombenangriff von 1940 nicht völlig zerstörten Bauwerken gehört die **St. Laurenskerk** [1] (Grote Kerk) aus dem 15. Jh., in der sich die Grabmäler zahlreicher Seehelden befinden. Auf dem Platz davor gedenkt man des berühmten Humanisten und Sohnes der Stadt, Erasmus von Rotterdam, mit einer Bronzestatue (1622) von Hendrik de Keyser. Weltberühmt sind die 1984 beim Oude Haven erbauten, gekippten Würfeln ähnelnden 38 ›Baumhäuser‹ des **Blaakse Bos** ② und der dazugehörige Wohnturm **Het Potlood** (Der Bleistift) des Architekten Piet Blom. Wie es sich in diesen Würfeln lebt, kann man in einem dieser Häuser, dem **Kijk Kubus** herausfinden (Overblaak 70, tgl. 11–17 Uhr, Jan., Feb. nur Fr–So).

Hier im alten Hafengebiet beleuchten mehrere interessante Museen verschiedene Aspekte der Schifffahrt. Am Oude Haven liegt das **Binnenvaartmuseum** ③ (Oude Haven, Tel. 010/411 88 67, tgl. 8–20 Uhr) mit etlichen historischen Flusskähnen. Der Geschichte der Marine widmet sich das nahe dem Witte Huis, dem ältesten Hochhaus Europas, gelegene **Mariniersmuseum der Koninklijke Marine** ④ (Wijnhaven 7, www.mariniersmuseum.nl, Di–Fr 10–17, Sa, So, feiertags 11–17 Uhr). Und

das **Maritiem Museum Rotterdam** ⑤ (Leuvehaven 1, www.maritiemmuseum. nl, Di–Sa 10–17, So, feiertags 11–17, Juli, Aug. auch Mo 10–17 Uhr), vor dem Ossip Zadkines riesige Plastik ›De verwoeste stad‹ steht (s. S. 154), gibt Einblicke in den Schiffsbau, in das Leben an Bord und die Arbeit im Rotterdamer Hafen.

Ein Abstecher führt zum alten Deichamt von 1655, in dem das **Historisch Museum Het Schielandshuis** ⑥ (Korte Hoogstraat 31, www.hmr.rotterdam.nl, Di–Fr 10–17, Sa, So 11–17 Uhr) Exponate zur Stadtgeschichte und Werke von Rotterdamer Künstlern zeigt. Um 100 Jahre zurückversetzt fühlt man sich im **Havenmuseum** ⑦ (Leuvehaven 50, www.havenmuseum. nl, Mo–Fr 10–16.30, Sa, So 11–16.30, Okt.–April 12–16.30 Uhr) mit seinem alten Dock, den Hafenkränen und Schiffs-

Das ›Manhattan an der Maas‹, auch Maashattan genannt: Rotterdam (Stationsplein)

oldtimern. Ein Stück weiter kann man auf Rotterdams **Walk of Fame Star Boulevard** 8 im Straßenpflaster des Schiedamsdijk die Fuß- oder Handabdrücke von Joe Cocker, Fats Domino und zahlreichen weiteren Berühmtheiten entdecken.

Jenseits der imposanten Erasmusbrücke bietet das **Wereldmuseum** 9 (Weltmuseum, Willemskade 25, Di–So 10–17 Uhr) eine anschauliche Reise durch die verschiedensten Kulturen unserer Welt. Westlich ragt am Rand eines schönen Parks der 185 m hohe **Euromast** 10 auf, von dessen Panorama-Restaurant man eine ausgezeichnete Aussicht über Stadt und Hafen hat. Atemberaubend ist der raketenartige Aufstieg per Lift in die Turmspitze.

Nördlich des Parks liegt der Museumspark mit der **Kunsthal** 11 (Westzeedijk 341, Di–Sa 10–17, So 11–17 Uhr), in der Wechselausstellungen zu Kunst, Architektur und Design präsentiert werden, dem **Natuurmuseum** 12 (Westzeedijk 345, Di–Sa 10–17, So 11–17 Uhr) mit einer umfangreichen Sammlung von präparierten Tieren, Muscheln, Fossilien und Skeletten, dem **Nederlands Architectuurinstituut** 13 (Di–Sa 10–17, So 11–17 Uhr) mit Wechselausstellungen zu Architektur, Stadt- und Landschaftsgestaltung sowie einer großen Bibliothek und dem **Chabot Museum** 14 (Museumpark 11, Di–Fr 11–16.30, Sa 11–17, So 12–17 Uhr), das Werke des gleichnamigen Expressionisten ausstellt. Absolutes Highlight am Platz ist das **Museum Boijmans van Beuningen** 15 (Museumpark 18–20, www.boijmans. rotterdam.nl, Di–Sa 10–17, So 11–17

Der malerische Delfshaven

Uhr) mit einer umfangreichen Sammlung berühmter Meisterwerke aus Malerei und Bildhauerkunst vom 14. bis 20. Jh., darunter Glanzstücke wie Rembrandts Gemälde ›Titus am Lesepult‹ oder Pieter Brueghels ›Turm zu Babel‹.

Vom historischen **Delfshaven,** dem mittelalterlichen Außenhafen von Delft, starteten 1620 die Pilgrim Fathers ihre Fahrt nach Amerika. In einem malerischen Doppelspeicher von 1826 zeigt dort das **Museum De Dubbelde Palmboom** 16 (Voorhaven 12, Di–Fr 10–17, Sa, So 11–17 Uhr) Rotterdams Entwicklung als Hafenstadt.

ANWB/VVV: Coolsingel 67, Tel. 010/ 414 00 00, Fax 413 31 24, www.vvv. rotterdam.nl, www.rotterdam.nl (Homepage der Stadt).

Use-it Rotterdam: Info- und Service-Punkt für junge Leute und Rucksackreisende (B&B-Adressen, *hot spots,* Stellen, an denen man den Rucksack lassen kann, freier E-Mail-Service), Conradstraat 2 (beim Ausgang der Centraal Station), Tel. 010/ 240 91 58, Fax 240 91 59, www.use-it.nl.

Inntel Rotterdam-Centre 17: Leuvehaven 80, Tel. 010/413 41 39, Fax 413 32 22, www.hotelinntel.nl. Luxushotel gegenüber der Erasmus-Brücke, Aussicht auf die Nieuwe Maas, Restaurant, Bar, Café, Hallenbad, Sauna, Fitnessraum, gratis Parken. 150 DZ, 190–240 €, Frühstück 19 €.

Emma 18: Nieuwe Binnenweg 6, Tel. 010/ 436 55 33, Fax 436 76 58, www.hotel emma.nl. Modern eingerichtet, alle Zimmer mit Dusche und WC, TV, Telefon. 2 EZ, 70–90 €; 22 DZ, 85–110 €.

Milano 19: 's Gravendijkwal 7b, Tel. 010/ 477 45 29, Fax 476 98 18, www.hotel

milano.nl. Alle Zimmer mit Bad, KTV, Telefon. Frühstückssaal im Wintergarten. 13 DZ, 80–90 €.

Bazar 20: Witte de Withstraat 16, Tel. 010/206 51 51, Fax 206 51 59. Geschmackvoll eingerichtete Zimmer mit Bad, TV, Restaurant, Fahrradverleih. 8 EZ, 60 €; 10 DZ, 75–120 €.

Maritiem Hotel Rotterdam 21: Willemskade 13, Tel. 010/411 92 60, Fax 411 92 62, www.maritiemhotel.nl. Direkt an der Maas, nicht nur für Seeleute, modernes Haus, Zimmer mit oder ohne Bad. 49 EZ, 43–79 €; 56 DZ, 69–88 €.

Jugendherberge:

Stayokay Rotterdam 22: Rochussenstraat 107, Tel. 010/436 57 63, Fax 436 55 69, www.stayokay.com.

Camping:

Stadscamping Rotterdam: Kanaalweg 84, Tel. 010/415 34 40, Fax 437 32 15. Ruhiger Platz im Grünen, wenige Autominuten vom Zentrum, Wanderhütten, Restaurant, gute sanitäre Einrichtungen. Ca. 21 €.

De Oude Maas: Achterzeedijk 1b, Barendrecht, Tel. 078/677 24 45, Fax 677 30 13, www.deoudemaas.com. Wenige Kilometer von Rotterdam, gute Sanitäranlagen, Laden, Wassersport- und Spielmöglichkeiten, Wanderhütten. Ca. 11 €.

Engels 23: Stationsplein 45, Tel. 010/411 95 50. Diverse Spezialitätenrestaurants unter einem Dach: ungarisch (Mo geschl.), englisch, spanisch (Mo, Di geschl.), französisch, Grand Café. 20–24 €.

Brasserie Henkes 24: Voorhaven 17, Delfshaven, Tel. 010/425 55 96, tgl. 11.30–22 Uhr. Schlemmerlokal in einer alten Schnapsbrennerei, Einrichtung aus dem 19. Jh., Innengarten und Terrasse, französische Küche. Menü 25 €.

Mosselman van Scheveningen 25: Mariniersweg 74, Tel. 010/404 56 50, tgl. 16–22 Uhr. Altholländisch eingerichtetes Fischrestaurant, ausgezeichnete Fischsuppen (5–7 €), lecker: Seezunge. Menü 27 €.

De Pannekoekenboot 26: Parkhaven beim Euromast, Tel. 010/436 72 95. Mit dem Schiff fahren und unbegrenzt Pfannkuchen essen! Preis im Fahrpreis enthalten. Abfahrten: Mi, Fr 16.30, 18, Sa/So 13.30, 15, 16.30 Uhr. Erwachsene 12 €, Kinder 7 €. Sa 20–23 Uhr: Pancake Cruise, Erwachsene 21 €, Kinder 15 €.

An der Lijnbaan, der Beurstraverse und in den umliegenden Straßen im Zentrum gibt es eine Vielzahl von Kaufhäusern und Geschäften (Haute Couture und High Design). Exklusives Shopping und trendige Boutiquen findet man im Entrepotgebiet, in der Witte de Withstraat, in der Van Oldenbarneveldestraat und dem Nieuwe Binnenweg. In der West Kruiskade und ihrer Umgebung befinden sich zahlreiche chinesische, surinamesische, mediterrane und arabische Läden.

Rotterdam Card

Die Karte für 25 (Kinder 4–11 Jahre 15 €) oder 49,50 € (Kinder 35 €; erhältlich beim VVV, www.rotterdam card.nl) gewährt für ein bzw. drei Tage kostenlosen Zugang zu den interessantesten Rotterdamer Attraktionen und Museen, Preisnachlässe in zahlreichen Restaurants und in einem der 24 besten Hotels der Stadt sowie freie Nutzung der öffentlichen Verkehrsmittel (RET).

De Groene Passage: Mariniersweg 1–31/ Ecke Godsesingel, Tel. 010/233 19 33. Bioläden, New Age Shop, natürliches Wohnen, Dritte-Welt-Laden.

Rotterdam Diamond Center: Kipstraat 7b. Diamanten und Diamantschmuck.

Shoppingcenter: Winkelcentrum Zuidplein (Metrostation Zuidplein) und Woonmall Alexandrium III, Watermanweg 231 (Metrostation Alexander).

Märkte: City Center Markt, Binnenrotte und Umgebung, Di, Sa 9–17 Uhr, 500 Stände mit Pflanzen und Blumen, Fisch, Büchern, Getränken und Speisen, Secondhand und mehr; So 12–17 Uhr ist hier Funshopping angesagt. Markt Zuid, Afrikaanderplein, Mi, Sa 9–17 Uhr, zweitgrößter Markt Rotterdams. Markt West, Grote Visserijplein, Do, Sa 9–17 Uhr, exotische Produkte und Waren.

 Infos zum Nachtleben findet man im monatlich erscheinenden Magazin ›R'uit‹, erhältlich beim VVV.

Diskos und Nachtclubs:

Mayfair: Mathenesserlaan 471, Tel. 010/425 41 55, Mo–Fr ab 15, Sa ab 20 Uhr. Nachtclub, u. a. Shows, Filme, Kabarett.

Nighttown: West-Kruiskade 26, Tel. 010/436 12 10. Disko (Techno, House etc.).

Off Corso: Kruiskade 22, Tel. 010/411 38 97, www.off-corso.nl. Große Bandbreite von Ausstellungen, Talkshows und Live-Musik.

 Eine Vorschau über das Kulturprogramm bietet das Magazin ›R'uit‹ (s. o.)

Concert- en congresgebouw de Doelen: Kruisstraat 2, Tel. 010/217 17 00 (Reservierungen), www.dedoelen.nl. Von Klassik bis Moderne, z. B. das Philharmonische Orchester Rotterdam, Tel. 010/217 17 07, www.rpho.nl.

Rotterdamse Schouwburg: Schouwburgplein 25, Tel. 010/404 41 11 (Infos), Tel. 010/411 81 10 (Tickets). Theater, Musicals, Modern Dance, Ballett, Familien- und Jugendtheater.

Kasino:

Holland Casino: Plaza Complex, Weena 624, Tel. 010/206 82 06, 13.30–3 Uhr. 500 einarmige Banditen, Roulette, Black Jack Caribbean Stud Poker, Sic Bo und am Wochenende Live-Unterhaltung.

 Infos: www.cultuurinrotterdam.nl.

Western Union Dunya Festival: Mai, Musik, Straßentheater, Tanz, Erzähl- und Dichtkunst aus aller Welt.

Riverside Blues: Juni, Blues in Restaurants und Kneipen am Maasufer.

De Parade: Juni, zehn Tage Theater, Musik, Unterhaltung etc. für Jung und Alt.

Metropolis Popfestival: Juli, im Zuiderpark, Darbietungen von national und international bekannten Popkünstlern.

Solero Somercarneval: an einem Juli-Wochenende, Brass Bands, DJs heizen die Stadt auf, bis die farbenprächtige Caribbean Street Parade durch das Zentrum zieht.

Zomerpodium: Juli/Aug., acht Wochen Musik, Tanz und Theatervorstellungen im Museumpark.

FFWD Danceparade: Aug., riesiges Tanzfest.

Rotterdam Street Festival: Sept., Musiker, Akrobaten, Clowns, Feuerschlucker, Jongleure, Puppenspieler und Breakdancer bieten im Zentrum Kurzweil.

Wereldhavendagen: Sept., Rotterdams Haven stellt sich vor.

 Hafenrundfahrten: Spido-Havenrondvaarten, Leuvehoofd 5 (nahe der Erasmusbrug), Tel. 010/275 99 88. Ganzjährig Rundfahrten durch die Häfen und Music Dinner Cruise. Im Sommer Fahrten zum Europoort, zu den Flutbrechern und Deltawerken.

Klimecentrum Monte Cervino: Hoekse Kade 141c, Bergschenhoek, Tel. 010/522 10 92. Klettern auf dem 27 m hohen Beton-Kletterfelsen mit 1250 m² Wänden und Überhängen.

Rebus Special Events: Boompjeskade, Tel. 010/218 31 31, www.rebus-info.nl. Bootsausflüge Rotterdam–Kinderdijk, April–Sept. tgl. 10.45 und 14.15 Uhr; Hafentour in der Abenddämmerung Mi 19–22 Uhr.

Tropicana: Maasboulevard 100, Tel. 010/402 07 00, Mo–Fr 10–23, Sa, So 10–18 Uhr. Tropisches Bade- und Erlebnisparadies.

Flugzeug: Rotterdam Airport, 4 km nordwestl. vom Zentrum, Tel. 010/446 34 44, www.rotterdam-airport.nl. Mit dem Bus (Linie 33, tagsüber alle 12 Min.) 15 Min. bis/von Centraal Station (Hauptbahnhof).

Bahn: Verbindungen nach Amsterdam, Den Haag, Dordrecht, Utrecht, Schiedam.

Bus: Verbindungen zu zahlreichen europäischen Städten mit Eurolines, Tel. 010/412 44 44, www.eurolines.nl.

Mietfahrzeuge: Hertz, Schiekade 986, Tel. 010/404 60 88, www.hertz.nl. Avis, Kruisplein 21, Tel. 010/433 22 33, www.avis.nl. Budget, Abr. Van Stolkweg 132, Tel. 010/415 18 33, www.budgetrentacar.nl. Easy Rent, Geyssendorfferweg 5a, Tel. 010/429 71 71, www.easyrent.nl.

Fähre: Fast Ferry nach Dordrecht, Anlegestelle: Rotterdam-Willemskade. Tel. 09 00/266 63 99, www.fastferry.nl.

Innerstädtischer Verkehr:

Rotterdam verfügt über ein weit gespanntes Bus-, Metro- und Tramnetz (www.ret.rotterdam.nl). Zu empfehlen: Tageskarte (für 1, 2 oder 3 Tage) zur unbeschränkten Benutzung aller drei Verkehrsmittel. Erhältlich an den Metro-Stationen Centraal Station, Beurs, Zuidplein

und beim RET-Informatiewinkel, Coolsingel 141.

Fahrradverleih: am Bahnhof, Tel. 010/42 62 20, www.rij-wiel-shoprotterdam.nl.

Taxi: Tel. 010/462 60 60.

Parken: Info-Tel. 010/890 22 00. Park & Ride am Stadtrand: kostenloses Parken auf Parkplätzen an den Metro-Stationen Alexander, Hoogvliet, Kralingse Zoom, Slinge. In der Innenstadt: Die gute alte Münzen verschlingende Parkuhr gibt es nicht mehr, stattdessen wird eine bezahlte Chipkarte (22,50 €, aber nur 20 € Guthaben) benötigt, die man in den Parkautomaten steckt und von der der gewünschte Betrag abgebucht wird (erhältlich beim VVV und an einigen Metrostationen). Man kann aber auch in einem der zahlreichen Parkhäuser im Zentrum parken und dort bezahlen.

Notruf (Krankenwagen, Feuerwehr, Polizei): Tel. 112.

Polizei: Police, Doelwater 5, Tel. 010/274 99 11.

Hauptpost: Coolsingel 42, Tel. 010/233 02 55.

Ausflüge von Rotterdam

Von Schiedam Richtung Küste

Holland-Atlas: S. 237, D 1, und S. 236, C 1

In **Schiedam** wird noch heute in einigen der einst 390 Brennereien nach alter Tradition Genever gebrannt – wie, das erfährt man im Gedistilleerd Museum (Lange Haven 74, Di–Sa 12–17, So 12.30–17 Uhr), wo man den Hochprozentigen auch probieren kann. 19 gigantische Windmühlen, die größten der Welt, lieferten das Getreide, fünf sind erhalten, eine von ihnen, De Nieuwe Palmboom, ist heute Museumsmühle (Noordvest 34, Di–Sa 11–17, So 12.30–17 Uhr). Das Stedelijkmuseum (De Korenbeurslange Haven 145, Di–Sa 11–17, So 12.30–17 Uhr) für lokale Geschichte und moderne Kunst überrascht u. a. mit erlesenen CoBrA-Werken.

Zwischen **Maassluis** und **Hoek van Holland** liegt am Nieuwe Waterweg die Stormvloetkering (Sturmflutbrecher), eine monumentale Wehr, die den Wasserweg bei Sturmflutgefahr mit riesigen Stahlschürzen verschließt. Am Nordufer des Nieuwe Waterweg befindet sich bei der Anlage das Besucherzentrum Keringhuis (Nieuw Oranjekanaal 139, Mo–Fr 10–16, Sa, So, 11–19 Uhr) mit einer Ausstellung über den Schutz gegen Sturmfluten. Der Weg dorthin ist von Hoek van Holland ausgeschildert.

 Bahn: Verbindungen von Rotterdam Centraal Station nach Schiedam. **Treintaxi:** Tel. 010/462 27 00.

Kinderdijk

Holland-Atlas: S. 237, D 2

Südöstlich von Rotterdam lockt der zum UNESCO-Weltkulturerbe erhobene Kinderdijk mit seinen 19 Windmühlen aus dem 18. Jh. Scharen von Besuchern an. Nach einer Legende wurde dort 1421 nach der St. Elisabethflut eine Wiege mit einem unversehrten Kind angespült – daher der Name. Die Windmühlen wurden bis 1950 zur Entwässerung der Alblasserward eingesetzt. Eine der Windmühlen kann besichtigt werden (April–Sept. Mo–Sa 9.30–17.30 Uhr).

 Bahn von Rotterdam Centraal Station nach Rotterdam Lombardijen, von dort **Bus** 154 (stdl.).

Einst dienten sie zur Trockenlegung des Landes: die Windmühlen von Kinderdijk

Delft

Holland-Atlas: S. 236/237, C/D 1
Delft (95 000 Einwohner) ist berühmt für
die Herstellung von blau bemalten Fayencen, eine Kunst, zu der sich die
Delfter im 17. Jh. durch das von der
VOC ins Land gebrachte Porzellan aus
China anregen ließen (s. S. 165). Schon
zuvor erfreute sich die Stadt, die ab
1389 über einen Kanal mit ihrem
Außenhafen Delfshaven an der Maas
(s. S. 158) Zugang zum Seehandel
hatte, beträchtlichen Wohlstandes, zu
dem besonders die Webereien und
Brauereien beitrugen. 1654 wurde Delft
durch die Explosion eines Pulverlagers
zerstört. Das Stadtzentrum hat sich seit
seinem Wiederaufbau kaum verändert
und präsentiert sich heute als kleinstädtisches Idyll mit schönen Patrizierhäusern, von Linden gesäumten
Grachten und belebten Plätzen.

Historisches Zentrum ist der lang gestreckte Markt mit dem Stadhuis und
der **Nieuwe Kerk.** Die spätgotische Basilika ist die Grabeskirche des Hauses
von Oranien-Nassau, hier ruhen die
niederländischen Könige und Königinnen. 2002 fand Prinz Claus hier seine
letzte Ruhestätte. Im Chor beeindruckt
das von Hendrik de Keyser gestaltete
Prunkgrab von Wilhem dem Schweiger,
der 1584 in Delft von einem fanatischen
Katholiken ermordet worden war, nachdem die Spanier den Oranier für vogelfrei erklärt und 25 000 Goldkronen auf
seinen Kopf ausgesetzt hatten. Enge
Wendeltreppen ermöglichen den Aufstieg im schlanken, 108 m hohen Turm,
von dem sich schöne Aussichten auf
die Stadt bieten. Vom Gefängnisturm

Het Steen überragt wird das im Renaissancestil errichtete **Stadhuis.** Hendrik de Keyser erbaute es ab 1620,
nachdem zwei Jahre zuvor ein Feuer
das alte Rathaus vernichtet hatte.

Ein Stadtbummel führt an der **Waag**
(1770) und der mit zwei Ochsenköpfen
verzierten **Vleeshal** (Fleischhalle, 1650)
vorbei zu der ab 1250 erbauten **Oude
Kerk** mit den Grabmälern berühmter
Delfter, darunter jener der Admiräle Piet
Heyn und Maarten Tromp sowie des
Malers Jan Vermeer, dessen berühmte
›Ansicht von Delft‹ im Mauritshuis in
Den Haag hängt.

Im **Prinsenhof,** einem Frauenkloster
aus dem 15. Jh., das den Oraniern
später als Residenz diente, zeugen Einschusslöcher in einer Wand vom tödlichen Attentat auf Wilhelm den Schweiger. Jetzt befindet sich hier das **Stedelijk Museum** (St. Agathaplein 1, Di–Sa
10–17, So 13–17 Uhr) mit Werken von
Delfter Malern des 16. und 17. Jh.,
Delfter Fayencen, Silber und zeitgenössischer Kunst. Am gleichen Platz
liegt auch das völkerkundliche Museum **Nusantara** (St. Agathaplein 4,
Di–Sa 10–17, So 13–17 Uhr), dessen
Exponate eine Übersicht über Kunst
und Kunsthandwerk indonesischer
Kulturen geben.

Bäume und noble Häuser säumen
die Gracht **Oude Delft,** darunter das
Gemeenlandhuis van Delfland (Nr. 167)
und das Wohnhaus des Industriellen
Lambert van Meerten, heute ein Museum (Nr. 199, Di–Sa 10–17, So 13–17
Uhr), das Delfter Fayencen ausstellt. In
seiner Nähe liegt der **Begijnhof** mit der
Oud-Katholike Kerk, einer Versteckkirche. Beim südlichen Ende der Oude

Patrizierhäuser an der Voldersgracht in Delft, im Hintergrund die Nieuwe Kerk

Delft Gracht breitet das **Legermuse-um** (Korte Geer 1, Mo–Fr 10–17, Sa, So 12–17 Uhr) im einstigen Waffenarsenal der Staten von 1601 Waffen und Kriegszeug aus und erläutert die Kriegshistorie der Niederlande. Nahe dem **Oostpoort,** dem einzigen erhaltenen Stadttor, liegt das malerische **Klaeuwshofje** (Oranje Plantage 58–77), und beim Paardenmarkt stößt man auf das **Pauwhofje** (Paardenmarkt 54–62) und das **Hofje van Gratie** (Van der Mastenstraat 26–38).

Tourist Information Punt: Hippoly-tusbuurt 4, Tel. 015/215 40 51, Fax 215 40 55, info@tipdelft.nl.

De Vlaming: Vlamingstraat 52, Tel. 015/213 21 27, Fax 212 20 06. Stilvoll möbliertes Haus an einer der schönsten Grachten. 10 DZ, 100–110 €.
Juliana: Maerten Trompstraat 33, Tel.

DELFTER FAYENCEN

Zweitausend Euro soll die Tulpenvase in dem Geschäft am Delfter Markt kosten, ein Prachtstück in Delfter Blau, doch nicht eben billig für ein Mitbringsel. Und dennoch, Stücke wie dieses wurden in den letzten Jahren gut verkauft. Insbesondere betuchte Besucher aus den USA und Japan bevorzugen echte, handbemalte Delfter Fayencen gegenüber billigen Imitaten. Doch was heißt schon ›echt‹! Fragt man nach dem Ursprung der Kunst, so stellt man fest, dass Delfter Fayencen eigentlich Imitationen chinesischen Porzellans sind.

Schon im 14. und 15. Jh. machten sich im niederländischen Raum fremdländische Einflüsse in der Töpferkunst bemerkbar. So gelangte italienische Majolika, die in Farb- und Formgebung ihrerseits spanischen und somit arabisch-persischen Einflüssen unterlag, über Seehandelsverbindungen in die Hafenstädte und fand guten Absatz, der sodann italienische Fayenciers aus Faenza anregte, ihre Produktion direkt in die Absatzgebiete zu verlegen. Zunächst übten sie in Antwerpen ihre Handwerkskunst aus. Als die Stadt während des Freiheitskampfes an Spanien gelangte, flohen viele von ihnen in die großen Hafenstädte der nördlichen Niederlande und eröffneten dort Manufakturen.

Im ›Goldenen Jahrhundert‹ brachten die Kauffahrer der Vereinigten Oostindischen Compagnien (VOC) chinesisches Porzellan ins Land, das einen guten Absatz fand. Das regte holländische Manufakturen an, dieses zu imitieren, was ihnen mit der Zeit so gut gelang, dass zerbrochene Teile eines chinesischen Services völlig unauffällig ersetzt werden konnten – einziger Unterschied: Chinesisches Porzellan bestand aus einer Koalinmischung, die gebrannt einen weißen Scherben ergab. Um der roten bis ockerfarbenen Keramik holländischer Herstellung das gewünschte ›chinesische‹ Aussehen zu geben, musste diese mit einer weißen Glasur überzogen werden, auf die schließlich das blaue Dekor aufgetragen wurde.

Als während des 17. Jh. etliche Brauereien aus Delft abzogen, weil das Wasser dort zu schmutzig war, standen die Gebäude leer und konnten von den Fayencemanufakturen übernommen werden. Um 1700 existierten in Delft 32 Manufakturen, etliche hatten sogar die Brauereinamen übernommen und hießen ›Das Beil‹, ›Die doppelte Schenkkanne‹, ›Die Rose‹ oder ›Das Griechische A‹.

Englische Erfindungen führten im 18. Jh. zum Niedergang der Delfter Manufakturen. Zum einen ermöglichte das Bedrucken von Keramik die Produktion von billiger englischer Massenware, zum anderen hatte man eine Tonmischung erfunden, die beim Brand einen weißen Scherben ergab und daher nicht mehr weiß glasiert werden musste. Heute gibt es in Holland wieder acht Manufakturen, von denen die Koninklijke Delftse Aardewerfabriek De Porceleyne Fles, kurz Royal Delft, die Delftse Pauw und die Keramikmanufaktur Koninklijke Tichelaar im friesischen Makkum die berühmtesten Hersteller der meist blau bemalten Fayence, des ›Delfts Blauw‹, sind.

015/256 76 12, Fax 256 57 07, www.hoteljuliana.nl. Am Rand des Zentrums, Zimmer mit allem Komfort, Hotelterrasse. 24 DZ, 96 €.

Leeuwenbrug: Koornmarkt 16, Tel. 015/214 77 41, Fax 215 97 59, www.leeuwenbrug.nl. Ruhige Lage, Grachtenhotel, Terrasse, Fahrradverleih. 28 DZ, 50–72 €, Frühstück 9 €.

't Raedthuys: Markt 38, Tel. 015/212 51 15, Fax 213 60 69, www.raedthuys-delft.com. Guter Komfort, Café-Restaurant mit Terrasse zum Markt. 11 DZ, 50–60 €.

Camping:

Delftse Hout: Korftlaan 5, Tel. 015/213 00 40, Fax 213 12 93, info@delftsehout.nl. Im Osten von Delft, ruhig. Ca. 24 €.

 De Schaapskooi: Korftlaan 3, Tel. 015/213 44 95, Di–So 12–21 Uhr. Im Grünen, große Terrasse, häufig Live-Musik, holländische und französische Gerichte. Hauptgericht ab 12,50 €.

Den Blaeuwen Snoeck: Verwersdijk 14, Tel. 015/213 88 50, tgl. außer Di ab 17 Uhr. Gutes Fischrestaurant. Hauptgericht ca. 20 €, Menü 28 €.

De Waag: Markt 11, Tel. 015/214 46 00, Restaurant Di–So, Café tgl. 17–22 Uhr. Rustikales Interieur, unten Café, oben Restaurant. Mittagessen 10–18 €, Menü ca. 34 €.

Stads Pannekoekhuys: Oude Delft 113–115, Tel. 015/213 01 93, Di–So 11–21 Uhr. An einer malerischen Gracht, 90 verschiedene Pfannkuchen. Ca. 4,25–10 €.

 Antiquitäten- und Büchermarkt: Ende April–Mitte Sept., Sa, im Zentrum.

Kunstmarkt: Ende April–Mitte Sept., Sa, So, auf dem Heilige Geestkerkhof.

Lebensmittelmarkt: Do auf dem Markt, Sa auf dem Brabantse Turfmarkt.

Grachtenrundfahrten: Koornmarkt 113, Tel. 015/212 63 85, April–Okt. tgl. 11–18 Uhr.

Rundfahrten mit der Pferdebahn: vom Markt vor dem Rathaus, Ende März–Anfang Sept., Fr–Mi 11–16 Uhr, Tel. 015/256 18 28.

Stadtrundgänge organisiert die Tourist Information Punt, April–Sept. Mi 14 Uhr, Juli, Aug. auch Fr.

Porzellanmanufakturen:

Koninklijke Porceleyne Fles: Rotterdamseweg 196, Tel. 015/251 20 30, www.royaldelft.com, tgl. Mo–Sa 9–17, April–Sept. auch So und feiertags 9–17 Uhr. Älteste Keramikfabrik, Führungen, Demonstration der Handwerkskunst.

De Delftse Pauw: Delftweg 133, Tel. 015/212 49 20, April–Okt. tgl. 9–16.30, Nov.–März Mo–Fr 9–16.30, Sa, So 11–13 Uhr.

Candelaer: Kerkstraat 14, Tel. 015/213 18 48, April–Sept. Mo–Sa 8.30–18, So 9–18 Uhr, Okt.–März Mo–Sa 9–17 Uhr.

Bahn: von/nach Amsterdam, Den Haag, Rotterdam, Schiedam, Vlissingen. **Treintaxi:** Tel. 015/262 01 85.

Fahrradverleih: am Bahnhof, Tel. 015/2 14 30 33.

Den Haag

Holland-Atlas: S. 236, C 1

Wo sich die 450 000-Einwohner-Stadt Den Haag erstreckt, lagen einst der Jagdsitz und die Jagdgründe der Grafen von Holland, daher der amtliche Name 's-Gravenhage (Gehege der Grafen). Heute haben in Den Haag Regierung und Parlament ihren Sitz und die Königin ihre Residenz. Außerdem befinden sich hier auch die ausländischen Botschaften. Durch den Interna-

Mauritshuis und Binnenhof

tionalen Gerichtshof ist Den Haag zudem zum Synonym für länderübergreifende Gerichtsbarkeit geworden. Hier wird Kriegsverbrechern der Prozess gemacht. Historische Bauwerke, umgeben von großzügig angelegten Plätzen, elegante Geschäfte und eine anspruchsvolle Kulturszene tragen zur typischen Haager Atmosphäre bei.

Besichtigung

Im Herzen der Stadt liegt der **Binnenhof** 1, der an der Stelle der ursprünglichen Grafenburg errichtete Gebäudekomplex des Parlaments, vor dem die Königin am Prinsjesdag (s. S. 171) in ihrer goldenen Kutsche vorfährt, um im Ridderzaal (1280) ihre Thronrede zu halten. Eine Führung durch das majestätische Bauwerk sollte man nicht versäumen (Besucherzentrum, Binnenhof 8, Mo–Sa 10–16 Uhr).

Das klassizistische **Mauritshuis** 2 (Korte Vijverberg 8, www.mauritshuis. nl, April–Aug. Mo–Sa 10–17, So 11–17, Sept.–März Di–Sa 10–17, So und feiertags 11–17 Uhr) nebenan beherbergt den bedeutendsten Teil der auf mehrere Museen verteilten ›Hague Collection‹ (Haager Gemäldesammlung), darunter Rembrandts ›Anatomie des Dr. Tulp‹ und Vermeers ›Ansicht von Delft‹.

Ein Spaziergang um den Hofvijver (Hofweiher) beim Binnenhof führt zu **Haags Historisch Museum** 3 (Korte Vijverberg 7, Di–Fr 11–17, Sa, So 12–17 Uhr), das sich der Stadtgeschichte widmet, zum **Museum Bredius** 4 (Lange Vijverberg 14, Di–So 12–17 Uhr) mit einer Sammlung von Werken niederländischer Meister und weiter auf der Promenade Lange Vijverberg zum **Gevangenpoort** 5 (Buitenhof 33, Di–Fr 11–17, Sa, So 12–17 Uhr). Es war früher das Vorportal der Grafenburg und diente als

Gefängnis. Sein prominentester Insasse, der Staatsmann und Rechtsgelehrte Hugo Grotius entkam diesem Verließ, versteckt in einer Bücherkiste. Als Museum beherbergt der Bau heute eine Sammlung von Folterwerkzeugen.

Werke niederländischer Meister werden in der **Galerij Prins Willem V.** [6] (Buitenhof 35, Di–So 11–16 Uhr), dem ältesten Museum der Niederlande, ausgestellt. Am Buitenhof liegt auch die älteste Geschäftsgalerie des Landes: die elegante, 1885 im Neorenaissancestil erbaute und glasüberdachte **Haagse Passage** [7]. Ein Abstecher führt zur **Nieuwe Kerk** [8] von 1679, die das Grab des Philosophen Baruch Spinoza birgt.

Am Vorgiebel des 1565 im Renaissancestil errichteten **Oude Stadhuis** [9] hat man vorsorglich den Spruch »Ne Jupiter Quidem Omnibus« (Selbst Jupiter kann es nicht jedem recht machen) angebracht. Ein Stück weiter ragt der 100 m hohe Turm der **Grote Kerk** [10] in den Himmel. In dem Gotteshaus aus dem 14./15. Jh. mit einer eindrucksvollen Kanzel (1550) hat der bedeutende Dichter Constantijn Huygens seine letzte Ruhestätte gefunden.

Das weiße klassizistische **Paleis Noordeinde** [11], der Stadtpalast der Königin, beherbergt deren Büros, ihr Wohnsitz ist jedoch das 1647 erbaute Lustschloss Huis ten Bosch im Haagse Bos (Haager Wald). Der an das Paleis Noordeinde grenzende Palastgarten steht jedermann offen.

Über eine Rarität verfügt das sehenswerte **Panorama Mesdag** [12] (Zeestraat 65, Mo–Sa 10–17, So 12–17 Uhr): ein 1680 m² großes, in einem

Sehenswürdigkeiten

1	Binnenhof
2	Mauritshuis
3	Haags Historisch Museum
4	Museum Bredius
5	Gevangenpoort
6	Galerij Prins Willem V.
7	Haagse Passage
8	Nieuwe Kerk
9	Oude Stadhuis
10	Grote Kerk
11	Paleis Noordeinde
12	Panorama Mesdag
13	Museum Mesdag
14	Vredespaleis
15	Omniversum
16	Gemeentemuseum Den Haag
17	Madurodam

Übernachten

18	Novotel Den Haag Centrum
19	Petit
20	Cattenburch
21	Jugendherberge Den Haag

Essen und Trinken

22	Ramakien
23	Fouquet
24	Garoeda
25	Humphreys

Rundbau aufgehängtes Panoramagemälde des alten Fischerhafens Scheveningen von 1881. Es stammt von Hendrik Willem Mesdag, einem bekannten Vertreter der Haager Schule. Im **Museum Mesdag** [13] (Laan van Meerdervoort 7, Di–So 12–17 Uhr) sind Werke der Haager Schule und der Schule von Barbizon zu sehen.

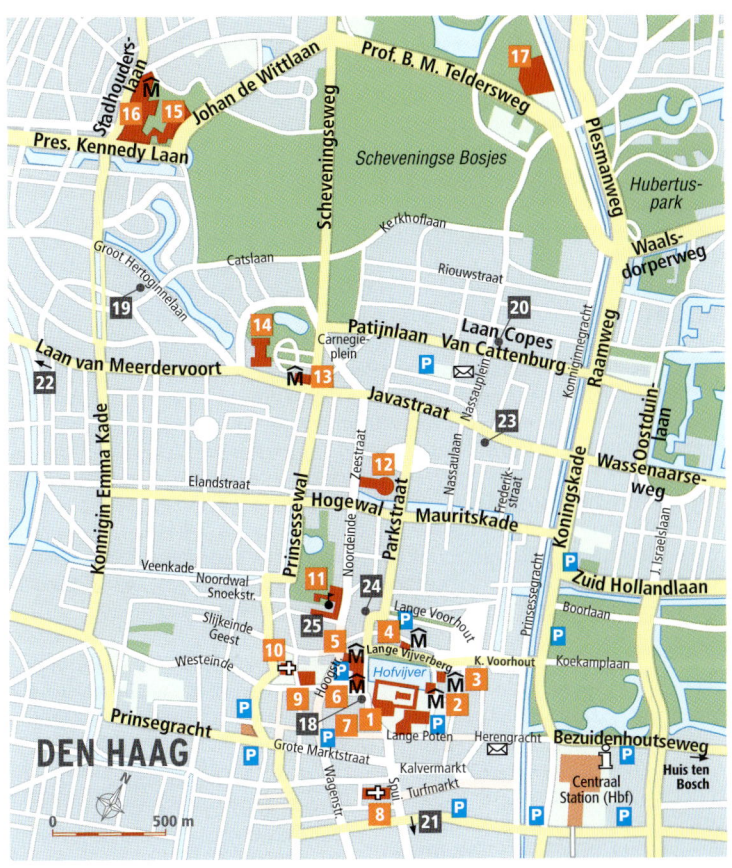

Am Carnegieplein beeindruckt der neogotische, vom 80 m hohen Belfried überragte **Vredespaleis** 14 (Friedenspalast) von 1913, Sitz des Internationalen Gerichtshofs. Während Führungen kann der Palast mit seinen zahlreichen kostbaren Kunstwerken besichtigt werden (Anfrage beim VVV). Das **Omniversum** 15 (Kennedylaan 5, www.omniversum.nl, Mo 10–15, Di–Mi 10–17, Do–So, feiertags und Ferien 10–22 Uhr) bietet auf einer gigantischen Leinwand spektakuläre Filmerlebnisse wie packende Ausflüge ins Weltall, Expeditionen zum Südpol oder auf den Mount Everest. Gegenüber widmet sich **Gemeentemuseum Den Haag** 16 (Stadhouderslaan 41, Di–So 11–17

WELTHAUPTSTADT DES RECHTS

... so hat der frühere UN-Generalsekretär Boutros Boutros-Ghali Den Haag genannt, in der die internationale Gerichtsbarkeit ihren Sitz hat. Ihre Chronologie: 1899 führte die erste, von Zar Nikolaus II. initiierte Haager Friedenskonferenz zur Gründung des Ständigen Schiedshofs. Ihm folgte 1919 mit der Entstehung des Völkerbundes der Ständige Internationale Gerichtshof, der mit der Gründung der Vereinten Nationen (UN) 1945 durch den Internationalen Gerichtshof (IGH) abgelöst wurde. Zu den Fällen, über die dieses Gericht bisher entschieden hat, zählen Territorialstreitigkeiten wie die über den Grenzverlauf zwischen Libyen und dem Tschad (1994). Einmal hatte man auch über einen die Niederlande betreffenden Fall zu richten: 1959, als es um den Verbleib der in den Niederlanden liegenden belgischen Exklave Baarle-Hertog bei Belgien ging.

Mit den Gräuel des Jugoslawienkrieges rückte der Tatbestand von Verbrechen gegen die Menschlichkeit und von Völkermord ins Bewusstsein, für deren Ahndung der IGH jedoch keine Befugnis besitzt. Der Weltsicherheitsrat beschloss daher ein Jugoslawien-Tribunal in Den Haag einzurichten, an das alle Mitglieder der UN Tatverdächtige auszuliefern haben. Größter bisheriger Erfolg des Tribunals ist die Inhaftierung des Ex-Staatspräsidenten Jugoslawiens, Miloševiç. Ein weiterer Meilenstein bei der Strafverfolgung von Kriegsverbrechen, Verbrechen gegen die Menschlichkeit und Völkermord wurde mit dem 2002 von der UN gegründeten Internationalen Strafgerichtshof (ICC) zur Verfolgung in Den Haag gelegt.

Uhr) der modernen Malerei (u. a. Piet Mondrian) und dem Kunsthandwerk.

Weit über die Landesgrenzen hinaus bekannt ist das **Madurodam** [17] (George Maduroplein 1, www.maduro dam.nl, Sept.–März 9–18, April–Juni 9–20, Juli, Aug. 9–22 Uhr, Kasse schließt 1 Std. vor Ende) mit seinen maßstabsgetreuen Miniaturausgaben der bekanntesten Bauwerke des Landes.

VVV: Koningin Julianaplein 30, Tel. 09 00/3 40 35 05, Fax 070/347 21 02, www.denhaag.com.

Novotel Den Haag Centrum [18]: Hofweg 5, Tel. 070/364 88 46, Fax 356 28 89, www.accor.com. Modern, gegenüber Binnenhof, Café-Restaurant. 106 DZ, 191 €.

Petit [19]: Grt. Hertoginnelaan 42, Tel. 070/346 55 00, Fax 346 32 57, www.hotel petit.nl. Schönes Herrenhaus, zentral, komfortable Zimmer. 13 DZ, 98–110 €.

Cattenburch [20]: Ln. C. v. Cattenburch 38, Tel. 070/352 23 35, Fax 354 31 19, www.hotelcattenburch.nl. Zentral, in historischem Haus, Frühstücksraum mit offenem Kamin. 15 DZ, 85 €.

Jugendherberge:
Stayokay Den Haag [21]: Scheepmakersstraat 27, Tel. 070/315 78 88, Fax 315 78 77, www.stayokay.com.

Camping:
Kijkduinpark: Machiel Vrijenhoeklaan

450, Tel. 070/448 21 00, Fax 323 24 57, info@kijkduinpark.nl. Familiencamping, 500 m vom Strand in Dünen. Ca.36 €.

🍴 **Ramakien** 22: Ln. v. Meerdervoort 542c, Tel. 070/356 23 52, tgl. außer Di ab 17 Uhr. Gute thailändische Küche. Menü 24–32 €.

Fouquet 23: Javastraat 31a, Tel. 070/360 62 73, tgl. 18–22.30 Uhr. Romantisch, französische Küche, gute Weine. Menü 25–27,50 €.

Garoeda 24: Kneuterdijk 18A, Tel. 070/ 346 53 19, tgl. 11–23 Uhr, So kein Mittagessen. Authentische indonesische Reistafel. Lunch ca. 14 €, Reistafel 20–34 €.

Humphreys 25: Molenstraat 8–10, Tel. 070/364 81 18, tgl. 5.30–22 Uhr. Französische Deko, internationale Küche. Menü 18 €.

🛍 Zahlreiche Läden, elegante Bekleidungsgeschäfte und Modeboutiquen finden sich in der Umgebung der Paläste. Interessante und originelle Läden werden im ›Den Haag Funshopping Gids‹, zu kaufen in Zeitschriften- und Buchläden, vorgestellt.

Shopping Center: Haaglanden Mega-Stores, hinter dem Bahnhof Hollands Spoor. Große Einkaufspassage mit mehr als 80 Geschäften. Haager Einkaufspassage, am Buitenhof, älteste glasüberdachte Einkaufspassage der Niederlande. Babylon, beim Hauptbahnhof.

Antiquitäten und Kunst: Den Haag ist ein Mekka für Liebhaber von Antiquitäten und Kunst. Es gibt unzählige Galerien und Läden. Hilfreich ist die Broschüre ›Kunsten Antiekwandeling‹ (in Holländisch und Englisch) des VVV. Das eine oder andere Schätzchen findet man auch auf dem Kunst- und Antiquitätenmarkt: Lange Voorhout, Mai–Sept. Do 10–19, So 10–17 Uhr, während der übrigen Monate auf dem Plein, Do 10–18 Uhr.

Sonntags-Shopping: Die Geschäfte in der Haager Innenstadt sind auch sonntags ab 12 Uhr geöffnet.

🍷 Es gibt zahlreiche Bars, Kneipen, Grand Cafés und Cafés. Gemütlich ist es im **O'Casey's Irish Pub,** Noordeinde 140, Tel. 070/363 06 98, romantisch-heimelig im **De Paas** mit seinen 150 Biersorten, Dunne Bierkade 16A, 070/392 00 02.

Diskothek: De Tempel, Prins Hendrikstraat 39, Tel. 070/346 11 65.

🎭 Über das breite Kulturangebot sowie ›Wining & Dining‹ informiert die monatlich erscheinende ›the hague agenda‹, erhältlich beim VVV sowie in vielen Hotels und Restaurants.

Lucent Dans Theater: Spui 152, Tel. 070/88 00 333, www.ldt.nl. Hausbühne des weltberühmten Nederlands Dans Theater.

🎷 **North Sea Jazz Festival:** Mitte Juli, berühmte Jazzer aus aller Welt geben sich die Ehre. Info: Tel. 070/214 89 00.

Prinsjesdag: 3. Di im Sept., die Königin fährt mit ihrer Goldenen Kutsche zum Rittersaal und eröffnet mit ihrer Thronrede das Parlamentsjahr.

🚲 **City Cycle Events:** Tel. 070/363 29 27. Geführte Fahrradtouren.

Erlebnispark Duinrell: Duinrell 1, Wassenaar, Tel. 070/515 51 55, www.duinrell.nl, Mitte April–Okt. tgl. 10–17 Uhr, Tikibad ganzjährig bis 22 Uhr. Vielerlei Wasserspaß: Wasserbahn Splash, Hotwhirlpools, Lazy River, Wellenbad, Wasserspinne, tropisches Tikibad u.v.m.

In- & Outdoor Center de Uithof: Jaap Edenweg 10, Tel. 070/329 99 91, www.deuithof.nl. Breites Sportangebot: Skifahren, Gocard-Rennen, Eislaufen, Klettern und mehr.

Stadtführungen und -wanderungen: Royal Tour (Rundfahrt zu den Haager Palästen), Haag Architectuur Tour (Rundfahrt zu alter und moderner Architektur), Organisation und Infos: VVV.

Bahn: Verbindungen nach Amsterdam, Arnhem, Eindhoven, Gouda, Haarlem, Rotterdam, Utrecht, Vlissingen. Direktverbindung zum Flughafen Amsterdam-Schiphol (Fahrzeit 30 Min.).
Tram: von/nach Delft, Scheveningen.
Bus: Verbindungen nach Scheveningen, Hoek van Holland, Naaldwijk, Wassenaar, Katwijk, Leiden.
Mietfahrzeuge: Avis, Theresiastraat 216, Tel. 070/385 06 98. Europcar, Binkhorstlaan 297, Tel. 070/381 18 11.

Innerstädtischer Verkehr:

Öffentlicher Nahverkehr: Es gibt ein Netz von Tram- und Buslinien. Günstig fährt man mit der Tageskarte.
Taxi: 070/317 88 77.
Fahrradverleih: am Bahnhof Den Haag Centraal Station, Tel. 070/385 32 35, und Bahnhof Den Haag Hollands Spoor, Tel. 070/389 08 30.
Parken: Günstig im Qpark-Haus hinter der Centraal Station. Das Parkleitsystem führt Autofahrer zu einem nahe gelegenen Parkhaus.

Scheveningen

Holland-Atlas: S. 236, C 1
Wahrzeichen von Den Haags Seebad Scheveningen sind das mondäne, 1885 im Empirestil errichtete Kurhaus, jetzt ein Luxushotel, und der 400 m lange Pier mit Aussichtsturm. Im Sommer tummeln sich Tausende von Badegästen am 3 km langen Sandstrand, flanieren auf dem Strandboulevard, erfrischen sich in den zahlreichen Strandcafés und durchstreifen das Shoppingzentrum Palace Promenade. In die Unterwasserwelt der Nordsee abtauchen kann man im **Sealife Centre** (Strandweg 13, tgl. 10–18, Juli, Aug. 10–20 Uhr), moderne Kunst betrachten im **Museum ›Beelden aan Zee‹** (Harteveltstraat 1, Di–So 11–17 Uhr), der Spielleidenschaft frönen im **Holland Casino** (s. S. 173), ein Musical genießen im **Cirkustheater** (s. S. 173). Im **Zeemuseum** (Dr. Lelykade 39, Mo 10–16, Di–Sa 10–17, So 13–17 Uhr) können die Besucher Schalen von 30 000 Muscheln bestaunen. Beim Leuchtturm erinnert der Hafen mit einigen Fischkuttern daran, dass der Ort einst ein Fischerdorf war. Seine Entwicklung zum Seebad dokumentiert das **Museum Scheveningen** (Neptunusstraat 92, Di–Sa 10–17, Mai–Sept. auch Mo 10–17 Uhr).

VVV: Gevers Deynootweg 1134, Tel. 09 00/340 35 05, Fax 070/352 04 26, www.denhaag.com.

Steigenberger Kurhaus: Gevers Deynootplein 30, Tel. 070/416 26 36, Fax 416 26 46, www.kurhaus.nl. Historisches Luxushotel am Meer, Restaurant Kandinsky (Tel. 070/416 26 34) im Art-déco-Stil, Meerblick, französ.-italien. Küche, Restaurant Kurzaal (Tel. 070/416 26 38), wöchentlich wechselnde Spezialitäten. 185 DZ, 287–327 €, Frühstück 19 €.
Het Sonnehuys: Renbaanstraat 2, Tel. 070/354 61 70, Fax 352 46 95, www.sonnehuys.nl. Schöne Villa, 250 m vom Strand. 8 DZ, 70–80 €.
Danny: Leuvensestraat 56, Tel. 070/355 21 18, Fax 350 52 93, www.hoteldanny.nl. Strandnah, helle, komfortable Zimmer mit

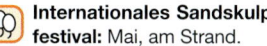

Dusche, Sonnenterrasse. 8 DZ, 75–115 €.
Corel: Badhuisweg 54–56, Tel. 070/355 99 39, Fax 350 48 53, www.hotelcoral.nl. 300 m vom Strand und Kasino, die meisten Zimmer mit Balkon, Hotelterrasse. 15 DZ, 80–85 €.

Ducdalf: Dr. Lelykade 5, Tel. 070/355 76 92, Di–So 12–22, Sa ab 17.30 Uhr. Modernes Fischrestaurant, Aussicht auf Yachthafen und Schiffswerft. Hauptgerichte ca. 10–30 €.
't Kokkeltje: Dr. Lelykade 11, Tel. 070/352 33 00, Di–So 16.30–23 Uhr. Fisch- und Muschelrestaurant im Bistrostil. Menü ca. 30 €.
Mexican & Steakhouse Chicolero: Strandweg 155, Tel. 070/358 86 42, tgl. 12–22, So ab 11 Uhr. Zwischen Kakteen, Live-Musik und Flamencotänzern genießt man Grillspezialitäten oder Cocktails auf der Terrasse, mit Blick aufs Meer. Hauptgericht 11–15 €.

Zahlreiche Läden auf der Palace Promenade, dem Gevers Deynootplein und dem Boulevard laden zum Shoppen ein.

Bars und Diskotheken findet man vor allem auf dem Boulevard.
Stairway to Heaven: Strandweg (Pier), Tel. 070/404 99 50.
Tahiti Club: Strandweg 43, Tel. 070/350 20 68.

Kasino:
Holland Casino: Kurhausweg 1, Tel. 070/306 77 77, tgl. 13.30–3 Uhr. Punte Blanco, Black Jack, Big Wheel, französisches und amerikanisches Roulette.

Fortis Circustheater: Circusstraat 4, Tel. 070/4 16 76 00, www.circustheater.nl. Musicals und Theater, So Matineekonzerte.

Internationales Sandskulpturen-festival: Mai, am Strand.
Nationaale Nederlanden Drachenfest: Juni, am Strand, zweitgrößtes Drachenfest der Welt.
Bright Vlaggetjesdag: Anfang Juni, Scheveningen im Zeichen des Matjesherings, Fischerfest mit Fischständen und Rundfahrten.
Jazzfest Swinging Scheveningen: Juli, nationale und internationale Jazzer geben sich die Ehre.
Sommerfeuerwerk: Mitte Juli–Mitte Aug. Fr ab 23 Uhr am Pier, die Zunft der Pyrotechniker zeigt, was sie drauf hat.

Nächster **Bahnhof** in Den Haag.
Tram: Verbindungen nach Den Haag Centraal Station und Den Haag Bahnhof Holland Spoor. Linie 1 fährt über Den Haag bis Delft.
Bus: Verbindung nach Den Haag.
Taxi: 070/386 74 77 und 070/317 88 77.
Fahrradverleih: Rijwielen Du Noord, Keizerstraat 27, Tel. 070/355 40 60.

Katwijk aan Zee

Holland-Atlas: S. 230, B 4
Strahlend weiß überragen die **Witte Kerk** (16. Jh.) und der Leuchtturm **Vuurbaak** (17.Jh.) den beliebten Badeort an der Mündung des Oude Rijn (Alten Rhein) in die Nordsee. Sie zählen zu den ältesten Bauwerken des einstigen Fischerdorfs, über dessen Geschichte man sich im **Katwijks Museum** (Voorstraat 46, Di–Sa 10–17 Uhr) einen Überblick verschaffen kann.

VVV: Vuurbaakplein 11, Tel. 071/407 54 44, Fax 071/407 63 42, www.vvvkatwijk.nl.

Sand und Sonne satt: Strand von Noordwijk aan Zee

🛏 **Het Anker:** Boulevard 129, Tel. 071/401 38 90, Fax 407 39 07. Am Strand, einige Zimmer mit Meerblick, Terrasse. 6 DZ, 50–80 €.
Pension Janine: P. Krugerstraat 22, Tel. 071/407 78 21, Fax 401 88 98. Gesellige Pension, einfache Zimmer, Tee oder Kaffee kann man selbst in der Küche zubereiten. 6 DZ, 34–40 €.

Camping:
De Noordduinen: Campingweg 1, Tel. 071/402 52 95, Fax 403 39 77, www. noordduinen.nl. In den Dünen, Geschäft, Café. Ca. 28 €.
De Zuidduinen: Zuidduinseweg 1, Tel. 071/401 47 50, Fax 407 70 97, www. zuidduinen.nl. 300 m vom Strand in den Dünen. Ca. 25 €.

🍴 **De Zwaan:** Boulevard 111, Tel. 071/401 20 64, Di–So 12.30–21.30 Uhr. Rustikale Einrichtung, Meerblick, windgeschützte Terrasse, Fisch-, Grill- und Fleischspezialitäten. Menü ca. 38 €.

🔄 Nächster **Bahnhof** in Leiden.
Bus: Verbindungen nach Den Haag, Haarlem, Leiden.
Fahrradverleih: Van Galen, Hoorneslaan 165, Tel. 071/402 52 42.

Noordwijk aan Zee

Holland-Atlas: S. 230, B 3/4
Auf einen endlos langen Sandstrand trifft man im von Dünen umgebenen Badeort Noordwijk aan Zee. Am Boulevard ragt der 1921 erbaute weiße **Leuchtturm** empor, dem die dreifache Umrahmung der Tür, die lang gestreckten Fenster und der Erker auf halber Höhe ein elegantes Aussehen verleihen. Am Ortsrand befindet sich das Zentrum der europäischen Weltraumorganisation ESTEC. Deren Raumfahrtausstellung **Space Expo** (Keplerlaan 3, www.space-expo.nl, Di–So 10–

17 Uhr) umfasst u. a. Trägerraketen, Satelliten der Apollo Mondlandefähre und Gestein vom Mond. Man kann sich in eine Raumstation begeben und in einem Simulator Erfahrungen mit der Schwerelosigkeit sammeln.

VVV: De Grent 8, Tel. 071/361 93 21, Fax 071/361 69 45 www. vvvnoordwijk.nl.

Sonnevanck: Kon. Astrid Bld 50, Tel. 071/361 23 59, Fax 361 11 00. Am Strand, komfortable Zimmer mit Bad, Telefon, KTV, gemütliche Hausbar, Terrasse. 13 DZ, 68–80 €.
De Instuif: Duinweg 14, Tel. 071/361 54 62, Fax 364 61 94, www.hotelde instuif.nl. Von Grün umgebene Hotel-Pension in Strandnähe, Tennisplatz, Spielplatz, Terrasse. 27 DZ, 52–70 €.
Het Zonnedak: Q. v. Uffordstraat 2, Tel. 071/361 33 20, Fax 362 34 95. Einfache Hotel-Pension mit familiärer Atmosphäre, Terrasse, 500 m vom Strand. 7 DZ, 42–45 €.

Jugendherberge:
Stayokay Noordwijk: Langevelderlaan 45, 2204 BC Noordwijk, Tel. 071/37 29 20, Fax 37 70 61, www.stayokay.com.

Camping:
Club Soleil: Kraaierslaan 7, Tel. 02 52/ 37 42 25, Fax 37 64 50, info@clubsoleil.nl. Nahe Dünen und Strand, Hallenbad, Kinderbauernhof, Restaurant, Laden. 2 Pers. inkl. Stellplatz 41 €.
Jan de Wit: Kapelleboslaan 10, Tel. 02 52/37 24 85, Fax 34 01 40. In bewaldeten Dünen, 2 km vom Strand, moderne sanitäre Anlagen, Supermarkt, Café, Imbiss. Ca. 23 €.

Edelman: Koningin Astrid Bld 48, Tel. 071/361 31 24, tgl. 12–15, 17.30–21.30 Uhr. Sehr schöner Meeresblick, kreative Küche, Spezialität: Fisch. Hauptgericht ab 20 €.
Chicoleo Mexican & Steakhouse: Kon. Wilhelmina Bld 7b, Tel. 071/361 21 21, tgl. 12–24 Uhr. Nett dekoriertes Lokal mit Terrasse, Mexikanisches um 15 €, Hauptgerichte 10–25 €.

 Blumenkorso Bollenstreek: April, von Noordwijk nach Haarlem.

 Nächster **Bahnhof** in Leiden.
Bus: Verbindungen nach Den Haag, Haarlem, Katwijk, Leiden.
Fahrradverleih: Vink, Voorstraat 121, Tel. 071/361 29 52.

Leiden

Holland-Atlas: S. 230, B 4
Die älteste Universitätsstadt des Landes (120 000 Einwohner) hat sich den reizvollen Charme eines altholländischen Ortes bewahrt. Bereits die Römer hatten hier eine Siedlung errichtet: Lugdunum Batavorum. Im 14. und 15. Jh. kam Leythen (›an den Wasserläufen‹) durch Tuchmacherei zur wirtschaftlichen Blüte, im 16. Jh. war es die größte Stadt Hollands.

1574 wurde Leiden monatelang von den Spaniern belagert, Hunger, Kampf und Siechtum kosteten über 4000 Einwohnern das Leben. Dennoch trotzte die Bevölkerung weiterhin dem Feind. Wilhelm der Schweiger bereitete der Belagerung schließlich ein Ende: Er ließ die Deiche durchstechen, so konnten sich die Wassergeusen mit ihren Booten der Stadt nähern und die Spanier vertreiben. Zur Belohnung für ihre Tapferkeit durften die Leidener zwischen Steuerfreiheit und einer Universität wählen – sie entschieden sich für Letzteres. Große Gelehrte aus ganz Europa kamen fortan nach Leiden, z. B. der französische Philosoph René Descartes.

Aber Leiden war nicht nur ein Ort der Wissenschaft, sondern auch der Kunst: Einige Söhne der Stadt erlangten als Maler große Berühmtheit, darunter Lucas van Leyden, Jan Steen sowie Willem van de Velde d. Ä. und Willem van de Velde d. J., besonders aber Rembrandt van Rijn (s. S. 39).

Besichtigung

Am Zusammenfluss von Oude und Nieuwe Rijn liegt auf einem 12 m hohen, um 1150 aufgeschütteten Hügel die **Burcht,** eine Zitadelle, von deren Ringmauer man eine schöne Aussicht auf die Stadt hat. 1574 war von hier der spanische Belagerungsring zu überblicken, und von hier leitete der damalige Bürgermeister Van der Werff auch die Verteidigung der Stadt.

Nahe der **Hooglandse Kerk,** in der sich der Grabstein Van der Werffs befindet, dokumentiert das **Leiden American Pilgrim Museum** (Beschuitssteeg 9, Mi–Fr 13–17, Sa 10–17 Uhr) das Leben der nach Leiden emigrierten englischen Puritaner, die 1620 mit der ›Mayflower‹ in die Neue Welt segelten und als Pilgrim Fathers in die Geschichte eingingen. Östlich liegt das idyllische, um 1500 erbaute **St. Annahofje** (Hooigracht 9), dessen Kapelle den Bildersturm unbeschädigt überstanden hat. Malerisch ist auch das **Schachtenhofje** (Hooigracht 27) ganz in der Nähe.

Über die überdachte **Korenbeursbrug** und den Nieuwe Rijn führt der Weg am Renaissance-**Stadhuis** (Ende des 16. Jh.) vorbei zum Pieterskerkhof, auf dem sich, von zahlreichen Cafés, Restaurants und Antiquitätenläden umgeben, die spätgotische **St. Pieterskerk** (13.30–16 Uhr) erhebt. In ihr findet man einen der ältesten Grabsteine Hollands mit dem Relief zweier Leidener Bürger des 15. Jh. sowie den des Ludolf van Ceulen mit dem Ergebnis seiner Forschung, der bis zur 35. Stelle hinter dem Komma errechneten Zahl Pi und den des Oberhauptes der Puritaner, John Robinson, der die Pilgrim Fathers nach Amerika schickte, selbst zu krank war, zurückblieb und 1625 starb. Gegenüber der Kirche steht das **Gravensteen** (13. Jh.) genannte ehemalige Gefängnis, heute Sitz der Juristischen Fakultät.

Jenseits der schönsten Gracht im Lande, der **Rapenburg,** liegt der berühmte, 1590 angelegte **Hortus Botanicus** der Universität (Rapenburg 73, im Sommer tgl. 10–18, im Winter Mo–Fr, So 10–16 Uhr), in dem über 6000 verschiedene Pflanzen wachsen. Hier pflanzte Carolius Clusius 1594 die ersten Tulpen Hollands an.

Nicht versäumen sollte man zwei der beliebtesten Fotomotive der Stadt: die **Mühle De Put** (am Zusammenfluss von Witte Singel und Rhein) und das dahinter liegende **Morspoort,** ein Festungstor von 1669.

Die Museen

Leiden besitzt hervorragende Museen: das **Rijksmuseum van Oudhe-**

Der Burgsteeg nahe der Burcht

den (Rapenburg 28, Di–Fr 10–17, Sa, So 12–17 Uhr) mit unzähligen archäologischen Grabungsfunden aus Ägypten, Mesopotamien, Griechenland und dem Römischen Reich; das **Museum Boerhaave** (Lange St. Agnietenstraat 10, Di–Sa 10–17, So 12–17 Uhr) zur Geschichte der Naturwissenschaften und Heilkunde; das **Stedelijk Museum** in der Lakenhalle (Oude Singel 32, Di–Fr 10–17, Sa, So 12–17 Uhr) mit Gemälden niederländischer Meister sowie Kunst und Exponaten zur Geschichte der Stadt; das **Molenmuseum De Valk** (2. Binnenvestgracht 1, Di–Sa 10–17, So 13–17 Uhr), eine Windmühle von 1743 mit Wohnung, Werkstatt und Schmiede des Müllers; und das **Rijksmuseum voor Volkenkunde** (Steenstraat 1, Di–So 10–17 Uhr) mit ethnographischen Sammlungen von Kunst- sowie Gebrauchsgegenständen außereuropäischer Länder.

VVV: Stationsweg 2d, Tel. 09 00/ 222 23 33, Fax 071/516 12 27, www. leiden.nl.

Groenendijk: Rijndijk 96, Hazerswoude Rijndijk, Tel. 071/341 90 06, Fax 341 38 02, www.hotelgroenendijk.nl. Im grünen Zentrum, Zimmer ebenerdig oder mit Balkon, schöne Terrasse, Bar, Restaurant. 38 DZ, 85–95 €.
Het Haagsche Schouw: Haagse Schouwweg 14, Tel. 071/573 17 31, 573 17 10, www.hotelleiden.nl. Modern, komfortable Zimmer, Café-Restaurant in altholländischem Stil, Terrasse, Fahrradverleih. 62 DZ, 70–170 €, Frühstück 8,50 €.

Het Panacee: Rapenburg 97, Tel. 071/566 14 94, Mi–So 18–22 Uhr. In historischer Drogerie mit Originaleinrichtung, schöne Aussicht auf Gracht, franzö-

sische Fleisch-, Fisch- oder Wildspezia-
litäten. Menü 27 €, Surprise-Menü 32 €.
Antrekoos: Steenstraat 51, Tel. 071/513
31 44, tgl. 17–22 Uhr. Steakhouse, aber
auch Fisch. Hauptgerichte ab 10 €.
Außerdem: Oudt Leiden, tgl. 10.30–21.30
Uhr. Köstliche Pfannkuchen, serviert auf
Delfter Blau. 5–11 €.

In der Universitätsstadt gibt es zahlreiche kleine Theater, Informationen
und Karten erhält man beim VVV.

Leidse Blues- und Jazzfestival:
Jan., in der Innenstadt.
Leidse Lakenfeesten: Juli, Fischerum-
zug, Wettstreit der Straßenmusiker, Jahrmarkt, Tuchmarkt.
Leidse Ontzet: 2./3. Okt., großer historischer Umzug zum Gedenken an die Befreiung von den Spaniern im Jahr 1574,
mit großem *hutspot*-Essen.

Stadtführungen zu verschiedenen
Themen (u. a. Rembrandt-Tour) werden vom VVV organisiert.
Bootsfahrten: Rederij Rembrandt, Tel.
071/513 49 38, Grachtenfahrten, Abfahrt
vom Beestenmarkt.

Bahn: von/nach Amsterdam, Den
Haag, Gouda, Haarlem, Schiphol,

Gouda weihnachtlich

Zwischen dem 13. und 23. Dezember versammeln sich jeden
Dienstag die Bürger von Gouda
beim Schein von Tausenden von
Kerzen zum gemeinsamen Ad-
ventssingen um den geschmück-
ten Weihnachtsbaum vor dem Rathaus.

Utrecht. **Treintaxi:** Tel. 071/521 10 89.
Bus: von/nach Katwijk, Wassenaar.
Taxi: Tel. 071/521 21 44.
Fahrradverleih: am Bahnhof, Tel. 071/
512 00 68.
Parken: Günstig: Parkplatz Haagweg am
Stadtrand: 3,50 €/Tag, einschließlich Bus-
fahrt ins Zentrum.

Gouda

Holland-Atlas: S. 237, D/E 1
Pittoreskes Zentrum der Käsestadt ist
der Marktplatz mit dem prunkvollen flä-
misch-gotischen **Stadhuis** von 1450
und der Käsewaage von 1668. Hier findet im Sommer der berühmte Käsemarkt statt, bei dem Träger die Käselaiber auf Holztragen zur Waage bringen. In der spätgotischen **St. Janskerk**
zeigen die ›Goudse Glazen‹, 70 wun-
derschön bemalte Glasfenster, die den
Bildersturm überstanden haben, biblische Szenen. Gegenüber liegt das
ehemalige Hospital **Catharina Gasthuis** (Achter de Kerk 14, Mo–Sa 10–17,
So 12–17 Uhr), heute ein Museum, das
u. a. Gemälde und altes Spielzeug
zeigt. Jenseits der Gracht stößt man
auf das in einem ehemaligen Tabakla-
den aus dem 18. Jh. eingerichtete **Museum de Moriaan** (Westhaven 29,
Mo–Fr 10–17, Sa 10–12.30, 13.30–17,
So 12–17 Uhr) mit einer interessanten
Ausstellung von Goudaer Tonpfeifen.

VVV: Markt 27, Tel. 09 00/46 83
28 88, Fax 01 82/58 32 10, www.
vvvgouda.nl.

Campanile Gouda: Kampenring-
weg 39–41, Tel. 01 82/53 55 55,
Fax 57 15 75, www.campanile.com. An

Am Hafen von Gouda

einer Umgehungsstraße am Hafen, moderne Zimmer. 76 DZ, 78–86 €, Frühstück 10 €.
De Utrechtsche Dom: Geuzenstraat 6, Tel. 01 82/52 88 33, Fax 54 95 35, www.hotelgouda.nl. Hübsches kleines Hotel im historischen Stadtzentrum. 18 DZ, 55–105 €.

Camping:
De Reeuwijkse Hout: Oudeweg 9, Reeuwijk, Tel. 01 82/39 59 44, www.camping reeuwijk.nl. Stellplätze am See, Sandstrand, Wassersport, Spielplatz. 13–16 €.

 Belvedere: Markt 45, Tel. 01 82/ 51 24 21, tgl. 9–22 Uhr. Holländische Küche, auch vegetarische Gerichte. Hauptgericht 10–17 €.

Käsemarkt: Mitte Juni–Ende Aug., Marktplatz, Do 10–12.30 Uhr, s. S. 178.

Bahn: Verbindungen nach Amsterdam, Den Haag, Rotterdam, Utrecht. **Treintaxi:** Tel. 01 82/51 22 33.
Fahrradverleih: am Bahnhof, Tel. 01 82/ 51 97 51.

Dordrecht

Holland-Atlas: S. 237, D/E 2
In der Stadt mit dem bedeutenden Flusshafen am Zusammenfluss mehrerer Wasserläufe mit der Oude Maas wurde Geschichte geschrieben: Hier verbündeten sich 1572 die Städte Hollands unter Wilhelm I. von Oranien gegen die Spanier, und hier tagte 1618 die Dordtse Synode, auf der sich im Glaubenszwist die strengen Calvinisten durchsetzten. Markantes Wahrzeichen der Stadt ist die **Grote Kerk** (15. Jh.), deren wuchtiger Kirchturm anstelle ei-

ner Spitze barocke Turmuhren trägt und eine schöne Aussicht bietet. Im Hafengebiet mit seinen historischen Patrizier- und Speicherhäusern steht am Maasufer das Stadttor **Groothoofdspoort** (17. Jh.). Von hier hat man einen herrlichen Blick auf die rege befahrenen Gewässer. Das alte Dordrecht findet man auch in Werken des großen Malers Albert Cuyp in **Dordrechts Museum** (Museumstraat 40, Di–So 11–17). Den Reichtum der Patrizier bezeugt das am Hafen gelegene Kaufmannshaus, in dessen reich möblierten Salons sich heute das **Museum Simon van Gijn** (Nieuwe Haven 29, Di–So 11–17 Uhr) befindet.

VVV: Stationsweg 1, Tel. 078/632 24 40, Fax 078/613 17 83, www.vvvdordrecht.nl.

Klarenbeek: J. de Wittstraat 35, Tel. 078/614 41 33, Fax 614 08 61. Gemütlich, altholländisch eingerichtet, in Bahnhofsnähe, Hotelterrasse, Fahrradverleih. 20 DZ, 75–80 €.
Herberg de Hollandse Biesbosch: Bannhoekweg 25, Tel. 078/621 21 67, Fax 621 21 63. Im Erholungsgebiet De Biesbosch, Café-Restaurant, Hotelterrasse, Fahrradverleih, reichhaltiges Sportangebot. 31 DZ, 71 €.

Jugendherberge:
Stayokay Dordrecht: Baanhoekweg 25, Tel. 078/621 21 67, Fax 621 21 63, www.stayokay.com.

De Hoff'nar: Talmaweg 10, Tel. 087/618 04 66, Mi–So 17–1 Uhr. Im alten Kutschenhaus von Schloss Crabbehof. Französisch-niederländische Cuisine, exzellente Fischgerichte. Menü 31 €.

Da Moreno: Voorstraat 215, Tel. 078/614 99 04, tgl. außer Di 17–22.30, Mittagessen 12–14 Uhr. Im alten Zentrum, italienische Atmosphäre und Küche, Saisonspezialitäten, vor allem Fisch. Menü 23 €.

Kutschfahrten: Scheffersplein, von Mai bis Dez. Di–Fr 11–15.30, Sa, So 13–16 Uhr.
Grachten- und Flussfahrten: Waterrondje Dordt, Wijnbrug, Tel. 078/613 00 94.

Bahn: von/nach Amsterdam, Arnhem, Breda, Den Haag, Eindhoven, Vlissingen. **Treintaxi:** Tel. 078/613 58 22. **Fahrradverleih:** am Bahnhof, Tel. 078/614 66 42.

Nationaal Park De Biesbosch

Holland-Atlas: S. 237, D/E 2
Von Binsen gesäumte Wasserläufe durchziehen das Sumpfland des 7100 ha großen Nationaal Park De Biesbosch, in dem zahlreiche Wasservögel, Eulen, Fledermäuse, ja sogar Biber heimisch sind. Das Sumpfland entstand nach der St. Elisabethflut (1421). Das Naturschutzgebiet kann man zu Fuß oder mit dem Fahrrad erkunden. Zu einem besonderen Erlebnis wird eine Fahrt mit dem Kajak, Kanu, Ruder- oder Elektroboot auf den Wasserläufen dieser Landschaft (Besucherzentrum, Baanhoekweg 53, Tel. 078/630 53 53, www.dordt.nl, Di–So 9–17 Uhr, Mai, Juni auch Mo 13–17, Juli, Aug. Mo 9–17 Uhr. Besucherzentrum Drimmelen, Biesboschweg 4, Drimmelen, Tel. 01 62/68 22 33, Di–So 10–17 Uhr).

PROVINZ ZEELAND

Seit der ›Blanke Hans‹ durch Deiche, Dämme und Sturmflutwehre im Zaum gehalten wird, hat sich das Seeland stark entwickelt: Aus verfallenden Fischerdörfern wurden hübsche Seebäder, aus grauen Orten reizende Städtchen, aus maroden Anlegeplätzen malerische kleine Häfen. Wassersportler finden hier ihr Revier, Radfahrer tolle Routen, Badegäste riesige Strände, Naturfreunde ursprüngliche Landschaften.

Walcheren und Beveland

Middelburg

Holland-Atlas: S. 236, A 3
Die Anfänge der Provinzhauptstadt (45 000 Einwohner) reichen in die Karolingerzeit zurück. Damals wurden zum Schutz vor den Normannen auf Walcheren die Fluchtburgen Domburg im Norden, Souburg im Süden und Middelburg im Zentrum errichtet. Innerhalb letztgenannter errichteten im 12. Jh. Norbertinermönche eine Abtei. Um die außerhalb der Fluchtburg entstandene Siedlung wurde im 16. Jh. eine sternförmige Verteidigungsanlage aus Grachten und Wällen gebaut, die heute noch existiert. Das 1940 stark zerbombte Stadtzentrum wurde in seinem ursprünglichen Stil wieder aufgebaut, so auch das monumentale gotische **Stadhuis,** einer der schönsten Profanbauten des Königreiches (Führungen tgl. 11–17, So ab 12 Uhr).

Wahrzeichen von Middelburg ist der **Lange Jan,** der 91 m hohe Turm der ehemaligen Abteikirche. Der Abteikomplex mit drei Kirchen und Anbauten ist Sitz der Provinzverwaltung und beherbergt das **Zeeuws Museum** (www.zeeuwsmuseum.nl, bis Mitte 2005 geschlossen) mit Historama, das zahlreiche Exponate zur Historie der Provinz, der Stadt und der Abtei zeigt. Raritäten sind die aus der Oosterschelde geborgenen Votivsteine, mit denen römische Englandfahrer der Göttin Nehalennia dankten, wenn ihre Schiffe wohlbehalten zurückkehrten. Zwischen dem Schützenhof St. Jorisdoelen (1582) und dem alten Stadttor Koepoort (1735) im Norden liegt **Miniatuur Walcheren** mit über 200 historischen Gebäuden Walcherens im Maßstab 1 : 20 (Molenwater, www.miniatuurwalcheren.nl, April–Juni und 4. Sept.–5. Nov. 10–18, Juli–3. Sept. 9–18 Uhr).

VVV/ANWB: Nieuwe Burg 40, Tel. 01 18/65 99 00, Fax 65 99 40, www.vvvmiddelburg.nl.

BMG Hotel Middelburg: Bosschaartsweg 2, Tel. 01 18/64 00 44,

Kein Mangel an Vitaminen: Markt vor dem Rathaus von Middelburg

Fax 64 00 55, www.hotelmiddelburg.nl. Café-Restaurant, gemütliche Bar, Terrasse. 40 DZ, 77–82 €.

De Nieuwe Doelen: Loskade 3–7, Tel. 01 18/61 21 21, Fax 63 66 99. Am Rande des Stadtzentrums, moderne, komfortable Zimmer, stimmungsvolles Restaurant, Sitzecken im Garten. 31 DZ, 91–114 €.

Camping:
Middelburg: Koninginnelaan 55, Tel./Fax 01 18/62 53 95. Angenehmer Platz, auch Vermietung von Zelten und 4-Personen-Caravans. Ca. 17 €.

 **De Geere:** Langeviele 51, Tel. 01 18/61 30 83, tgl. außer Mo 12–21 Uhr. Vorzügliche Fleisch- und Fischgerichte. Hauptgericht ab 7,50 €.

Markt: Do vor dem Stadhuis. Man trifft dort oft Frauen in historischen Trachten an.

Ringrijderij: Juli/Aug., Ringreiten am Molenwater.

Bahn: Verbindungen nach Amsterdam, Breda, Rotterdam, Vlissingen, Zwolle. **Treintaxi:** Tel. 09 00/873 46 82 94. **Fahrradverleih:** am Bahnhof, Tel. 01 18/61 21 78.

Vlissingen

Holland-Atlas: S. 236, A 3
Die größte Hafenstadt von Zeeland (45 000 Einwohner) ist zugleich ein beliebtes Seebad mit einem schönen langen Strand. An die kriegerische Vergangenheit des einst zur Bastion ausgebauten Ortes erinnern noch der Gefängnisturm, zahlreiche Kanonen und das Keizersbolwerk aus der Zeit von Kaiser Karl V., das Napoleon wieder aufgebaut hat. Der berühmteste

Sohn der Stadt, Admiral de Ruyter, wird mit einem Standbild auf der **Rotunde** geehrt, die eine schöne Aussicht auf Hafen und Meer bietet. Auf Haie, Rochen und Piraten trifft man im maritimen Vergnügungszentrum **Het Arsenaal** (Arsenaalplein 1, Juni–Sept. 10–18, Okt.–Dez., März, Mai Di–So 10–17 Uhr; Aussichtsturm).

VVV/ANWB: Oude Markt 3, Tel. 01 18/42 21 90, Fax 42 21 91, www.vvvvlissingen.nl.

Truida: Boulevard Bankert 108, Tel. 01 18/41 27 00, Fax 43 05 02, www.hoteltruida.nl. Familienhotel, Zimmer an der Straße mit Blick auf Westerschelde, Terrasse. 17 DZ, 75–87,50 €.
Elisabeth: Singel 2, Tel. 01 18/41 92 89, Fax 41 28 08, elisabeth@zeeland net.nl. Im Zentrum, alle Zimmer mit Bad und KTV, Café-Restaurant, Terrasse. 20 DZ, 68 €.

Royal: Badhuisstraat 3, Tel. 01 18/41 22 01, tgl. 12–21 Uhr. Niederländisch-französische Küche, große Auswahl an Fischgerichten. Menü 27,50 €.
Visrestaurant het Station: Stationsplein 5, Tel. 01 18/46 59 09, tgl. außer Mo 10–22 Uhr. Ausgezeichnete Fischgerichte, gute Weine. Menü 19–30 €.

Bahn: Verbindungen nach Amsterdam, Bergen op Zoom, Dordrecht, Middelburg, Roosendaal, Rotterdam. **Treintaxi:** Tel. 01 18/47 28 28.
Fahrradverleih: am Bahnhof, Tel. 01 18/46 59 51.
Fähre: Vlissingen–Breskens (stdl., beide Richtungen), Infos: Tel. 09 00/15 78. Zubringerbus zur Fähre: Nr. 1, Terneuzen–Breskens (stdl., beide Richtungen), Infos: Tel. 09 00/92 92.

Badeorte an Walcherens Westküste

Holland-Atlas: S. 236, A 3
Im Familienbadeort **Zoutelande** mit fast 50 m hohen Dünen lohnt das Zeeuws Poppen- en Klederdrachten Museum einen Besuch (Duinweg 9, April Di 13.30–17, Mai Di 10.30–17, Juni–Aug. Di–Fr 10.30–17, Sept. Di, Mi, Fr 13.30–17 Uhr).

Aus dem häufig von Mondrian gemalten Kirchturm des Badeortes **Westkapelle** wurde, nachdem ein Feuer das Gotteshaus vernichtet hatte, der Leuchtturm Hoge Licht. Gemeinsam mit dem gusseisernen *vuurtoren* Noorderhoofd (19. Jh.) leitet er die Schiffe um die gefährliche Westspitze von Walcheren.

Domburg, das älteste Seebad Hollands, ist noch immer eines der beliebtesten. Namhafte Maler wie Jan Toorop und Piet Mondrian verbrachten hier den Sommer, und Österreichs Kaiserin ›Sisi‹ kam hierher zur Kur. Über dem Ort mit hübschen Landhäusern und Villen liegt nach wie vor ein Hauch von Belle Epoque. Im Marie Tak van Poortvlietmuseum (Ooststraat 10a, April–Anfang Nov. Di–So 13–17 Uhr) finden Ausstellungen von Zeeländer Künstlern statt.

Zwischen Domburg und Oostkapelle liegt das imposante, vermutlich auf eine Festung aus dem 9. Jh. zurückgehende **Kasteel Westhove,** heute eine der schönsten Jugendherbergen des Landes.

Der freundliche Badeort **Oostkapelle** mit seinen breiten Dünen und Stränden ist weniger überlaufen als Domburg. Die Qualität des Meerwassers ist hier ausgezeichnet.

Den Gleichgewichtssinn trainieren: Surfer vor der Küste von Domburg

VVV: Westkapelle: Markt 69a, Tel. 01 18/58 13 42, Fax 57 21 46, vvvwkp@kust-walcheren.nl. Domburg: Schuitvlotstraat 32, Tel. 01 18/58 13 42, Fax 58 35 45, www.kust-walcheren.nl. Oostkapelle: Duinweg 2a, Tel. 01 18/58 13 42, Fax 58 29 20, vvvokp@kust-wal-cheren.nl.

... in Westkapelle
Pieter de Coninck: Noordkerkepad 10a, Tel. 01 18/57 13 93, Fax 57 21 55, www.zeelandnet.nl. Hotel-Pension, im Zentrum am Strand, Terrasse, Fahrrad-verleih. 1 EZ, 13 DZ, 60 €.

... in Domburg:
Zonneduin: Nehalenniaweg 1, Tel. 01 18/ 58 13 29, Fax 58 22 67, www.hotelzon neduin.nl. In Strandnähe, angenehme Zimmer mit Aussicht aufs Meer, Lounge, Bar, Restaurant mit Seeblick. 25 DZ, 95–150 €.

De Burg: Ooststraat 5, Tel. 01 18/58 13 37, Fax 58 20 72, www.hoteldeburg.nl. Im Ort, nicht weit vom Strand, Restaurant. 16 DZ, 60–70 €.

... in Oostkapelle
Green White Hotel: Noordweg 43, Tel. 01 18/59 12 23, Fax 59 32 81, www. greenwhite.nl. Idyllisch, Landgut inmitten eines großen Naturgebietes, Zimmer im Landhaus und in drei ›Weiherhäuschen‹, Frühstück im Wintergarten, Café-Restau-rant. 21 DZ, 84–120 €.
Randduin: Duinbeeksweg 24, Tel. 01 18/ 58 16 52, Fax 58 39 81, www.randduin.nl. Grüne Idylle am Waldrand, Zimmer/Stu-dios mit Kochnische, Garten, Spielplatz, Terrasse, Fahrradverleih. 18 DZ, 54–77 €.

Jugendherberge:
Stayokay Domburg: Oostkapelle, Duin-vlietweg 8, Tel. 01 18/58 12 54, Fax 58 33 42, www.stayokay.com.

LEUCHTTÜRME – WÄCHTER DER KÜSTE

Vuurtoren, das niederländische Wort für Leuchtturm verdeutlicht noch heute, worum es sich ursprünglich bei Leuchttürmen handelte: um ›Feuertürme‹. Bevor es diese gab, setzten Fischersfrauen bei Einbruch der Dunkelheit auf hohen Dünen Strohhaufen in Brand, um ihren Männern heimzuleuchten. Später errichtete man an den Hafeneinfahrten Lager für Brennmaterial. Nachts hängte man dort einen eisernen Korb mit einem Holz- oder Kohlefeuer auf oder zündete auf dem Dach ein Feuer an. Von einem solchen *vuurhuis* zum *vuurtoren* war es nur noch ein kleiner Schritt.

Anstatt erst mühevoll hohe Leuchttürme zu erbauen, griff man hier und dort auch auf Vorhandenes zurück. So nutzte die Gemeinde von Westkapelle (s. S. 183) ihren Kirchturm seit etwa 1470 auch als Leuchtturm, indem sie auf seinem flachen Dach nachts ein Feuer entzündete. Etwas von einem Kirchturm haben auch die ältesten erhaltenen ›echten‹ Leuchttürme des Königreichs, der Brandaris (1594) in West-Terschelling und die Het Steenen Baken (1630) bei Brielle. Die Backsteintürme sind viereckig und werden stufenweise nach oben hin schlanker. Erst seit der ersten Hälfte des 19. Jh. ließen sich die Leuchtturmbauer vom Prinzip der Rundsäule inspirieren und verliehen ihren Bauwerken die Form von sich nach oben verjüngenden Säulen, die gelegentlich dezent mit gotischen Details wie spitzbogigen Fenster- und Türumrandungen dekoriert waren. Der Leuchtturm West-Schouwen (1837) bei Haamstede, dessen Basis mit den Häusern der Leuchtturmwärter eine klassizistische Symmetrie aufweist, ist ein Prachtexemplar aus jener Zeit. Ab der zweiten Hälfte des 19. Jh. wurde statt Stein Gusseisen als Baumaterial verwendet. Der Mantel des Leuchtturms von Scheveningen besteht z. B. aus 432 Gusseisenplatten.

Form und Anstrich ergeben die ›Tageskennung‹, an der Seefahrer die Leuchttürme identifizieren und dann ihre Position bestimmen können, nachts dienen rotierende Leuchtfeuer der Orientierung. Die Arbeit der Leuchtturmwärter war mühsam. Sie mussten die Holz- oder Kohlefeuer konstant hell halten und Funkenflug vermeiden. Der Verbrauch eines Leuchtturms an Kohle betrug fast 300 t im Jahr. Im 18. Jh. wurden zunehmend Öllampen verwendet, die mit Walfischtran oder Pflanzenöl betrieben wurden. Das Licht war jedoch schwach und die Dochte verbrannten schnell. Erst zylindrische Dochte, Terpentin als Ölersatz und der Einsatz von Reflektoren verbesserten die Leuchtkraft, die später aber durch Gaslampen und schließlich elektrische Lampen sowie Fresnel-Linsen optimiert wurde.

Eine weitere Verbesserung ist die Rotation der Lampen und Linsen, wodurch die Lichter von Leuchttürmen eine charakteristische Frequenz erhalten, durch die sie identifiziert werden können. Angetrieben wurde die Drehmechanik durch eine Art Uhrwerk, mit einem Gewicht, das im Innenschacht des Leuchtturms langsam heruntersackte. Im Leuchtturm von Urk ist diese Mechanik noch zu bewundern. Mittlerweile haben Radar und Satellitennavigation die Funktion von Leuchttürmen ergänzt, doch nach wie vor sind viele Leuchttürme in Betrieb.

Veere: Yachthaven und
Campveerse Toren

Camping:
... in Westkapelle
De Boomgaard: Domineeshofweg 1, Tel.
01 18/57 13 77, Fax 57 23 83. 1 km von
Dorf und Strand, Café-Restaurant, beheiztes Schwimmbad. 19 €.
... in Domburg
Hof Domburg: Schelpweg 7, Tel. 01 18/
58 82 00, Fax 58 36 68, mulder.g@hof
domburg.nl. Großer, sehr gut ausgestatteter Familiencampingplatz. 5 Pers. inkl.
Stellplatz ca. 44 €.

🍴 **... in Westkapelle**
La Corvette: De Bucksweg 2, Tel.
01 18/56 18 10, tgl. 6–21 Uhr. Hotel-Restaurant, ausgezeichnete Fischgerichte.
Menü ab ca. 20 €.
... in Domburg
In de Walcherse Dolphijn: Markt 9,
Tel. 01 18/58 28 39, tgl. 17–21.30 Uhr.
Burgundische Küche, zahlreiche Fischspezialitäten. Menü ca. 26 €.
Centrum: Zuidstraat 2, Tel. 01 18/58 16 00,
tgl. 12–21.30 Uhr. Mitten im Ort, gemütliche Atmosphäre, ausgezeichnete Fisch-
und Fleischgerichte. Hauptgericht 13–20 €, Menü ca. 25 €.
... in Oostkapelle
Kreta: Dorpsstraat 7, Tel. 01 18/58 27 17,
tgl. 15–23 Uhr, im Winter geschl. Traditionelle griechische Küche. Menü ca.
15 €.
Paradijs: Dorpsstraat 1, Tel. 01 18/
58 22 58, tgl. 17–21 Uhr, im Winter Mo
geschl. Chinesische Küche, Speisen auch
zum Mitnehmen. Menü ab 11 €.

🔄 Nächster **Bahnhof** in Middelburg.
Bus: Von allen drei Orten fahren
Busse nach Middelburg. Weitere Verbindungen: Westkapelle–Domburg, Westkapelle–Oostkapelle, Oostkapelle–Serooskerke.

Fahrradverleih: in Westkapelle: Van Marium, Zuidstraat 99, Tel. 01 18/57 21 00;
in Domburg: Akkerdaas Tweewielers,
Weststraat 2b, Tel. 01 18/58 11 05; in
Oostkapelle: Wagemakers, Noordweg 17,
Tel. 01 18/58 13 44.

Veere

Holland-Atlas: S. 236, B 3
Eines der schönsten Hafenstädtchen
Zeelands ist das vom mächtigen Turm

der **Grote Kerk** (15. Jh.) überragte Veere. Am Kai erinnern die ›Schotse Huizen‹ (Schottenhäuser) 't Lammeken (1539) und De Struys (1561) an die Zeit, als Veere das Privileg für die Einfuhr kostbarer Wolle aus Schottland besaß. Der **Campveerse Toren** (1500) am Ende des Kais ist das einzige Überbleibsel der Stadtfeste und eine der ältesten Stadtherbergen Hollands. Beeindruckend ist das **Stadhuis** (1470) mit seiner spätgotischen Fas-

sade und dem schmucken Renaissance-Glockenturm.

VVV: Oudestraat 28, Tel. 01 18/ 58 13 42, Fax 50 17 92.

Auberge de Campveerse Toren: Kaai 2, Tel. 01 18/50 12 91, Fax 50 16 95, www.campveersetoren.nl. Herrlich an Hafeneinfahrt gelegen, stilvoll eingerichtete Zimmer in Anbauten zum historischen Campveerse Toren, Restaurant mit französischer Küche. 19 DZ, 79–120 €.

🍴 **'t Waepen van Veere:** Markt 23, Tel. 01 18/50 12 31, tgl. ab 17.30 Uhr. Kreative französische Küche, Spezialitäten: Fisch und Hummer. Menü ca. 30 €.

🔁 Nächster **Bahnhof** in Middelburg. **Treintaxi:** Tel. 01 18/63 96 45.
Bus: Verbindungen nach Middelburg, Vrouwenpolder.
Fahrradverleih: Maurik, Kaai 1, Tel. 01 18/50 13 97.

Goes

Holland-Atlas: S. 236, B 3
Im idyllischen Stadtzentrum von Goes stößt der Besucher noch auf eine Reihe historischer Bauwerke, darunter das mit zwei Türmen versehene **Raadhuis** von 1463 (1775 im Rokokostil umgebaut), die **Waag** und die benachbarte

Muschelbecken in Yerseke

Vleeshal (Fleischhalle), die **Kornbeurs** (Getreidebörse) und die turmlose **Maria Magdalenakerk** (15. Jh.).

📱 **VVV/ANWB:** Stationsplein 3, Tel. 09 00/168 16 66, Fax 01 13/25 13 50, vvvgoes@planet.nl.

🔄 **Dampfeisenbahn:** Reisen wie anno dazumal – mit der historischen Dampfeisenbahn von Goes nach Borsele (April–Juni So 11, 14 Uhr, Juli, Aug. So–Fr 11, 14 und 16 Uhr, Sept., Okt. So 14 Uhr, Tel. 01 13/27 07 05).

🔁 **Bahn:** Verbindungen nach Amsterdam, Den Haag, Rotterdam, Utrecht. **Treintaxi:** Tel. 09 00/873 46 82 94.
Fahrradverleih: am Bahnhof, Tel. 01 13/21 41 70.

Yerseke

Holland-Atlas: S. 236, C 3
Das Städtchen ist bekannt für die Zucht von Miesmuscheln und Austern, die hier während der Saison in der *mossel mine* (Muschelversteigerung) täglich unter den Hammer kommen. Zwischengelagert werden die in der Yerseker Oesterbank und im Wattenmeer gefischten Schalentiere in den *oesterputten* (Austerbecken) beim Hafen. Nicht versäumen sollte man die Ausstellung über die Geschichte und Technik der Muschel- und Austernzucht im **Oosterschelde Museum Yerseke** (Kerkplein 1, Mai–Sept. tgl. außer So 10–12, 13–16 Uhr) im ehemaligen Rathaus.

📱 **VVV:** Kerkplein 1, Tel. 01 13/57 18 64, Fax 57 43 74, www.vvvzuidbeveland entholen.nl.

Muschelfest

Am Muscheltag, der alljährlich am dritten Samstag im August in Yerseke stattfindet, kann jeder Muscheln essen, so viel er will – und zwar gratis!

Camping:
Zon en Zee: Burenpolderweg 30a, Tel. 01 13/57 18 60. An der Oosterschelde, nahe dem Hafen. Ca. 14 €.

 In den zahlreichen Restaurants stehen Muschel- und Austerndelikatessen ganz oben auf der Speisekarte.
Nolet: Lepelstraat 7, Tel. 01 13/57 13 09, Di–So 12–21 Uhr. Menü mit Hummer 40–50 €.
De Branding: Havendijk, Tel. 01 13/57 14 36, Fr–Mi 11.30–21 Uhr. Menü 25–28 €.
Café-Restaurant De Sportvissers: v. Randwijckstraat 6, Tel. 01 13/57 14 83, Mi–So 12–21 Uhr. Menü ca. 28 €.

Bus: Verbindungen nach Goes und Rotterdam Zuidplein.
Fähren: Kruiningen–Yerseke nach Perkpolderhaven, Tel. 09 00/15 78. Buszubringer: von Hulst und Terneuzen, Tel. 09 00/92 92. Yerseke–Gorishoek, Tel. 01 66/66 40 03.

Schouwen Duiveland

Zierikzee

Holland-Atlas: S. 236, B 2/3
Weithin sichtbar zeigt der 62 m hohe **Dikke Toren** (erbaut ab 1454) die Lage der schönsten Stadt der Insel an. Ursprünglich sollte der Kirchturm der St. Lievenskerk 130 m hoch werden, doch als die im Mittelalter durch Handel, Fischerei und Tuchweberei wohlhabend gewordene Stadt plötzlich in Geldnot geriet, blieb er unvollendet. Das Kirchenschiff brannte 1882 ab. Über 550 Bauwerke der von einem Grachtenring umgebenen Stadt stehen unter Denkmalschutz und tragen zusammen mit den schmalen Gassen, belebten Plätzen und gemütlichen Cafés zum Reiz von Zierikzee bei.

Im **Stadhuis** (1554) mit reich verziertem hölzernem Glockenturm gibt das **Stadhuismuseum** (Meelstraat 6, Mai–Okt. Mo–Sa 10–17, So 12–17 Uhr) Einblicke in die Stadtgeschichte. Am Havenplein steht das aus der Kapelle eines mittelalterlichen Gasthauses hervorgegangene **Gasthuiskerk** mit der **Beurs** (Börse). Nebenan widmet sich das **Maritiem Museum** (Mol 25, April–Okt. und Schulferien Mo–Sa 10–17, So 12–17 Uhr) im früheren Gefängnis Gravensteen (16. Jh.) der lokalen Schifffahrtsgeschichte, deren Ausstellung durch etliche Schiffsoldtimer des **Museumhaven** (Juli–Open Monumentendag im Sept. Di–Sa 11–17 Uhr) im Oude Haven sehr schön ergänzt wird. Ein malerisches Ensemble bilden das Hafentor **Zuidhavenpoort** (14. Jh.) und zwei weiße Zugbrücken an der Einfahrt zum Oude Haven, wo auch das **Noordhavenpoort** (14. Jh.) steht.

 VVV: Meelstraat 4, Tel. 01 11/41 24 50, Fax 41 72 73, www.vvvschouwenduiveland.nl.

Klaas Vaak: Nieuwe Bogerstraat 24, Tel. 01 11/41 42 04, Fax 41 42

FLUTWEHRE, DÄMME UND DEICHE

Wer nicht will weichen, der muss deichen! – Dieser Spruch wird in Holland beherzigt, seit sich die ersten Bewohner im gezeitenumspülten Schlickland an der Nordsee und im Delta von Rhein, Maas und Schelde niederließen. Erst lebte man dort auf Terpen, von Hand aufgeschütteten Erdhügeln. Dann errichtete man dazwischen Deiche, um größere Flächen des fruchtbaren Landes in Äcker und Weiden zu verwandeln. Ab dem 16. Jh. kam es zu einer ausgedehnten Landgewinnung: Man umgab große Sümpfe und Meere mit Ringdeichen und pumpte das Wasser ab, zuerst mit der Kraft von Windmühlen, die später von dampfgetriebenen Pumpwerken ersetzt wurden. Die Trockenlegung brachte doppelten Gewinn: Es wurde Siedlungs- und Agrarfläche geschaffen und zugleich die Gefahr von Überschwemmungen gebannt. Heute schützen mehr als 3000 km Deiche, Dämme und Schleusen das Land, das zu einem Viertel unter dem Meeresspiegel liegt, vor dem Meer.

Dass die Sturmflutgefahr gar nicht hoch genug eingeschätzt werden kann, hat sich besonders 1953 bewiesen. Damals riss der ›Reißende Wolf‹, wie die Holländer die Sturmflut nennen, 1835 Menschen und 35 000 Tiere in den Tod, 153 000 ha Land wurden überflutet, 10 000 Gebäude völlig zerstört. Damit sich eine derartige Katastrophe nie wieder ereignet, beschloss die Regierung mit dem ›Deltaplan‹ die Abriegelung des Deltas von Rhein, Maas und Schelde gegen die See. Nach und nach wurden die Mündungsarme durch Dämme und Wehre verriegelt. Als jedoch die Oosterschelde vollkommen gegen das Meer abgeschottet werden sollte, hagelte es Proteste von Fischern und Umweltschützern. Die einen sahen ihre Fanggründe durch die beabsichtigte Umwandlung in einen Süßwassersee gefährdet, die anderen das biologische Gleichgewicht. Schließlich einigte man sich auf einen Kompromiss: ein halb offenes Sturmflutwehr von 3 km Länge, das dem Gezeitenstrom freien Lauf in die Oosterschelde erlaubt, sie jedoch bei Sturmflut durch mächtige Fluttore abschottet. Technische Krönung und Abschluss der Deltawerke ist das 1997 vollendete Sturmflutwehr im Nieuwe Waterweg, der Zufahrt von Hoek van Holland zum Rotterdamer Hafen. Bei Gefahr wird der Wasserweg dort durch zwei monumentale Stahlwände verschlossen.

Jetzt will man die Maßnahmen des Deltaplans teilweise wieder revidieren und dem Meer erneut die Türen öffnen, zumindest einen Spalt breit und kontrolliert. Dämme und Sperrwerke haben zwar die Sicherheit beträchtlich erhöht, doch das ökologische Gleichgewicht ist in manchen Gebieten erheblich beeinträchtigt. So manche Fisch- und Vogelart ist verschwunden, die Ränder von Groden und Schlickflächen brechen ab, Grünalgen und giftige Blaualgen nehmen in beängstigendem Maße zu. Nun ist mit einem neuen Mammutprogramm zu rechnen. Diesmal sind es die Landwirte, die fürchten müssen, dass ihnen das Salz des Brackwassers ihre Suppe gehörig versalzt.

190

04. Einfaches Hotel, zentral. 8 DZ, 18–47 €, Frühstück 5,50 €.

 Brasserie Maritiem: Nieuwe Haven 21, Tel. 01 11/41 21 56, tgl. 12–22 Uhr, im Winter Mo geschl. Fisch und Meeresfrüchte, mit französischer Raffinesse zubereitet. Hauptgericht 15–20 €, Menü ca. 20 €.

 Nächster **Bahnhof** in Goes.
Bus: Verbindungen nach Goes.
Fahrradverleih: De Jonge, Weststraat 5, Tel. 01 11/41 21 15.

Renesse und Umgebung

Holland-Atlas: S. 236, B 2
Kilometerlange Nordseestrände, ausgedehnte Dünengebiete und Wälder laden zwischen Haamstede und Renesse zum Baden und Wandern ein. Die Gegend ist ein beliebtes Urlaubsziel von Familien und jungen Leuten.

An lauen Sommerabenden wird der Platz um die St. Jacobskerk in Renesse zum geselligen Treff junger Leute. Abwechslung vom Strandleben bietet ein Besuch von **Schloss Moermond** (16./17. Jh.) oder von **Schloss Haamstede** (13. Jh.) in der Nähe der gleichnamigen Ortschaft.

 VVV: Zeeanemoonweg 4a, Tel. 01 11/46 03 60, Fax 46 14 36, www.vvvschouwenduiveland.nl.

 't Klokje: Rampweg 16–18, Tel. 01 11/46 12 14, Fax 46 21 69, www.renesse.com/klokje. Am Strand, Sonnenterrasse, Spielplatz, Pool, Fahrradverleih. 17 DZ, 55–96 €.
Zoom Oord: Hogezoom 170, Tel. 01 11/46 18 60, Fax 46 27 14, www.zoomoord.

nl. Am Strand, Terrasse, Fahrradverleih. 11 DZ, 45–75 €.

Camping:
De Wijde Blik: Hogezoom 112, Tel. 01 11/46 88 88, Fax 46 88 89, www.zeelandcamping.nl. Große Stellplätze, beheiztes Schwimmbad mit Kinderbecken, Wanderhütten. Ca. 28 €.

 Beaufort: Duinwekken 5, Tel. 01 11/46 20 40, tgl. 18–21.30 Uhr (reservieren!). Exzellente französische Küche, in Strandnähe, schönes Interieur. Büfett 27 €.

 Nächster **Bahnhof** in Goes.
Bus: nach Goes und Zierikzee.
Fahrradverleih: Transferium, Roelandsweg 1, Tel. 01 11/46 21 28.
Parken: Autos kann man am Ortsrand von Renesse auf dem bewachten Recreatie-Transferium parken, von dort geht es gratis per Bus und Shuttle in den Ort.

Oosterscheldedam

Holland-Atlas: S. 236, B 2/3
Mit dem Oosterscheldedam in der Mündung der Oosterschelde wurde eines der kühnsten Wasserbauprojekte der Welt verwirklicht (s. S. 190). 62 gigantische, bis zu 500 t schwere Fluttore wurden in den Damm gebaut, die bei Sturmflutgefahr geschlossen werden können. Einen Eindruck von der enormen Leistung der Erbauer vermittelt der auf der ehemaligen Arbeitsinsel Neeltje Jans eingerichtete, auf halber Strecke des Oosterscheldedams liegende Themenpark **Waterland Neeltje Jans** (www.neeltjejans.nl, Jan.–März tgl. 10–17, April–7. Nov. tgl. 10–17.30 Uhr).

Zeeuws Vlaanderen

Hulst

Holland-Atlas: S. 236, C 4

Das flämische Festungsstädtchen besitzt noch seine Wälle und vier alte Stadttore. Die **St. Willibrordusbasiliek** (12./13. Jh.) wurde über ein Jahrhundert gleichzeitig von Katholiken und Reformierten genutzt, man hatte einfach eine Trennwand eingezogen. Das **Stadhuis** aus weißen Quadern hat der berühmte Baumeister Laurijs Keldermans 1528 erbaut.

 VVV: Grote Markt 19, Tel. 01 14/38 92 99, Fax 38 91 35.

 Bus: Verbindungen nach Terneuzen, Tel. 09 00/92 92.

Von Aardenburg nach Cadzand

Holland-Atlas: S. 236, A 4

Das Städtchen **Aardenburg** ist der älteste Ort Zeelands. Schon im 2. Jh. unterhielten die Römer hier ein Kastell. Im Mittelalter war die Stadt ein bedeutender Handels- und Wallfahrtsort. Sehenswert sind die bemalten Steinsarkophage in der im Stil der Scheldegotik erbauten St. Baafskerk (13. Jh.). Zahlreiche Funde aus der Römerzeit werden im Gemeentelijk Archeologisch Museum (Marktstraat 18, 14. April–Sept. Di–Fr 10–12, 13.30–17, Sa, So 13.30–17 Uhr) gezeigt.

Vom Belfried des 1375 erbauten Stadhuis von **Sluis** bietet sich eine herrliche Aussicht. Der Ort war einst Außenhafen von Brügge. Über **Retranchement,** einem von Festungswällen aus der Zeit des Achtzigjährigen Krieges umgebenen Städtchen, an dessen Marktplatz noch eine alte Bockmühle steht, führt der Weg nach **Cadzand-Bad,** das über einen schönen weißen Sandstrand verfügt.

 VVV: Aardenburg, Markt 4, Tel. 01 17/49 13 20 (Anfang April–Mitte Okt.). Cadzand-Bad, Bld de Wielingen 44d, Tel. 01 17/39 12 98, Fax 39 25 60.

Strandhotel: Cadzand-Bad, Bld de Wielingen 49, Tel. 01 17/39 21 10, Fax 39 15 35, www.strandhotel-cadzand.nl. Schöne Dünenlage mit Seeblick, Wintergarten, Terrasse, Restaurant. 37 DZ, 85–125 €.
In de Buitenlust: Zuidzandseweg 4, Cadzand-Dorp, Tel. 01 17/39 13 88, Fax 39 15 16. Hotel-Pension, gegenüber der Mühle, altholländischer Frühstückssalon. 7 DZ, 41 €.

Camping:
Wulpen: Vierhonderdpolderdijk 1, Cadzand, Tel. 01 17/39 12 26, Fax 39 12 99, info@campingwulpen.nl. Ruhig und geschützt, Familiencampingplatz, Spielplatz und Spielraum. Ca. 15 €.

Het Anker: Cadzand-Bad, Kanaalweg 1, Tel. 01 17/39 15 11, tgl. 12–20.30 Uhr. Flämische Küche mit französischer Note, köstliche Fischgerichte. Menü ca. 23 €, für Kinder ca. 13 €.

Nächster **Bahnhof** in Knokke.
Bus: von Sluis Verbindungen nach Bresgens und Brügge; von Cadzand Verbindung nach Knokke.
Fahrradverleih: Brevet, Mariastraat 6, Tel. 01 17/39 13 96.

PROVINZ NOORD-BRABANT

Die Provinz ›beneden de rivieren‹ (unterhalb der Flüsse) besticht durch herrliche Naturgebiete wie die Loonse- en Drunense-Dünen, durch gut erhaltene Festungsstädte wie Willemstad und Heusden und durch gepflegte Gastronomie und Geselligkeit, deren Wurzeln im langen Verbleiben bei Spanien und der dabei assimilierten Lebensart des katholischen Südens liegen.

's-Hertogenbosch (Den Bosch)

Holland-Atlas: S. 234, A/B 4
Im Zentrum von Den Bosch (130 000 Einwohner), wie die Provinzhauptstadt meist genannt wird, erhebt sich die gotische **St. Janskathedraal** (1380–1530), die prunkvollste Kirche des Landes. Sie ist außen üppig mit Figuren geschmückt – es sollen 600 sein! – und beherbergt im Inneren sehenswerte Kunstschätze, darunter ein als wundertätig verehrtes Gnadenbild (13. Jh.), ein kupfernes Taufbecken (1492), Ikonen und einen Antwerpener Leidensaltar (15. Jh.). Im **Museum De Bouwloods** (Mai–Sept. Di–So 13–16.30 Uhr) an der Kathedrale sind 200 Bildhauerarbeiten ausgestellt, die das Gotteshaus einst schmückten, inzwischen aber durch Kopien ersetzt worden sind.

Bedeutendster Sohn der Stadt ist der Maler Hieronymus Bosch (1450–1516). Vor dem klassizistischen **Stadhuis** (1670) am Markt steht sein Denkmal. Im ältesten Haus der Stadt, dem schlossähnlichen Haus **De Moriaan** (Anfang 13. Jh.) auf der anderen Seite des Platzes befindet sich heute das Fremdenverkehrsamt.

VVV: Markt 77, Tel. 09 00/112 23 34, Fax 073/612 89 30, www.vvvs-hertogenbosch.nl.

Best Western Eurohotel: Hinthamerstraat 63, Tel. 073/613 77 77, Fax 612 87 95, www.eurohotel-denbosch.de. Zentral bei der Kathedrale, Restaurant. 40 DZ, 85–105 €.

Campanile Den Bosch: Goudsbloemvallei 21–25, Tel. 073/642 25 25, Fax 641 00 48, www.campanile.com. Außerhalb der Stadt, nahe der A2 und A59. Komfortable Zimmer mit Bad, TV, Telefon. Bar, Restaurant, So Brunch, Sonnenterrasse, Fahrradverleih. 47 DZ, 74–99 €.

Van Puffelen: Molenstraat 4–6, Tel. 073/689 04 14, tgl. 12–24 Uhr. Eetcafé in historischer Umgebung, Terrasse; mittags Suppen und Salate. Menü ca. 20 €.

Het Groote Genoegen: Achter het Stadhuis 10, Tel. 073/689 02 54, tgl. außer Mo 17–22 Uhr. Gemütliche Atmosphäre, flämische Gerichte, Muscheln und *gentse stoverij* (in Abteibier gegartes Rindfleisch). Hauptgericht ca. 15 €.

Karneval: Feb./März, buntes Treiben rund um die Kathedrale.

Bootsfahrten: Abfahrt Sint-Janssingel, Mai–Okt. tgl. außer Mo 11–17, Mi ab 14 Uhr, Tel. 073/612 23 34. Auf der Binnendieze durch die Stadt.

Bahn: u. a. nach Amsterdam, Arnhem, Eindhoven, Maastricht, Nijmegen, Utrecht. **Treintaxi:** Tel. 073/614 14 10. **Fahrradverleih:** am Bahnhof, Tel. 073/613 47 37.

Ausflüge von Den Bosch

Holland-Atlas: S. 234, A 4, und S. 238, C 1

Einen Besuch wert ist das nordwestlich von Den Bosch gelegene Städtchen **Heusden,** dessen um 1560 errichtete Festung samt Wassertor, drei auf dem Bollwerk stehenden Windmühlen und Maashafen vollständig erhalten ist.

Ein paar Kilometer weiter südlich laden die **Loonse en Drunense Duinen,** ein 3400 ha umfassender ›Nationalpark in spe‹ mit Europas größtem Flugsandgebiet, zu Spaziergängen in der Natur ein. Von hier ist es nicht weit zu Hollands berühmtestem Freizeit- und Vergnügungspark **De Efteling** bei Kaatsheuvel (Europalaan 1, Tel. 013/28 81 11, www.efteling.nl., Mitte April–Okt. tgl. 10–18, im Sommer bis 21 Uhr, Sa bis 24 Uhr, So, feiertags – ausgenommen Okt. – bis 19 Uhr), der viele Attraktionen für Groß und Klein bietet, z. B. Spukschloss, Wildwasser-, Bob- und Achterbahn.

Das kann kein Walkman bieten: alte Drehorgel in Den Bosch

Eindhoven

Holland-Atlas: S. 239, D 1/2
Eindhoven, bis Ende des 19. Jh. ein kleiner Handelsort, verzeichnete nach dem Bau der Werke des Glühbirnenherstellers Philips und des Automobilbauers DAF einen enormen Aufschwung und ist heute eine moderne Handels-, Industrie- und Messestadt mit rund 200 000 Einwohnern. In den großen Einkaufsstraßen Grote und Kleine Berg sowie Hoogstraat herrscht meist Hochbetrieb. Im **DAF-Museum** (Tongelresestraat 27, Di–So, Juli, Aug. und Schulferien auch Mo 10–17 Uhr) sind sämtliche seit 1928 hergestellten DAFs ausgestellt. Über eine erstklassige Sammlung moderner Kunst verfügt das **Van Abbemuseum** (Bilderdijklaan 10, Di–So 11–17 Uhr).

VVV: Stationsplein 17, Tel. 09 00/112 23 63, Fax 040/243 31 35, www.vvveindhoven.nl.

Royal: Stratumsedyk 23f, Tel. 040/212 13 30, Fax 211 65 93, www.hotelroyaleindhoven.nl. Im Zentrum, modern. 15 DZ, 79 €.
Campanile Eindhoven: N Brabantlaan 309, Tel. 040/254 54 00, Fax 254 44 10. Modernes Komforthotel, Restaurant, Hotelterrasse. 84 DZ, 86 €.

De Bengel: Wilhelminaplein 9, Tel. 040/244 07 52, tgl. 12–22 Uhr. Gemütliche klassische Einrichtung, saftige Big Bengel Burger, Sparerips nach Louisiana-Art. Menü um 22 €.
Brasserie Bruegel: Vestdijk 47, Tel. 040/232 61 11, tgl. 7–22 Uhr. Im Dorint Hotel, internationale Spezialitäten. Hauptgericht ca. 18 €, Menü ab 27 €.

Oldtimer

Hundert Jahre Automobilgeschichte dokumentiert das Automusa (Standersmolen 3, Mi–So 10–17 Uhr, Juli/Aug. tgl.) in Bergeyk mit rund 300 Oldtimern, Klassikern und alten Zapfsäulen sowie Jukeboxen und *bromfietsen* (Mopeds).

Shoppingcentrum De Heuvel Galerie: zwischen Vestdijk und Keizersgracht.

Freizeitpark Het Land van Ooit: Parklaan 40, Drunen, Tel. 04 16/37 77 75, www.ooit.nl, Ostern–Okt. tgl. 10–17 Uhr, Mitte Sept.–Mitte Okt. nur Sa, So. Hier gerät man unter die Ritter, Junker, Edelfrauen und Räuber und kämpft in der Laserburg gegen dreiste Widersacher.

Flugzeug: Eindhoven Airport, 6 km westlich des Zentrums, u. a. Flugverbindungen nach Hamburg, www.eindhovenairport.nl. Busse der Linie 11 verkehren alle 30 Min. zwischen dem Flughafen und dem Hauptbahnhof Eindhoven.
Bahn: Verbindungen nach Breda, Maastricht, Amsterdam, Rotterdam, Utrecht, Venlo. **Treintaxi:** Tel. 040/244 14 42.
Fahrradverleih: am Bahnhof, Tel. 040/243 66 17.

Ausflüge von Eindhoven

Holland-Atlas: S. 239, D 1/2 und E 2
In **Nuenen** schuf Vincent van Gogh, dessen Vater hier Pfarrer war, zwischen 1883 und 1885 etwa ein Viertel seines

gesamten Werkes – 194 Ölgemälde und über 250 Zeichnungen, darunter das berühmteste Werk dieser Periode, ›Kartoffelesser‹. Im Van Gogh Documentatiecentrum (Papenvoort 15, Mo–Fr 9–12/14–16 Uhr) erfährt man alles über das Leben und Schaffen des Künstlers an diesem Ort.

Auf 18 Würfelhäuser des durch seine Rotterdamer ›Baumhäuser‹ berühmten Architekten Piet Blom stößt man in **Helmond,** dessen Rathaus und Gemeindemuseum (Kasteelplein 1, Di–Fr 10–17, Sa, So 13–17 Uhr) in dem von einem schönen Park umgebenen Kasteel Helmond (1402) untergebracht sind.

Östlich von Deurne bieten Wälder, Heide und Moorland im 1340 ha großen **Nationaal Park De Groote Peel** (Besucherzentrum Mijl op Zeven, Ospel) einer artenreichen Vogelwelt ein Reservat und Besuchern ein faszinierendes Ausflugsziel. Das Beiaard- en Natuurhistorisch Museum (Osteraderstraat 23, Sa–Mo 13–17, Di–Fr 9.30–17

Brabantse Koffietafel

Diese Brabanter Spezialität hat mit ›Kaffee und Kuchen‹ wenig gemein. Vielmehr handelt es sich um eine Mittagsmahlzeit, bei der eine deftige Gemüsesuppe auf den Tisch kommt, gefolgt von Brat-, Blut- und Mettwurst, gekochtem und rohem Schinken, Speck und Sülze, verschiedenen Käsesorten, Brot und Brötchen. Erst zum Schluss gibt es Apfeltaschen, Kaffee – und *brandewijn met suiker.*

Uhr) in **Asten** informiert über die Landschaft De Peel, außerdem kann man hier auch Glockenspiele bestaunen und selbst auf einer Glockenspiel-Klaviatur üben.

Overloon

Holland-Atlas: S. 239, E 1

Der Ort wurde 1944 während einer der heftigsten Panzerschlachten des Zweiten Weltkrieges völlig zerstört. Den Ereignissen während des Krieges widmet sich das **Nationaal Oorlogs- en Versetzmuseum** (Museumpark 1, Juni–Aug. tgl. 9.30–18, Sept.–Mai tgl. 10–17 Uhr), eines der größten Kriegsmuseen der Welt.

Nächster **Bahnhof** in Venray, dort **Treintaxi,** Tel. 09 00/873 46 82 94. **Bus:** Verbindung mit Venray.

Breda

Holland-Atlas: S. 238, B 1

Etliche Belagerungen musste die Festungsstadt Breda über sich ergehen lassen, die wichtigste war jene von 1590. Damals befreite Prinz Moritz von Oranien die Stadt von den Spaniern, indem er seine Soldaten, unter der Ladung eines Torfschiffs versteckt, in die Festung einschmuggeln ließ und so die Spanier überrumpelte. Der ›Historische Kilometer‹ führt zu einigen bedeutenden Bauwerken: dem **Kasteel van Breda,** einst Sitz der Grafen von Oranien und seit 1828 Königliche Militärakademie, dem Verteidigungstor **Span-**

Spanjaardsgat in Breda

jaardsgat (1610), der **Grote Kerk** (15./16. Jh.) und dem **Begijnhof** (16. Jh.). Über die wechselvolle Geschichte der Stadt informiert **Breda's Museum** (Parade 12, Di–So 10–17 Uhr). Im Bereich des Grote Markt und des Havenmarkt trifft man auf gemütliche Lokale und vielerlei Läden.

VVV: Willemstraat 17–19, Tel. 09 00/ 522 24 44, Fax 076/521 58 30, www.bredadigitaal.nl/vvv.

Best Western Hotel Brabant: Heerbaan 4–6, Tel. 076/522 46 66, Fax 521 95 92, www.hotelbrabant.nl. 5 Min. von Zentrum und Wald, komfortable Zimmer, Schwimmbad, Garten, Restaurant. 71 DZ, 80–122 €, Frühstück 10 €.
Bastion Hotel Breda: Lage Mosten 4, Tel. 076/542 04 03, Fax 542 06 03, www.

bastionhotel.nl. Am Stadtrand, komfortable Zimmer, Café-Restaurant. 40 DZ, 69 €, Frühstück 10 €.

Camping:
Liesbos: Liesdreef 40, Tel. 076/514 35 14, Fax 514 65 55, info@camping-liesbos.nl. Laden, Cafeteria, Schwimmbad. Ca. 15 €.

De Sinjoor: Nieuwe Ginnekenstraat 3, Tel. 076/521 1199, 12–21.30, So, Mo ab 17 Uhr. Grillspezialitäten, Fisch. Menü ca. 21 €.

Karneval: Feb./März, buntes Karnevalstreiben.

Bahn: Verbindungen nach Boxtel, Dordrecht, Roosendaal, Rotterdam, Den Bosch. **Treintaxi:** Tel. 076/571 06 99. **Fahrradverleih:** am Bahnhof, Tel. 076/ 521 05 01.

Ausflüge von Breda

Holland-Atlas: S. 237, D 2/3

Weiß ragt in **Oudenbosch** (D 3) die Basilika der hl. Agatha und Barbara empor, eine Nachbildung des Petersdoms in Rom. Erbauen ließen ihn die so genannten Zouaven, Söldner, die im 19. Jh. den Kirchenstaat von Papst Pius IX. gegen italienische Nationalisten verteidigten.

In **Zundert** (D 3)wurde Vincent van Gogh geboren. Auf dem Platz vor der Kirche steht eine von Ossip Zadkine geschaffene Statue des Malers und seines Bruders Theo. Das Cultureel Centrum Van Gogh (Molenstraat 5, Mo–Fr 10–16, Mai–Sept. auch Sa, So 10–14 Uhr) informiert über den berühmten Künstler.

Von sieben Bastionen und einem sternförmigen Graben umgeben ist **Willemstad** (D 2), die am besten erhaltene Festung Hollands. Luftaufnahmen lassen die perfekte Symmetrie der Anlage erkennen. Die Nederlands Hervormde Kerk (1607) im Zentrum des Städtchens war die erste reformierte Kirche des Landes. Weitere sehenswerte Bauwerke sind das Arsenaal (1793) und die weiße Oranjemolen (1734) am Hafen sowie das Mauritshuis (1623), das alte Jagdhaus von Prinz Moritz.

Bergen op Zoom

Holland-Atlas: S. 236, C 3

Von der mittelalterlichen Festungsanlage der alten Markgrafenstadt sind noch das Gevangenpoort und die Bastion Ravelijn erhalten. In der Vorhalle des monumentalen **Stadhuis** am Markt sind zahlreiche Wappen und der schöne St. Christoffel-Schoornsteen sehenswert. Das schönste Monument der Stadt ist der 1511 fertig gestellte Palast der Markgrafen, **Markiezenhof** (Steenbergsestraat 8, Di–So 10–17 Uhr), mit feudalem Interieur und einer einzigartigen Sammlung von Kirmesminiaturen. An Karneval verwandelt sich der Marktplatz in einen Hexenkessel.

VVV: Stationsstraat 4, Tel. 09 00/202 03 36, Fax 01 64/24 60 31, post bus@vvv-boz.demon.nl.

Tulip Inn de Schelde: Antwerpsestraat 56, Tel. 01 64/26 52 65, Fax 01 64/26 65 24, www.tulipinndeschelde. nl. Am Rand des Zentrums, Zimmer mit allem Komfort. 48 DZ, 105–125 €.
De Lantaarn: Bredasestraat 8, Tel. 01 64/23 64 88, Fax 24 68 79. Kleine Hotel-Pension, ca. 100 m vom Bahnhof. 8 DZ, 43–59 €.

Camping:
De Heide: Bemmelenberg 12, Tel. 01 64/23 56 59, Fax 25 43 77, info@camping deheide.nl. Geschützt im Erholungsgebiet ›De Heide‹, Laden, Cafeteria. Ca. 14 €.

Athene: Fortuinstraat 18, Tel. 01 64/26 66 04, tgl. 17–22 Uhr. Griechische Spezialitäten. Menü ab 20 €.
Indrapoera: Grote Markt 29, Tel. 01 64/25 32 61, tgl. 12–22 Uhr. Chinesisch-indonesisch-kantonesische Küche. Menü ca. 25 €.

Bahn: Verbindungen nach Vlissingen, Rotterdam.
Fahrradverleih: am Bahnhof, Tel. 01 64/23 57 32.

PROVINZ LIMBURG

Fachwerkhäuser, Schlösser und Mergelgrotten im reizvollen Hügelland des Südens, die Maas und ihre Seen, die Naturparks Maas-Schwalm-Nette und De Meinweg, Heckenlandschaften und Spargelfelder in Limburgs Mitte und Norden, und Maastricht, die Stadt mit ›burgundischer‹ Lebensart und fast südländischem Flair – Limburg ist anders als das übrige Holland.

Maastricht

Holland-Atlas: S. 239, D/E 4

Die Hauptstadt der Provinz Limburg (122 500 Einwohner) hat ihren Ursprung in der römischen Siedlung Traiectum ad Mosam. Die mittelalterliche Festungsstadt war von 382 bis 721 Bischofssitz. Im 19. Jh. wurden die Wehranlagen bis auf wenige Reste geschleift. Über 1600 historische Bauwerke verschiedener Stilrichtungen wie maasländische Renaissance, Barock, Rokoko und Empire sind denkmalgeschützt und machen gemeinsam mit den zahlreichen Terrassencafés, Bistros und kleinen Läden den besonderen Reiz der Stadt aus. Zur lebendigen Atmosphäre tragen auch die zahlreichen Studenten der Universität und der Hochschulen bei.

Besichtigung

Das **Dinghuis** ▫1 von 1470, einst das Gericht, beherbergt heute das VVV. Im **Stokstraatquartier** haben sich exklusive Mode-, Schmuck- und Antiquitätengeschäfte angesiedelt. Mediterranes Flair verbreitet im Sommer der Onze Lieve Vrouweplein mit seinen Straßencafés und dem burgartigen Westwerk der **Onze Lieve Vrouwebasiliek** ▫2 (Schatzkammer: Ostern–Mitte Sept. Mo–Sa 11–17, So 13–17 Uhr). Im Innenhof der ab 1000 erbauten Kirche wurde ein römisches Turmfundament freigelegt.

Am Flüsschen Jeker stehen Reste der ersten Stadtmauer (1229) mit dem **Jekertoren** ▫3 (Jekerturm) und dem **Helpoort** ▫4 (Höllentor), dem ältesten Stadttor des Landes. Beim **Pesthuis** ▫5 (Pesthaus), einer ehemaligen was-

Gaumenfreuden

Im August lädt Maastricht für vier Tage zum ›Preuvenemint‹ ein. Bei diesem Festival der Feinschmecker bieten über 50 Gastronomen, Weinhändler und Bierbrauer auf dem Vrijthof ihre Köstlichkeiten zum Probieren an, von regionalen und landesweiten Spezialitäten bis zu einheimischen Bieren, Weinen und Genever.

St.-Servaas-Brücke

sergetriebenen Papiermühle von 1775, standen einst die Baracken der an Pest Erkrankten. Der **Pater Vinktoren** 6 ist Teil der zweiten, um 1350 errichteten Stadtmauer. Malerisch nimmt sich das im maasländischen Renaissancestil erbaute Haus des **Faliezusterklosters** 7 aus, des Klosters der verschleierten Schwestern, die sich um die Pestkranken kümmerten. Auf der zweiten **Stadtmauer** 8 gelangt man zum **Waterpoort De Reek** 9. In einem ehemaligen Kloster von 1673 befindet sich das **Natuurhistorisch Museum** 10 (De Bosquetplein 7, Mo–Fr 10–17, Sa, So 14–17 Uhr). Vom Ende der Looiersgracht hat man einen schönen Blick auf das das die Jeker überspannende, im Stil der maasländischen Renaissance erbaute **Huis op de Jeker** 11.

Die **St. Servaasbasiliek** 12 (Schatzkammer: tgl. 10–17, Juli, Aug. 10–18, im Winter So 12.30–17 Uhr) wurde im 11. Jh. über dem Grab des Heiligen erbaut. Prunkstück der Schatzkammer ist der Reliquienschrein mit Gebeinen des hl. Servatius und Martinus. Beeindruckend ist auch das gotische Bergportal (13. Jh.) an der Südseite.

Zu den historischen Bauwerken am Vrijthof zählen das **Spaans Gouvernement** 13 (Mi–So 13–17 Uhr), im 16. Jh. Sitz der Provinzgouverneure, die klassizistische **Militaire Hoofdwacht** 14 (Hauptwache, 1773) und das **Generaalshuis** 15, das 1809 errichtete Palais eines Militärgouverneurs. Heute beherbergt der Bau ein Kulturzentrum, zu dem auch das Theater aan het Vrijthof gehört. Am Marktplatz dominiert das klassizistische **Stadhuis** 16 aus dem 17. Jh., dessen Doppeltreppe dem weltlichen und dem kirchlichen Herrscher von Maastricht zugleich Zugang gewähren sollte. Das bedeutendste Museum der Stadt ist das moderne, von Aldo Rossi erbaute **Bonnefantenmuseum** 17 (Avenue Ceramique 250, Di–So 11–17 Uhr) mit alter (Pieter Brueghel, altitalienische Meister, sakrale Kunst) und zeitgenössischer Kunst (u. a. Broodlaers, Mangold, Serra) sowie einer archäologischen Abteilung.

Sehenswertes außerhalb des Zentrums

Das 200 km lange Höhlenlabyrinth der **Grotten von St. Pietersberg** (s. S. 204) 2 km südlich der Stadt entstand durch den jahrhundertelangen Abbau von Mergelgestein (Tel. 325 21 21, Grotten Nord, bei Chalet Bergrust, Luikerweg 71, Führungen ganzjährig 14 Uhr und, je nach Monat, zu weiteren Zeiten. Grotten Zonneberg, beim Casino, Slavante 1; Führungen zu unterschiedlichen Zeiten). Mit den Grotten verbunden ist das 1701 bis 1702 erbaute, sehenswerte **Fort St. Pieter** (nahe den Grotten Nord), das wie die **Linie van Du Moulin** (18. Jh.), eine 15 ha umfassende Wehranlage aus Gräben und Bastionen nordwestlich des Stadtzentrums, zur Stadtbefestigung gehörte.

VVV: Kleine Staat 1, Tel. 043/325 21 21, Fax 321 37 46, www.visit maastricht.nl.

Hostel Randwijck 18: Endepolsdomein 30. Tel. 043/361 68 35, Fax 361 90 07, www.hotelrandwijck.nl. Beim Maastricht European Conference Centre (MECC), alle Zimmer mit Bad, Telefon, KTV. 50 DZ, 86 €.
Maison du Chêne 19: Boschstraat 104–106, Tel. 043/321 35 23, Fax 325 80 82. Angenehme Atmosphäre, Café-Restaurant. 24 DZ, 59–79 €, Frühstück 8,50 €.
De Dousberg 20: Dousbergweg 4, Tel. 043/346 67 77, Fax 346 67 55, www.dousberg.nl. Modern, Hallenbad. 52 DZ, 56 €, Frühstück 7,75 €.

Jugendherberge:
Stayokay Maastricht 21: Dousbergweg 4, Tel. 043/346 67 77, Fax 346 67 55, www.stayokay.com.

Camping:
Mooi Bemelen: Gasthuis 3, Bemelen, Tel. 043/407 13 21, Fax 407 25 25, www.mooibemelen.nl, ganzjährig geöffnet. Schön gelegen, Schwimmbad, Snackbar, Laden. Ca. 10 €.

't Pakhoes 22: Waterpoort 4–6, Tel. 043/325 70 00, tgl. außer So ab 18 Uhr. In ehemaligem Lagerhaus, reizvolle Atmosphäre, belgisch-französische Küche auf vier Etagen, Aussicht auf Waterpoort. Menü ab 38 €.
Le Bon Vivant 23: Capucijnenstraat 91, Tel. 043/321 08 16, tgl. außer So u. Mo 17.30–22 Uhr. Romantisch in Gewölben eines Hauses aus dem 17. Jh., französische Küche, Spezialitäten: Entenleber, marinierter Lachs. Menü ab 34 €.
't Plenkske 24: Plankstraat 6, Tel. 043/321 84 56, tgl. außer So 12–14.30, 18–22.30 Uhr. Spezialitäten aus Maastricht, Lüttich und Frankreich, Gartenterrasse mit Blick auf Thermenplatz. Menü ab 28 €.
Café Perroen – Eetcafé Pallieter 25: Vrijthof 34, Tel. 043/325 20 73, tgl. 10.30–22 Uhr. Schöne überdachte Innenterrasse in mediterranem Stil, niederländische Küche. Menü ca. 15 €.

Zahlreiche Boutiquen und Kaufhäuser liegen zwischen Vrijthof und Bahnhof. Ein Einkaufsparadies ist auch das Shopping Center Entre Deux (Eingänge: Spilstraat und Helmstraat).

Märkte: Lebensmittelmarkt: Marktplatz, Mi, Fr 8–13 Uhr. Bauernmarkt: Stationsstraat, Do 14–18.30 Uhr. Trödelmarkt: Stationsstraat, Sa 10–16 Uhr.

Spezialitäten: Pfefferkuchen, Äpfel im Schlafrock, Limburger Kuchen *(vlaai)*, Maastrichter Bier wie das Wyckse Witte, Kräuterlikör *(els)* und Maastrichter Wein, Rommendoe-Käse; außerdem gibt es zahlreiche Schokoladen-Spezialitäten.

De Kadans: Kesselskade 62, Tel. 043/326 17 00. Kneipe, Bar und Dancing.

Allebonneur: Leliestraat 5, Tel. 043/325 47 24. Nachtlokal, Kneipe, Dancing.

Night Live: Kesselskade 43, Tel. 043/362 82 78, www.nightlive.nl. In der 300 Jahre alten ehemaligen Kirche Awwe Stiene zwischen Maas und Markt, Do, Fr 23–5, Sa 23–6 Uhr Live-Musik.

Infos zu kulturellen Veranstaltungen etc. findet man im Monatsmagazin ›Uit in Maastricht‹, erhältlich beim VVV und in Hotels.

't Magisch Theatertje: Molenweg 4, Tel. 043/363 08 26, www.magisch-theatertje.nl. Solo-Figurenspiel, Figurentheater, Puppenspiel für Erwachsene und Kinder.

Vastenavond: Feb./März, am So großer Karnevalszug, am Mo Kinder- und Familienumzug, am Di Wettstreit der Musikgruppen jeweils nachmittags.

The European Fine Art Fair Maastricht: März, internationale Kunst- und Antiquitätenmesse im Messezentrum (MECC).

Kajak Tour Limburg: Tel. 043/363 83 39, www.kajaktourlimburg.nl.

Sehenswürdigkeiten

1. Dinghuis
2. Onze Lieve Vrouwebasiliek
3. Jekertoren
4. Helpoort
5. Pesthuis
6. Pater Vinktoren
7. Faliezusterskloster
8. Stadtmauer
9. Waterpoort De Reek
10. Natuurhistorisch Museum
11. Huis op de Jeker
12. St. Servaasbasiliek
13. Spaans Gouvernement
14. Militaire Hoofdwacht
15. Generaalshuis
16. Stadhuis
17. Bonnefantenmuseum

Übernachten

18. Hostel Randwijck
19. Maison du Chêne
20. De Dousberg
21. Jugendherberge Maastricht

Essen und Trinken

22. 't Pakhoes
23. Le Bon Vivant
24. 't Plenkske
25. Café Perroen – Eetcafé Pallieter

Wildwasserfahrten auf der nicht kanalisierten Maas.

Klettern: Dousbergweg 10 (im Schwimmbad), Tel. 043/343 34 66. 8 m hoher Kletterturm, alle Schwierigkeitsgrade.

Stiphout Tours: Maasboulevard 81, Tel. 043/351 53 09, www.stiphout.nl. Busrundfahrten in Maastricht und Umgebung mit Oldtimer-Bussen (auch beim VVV zu

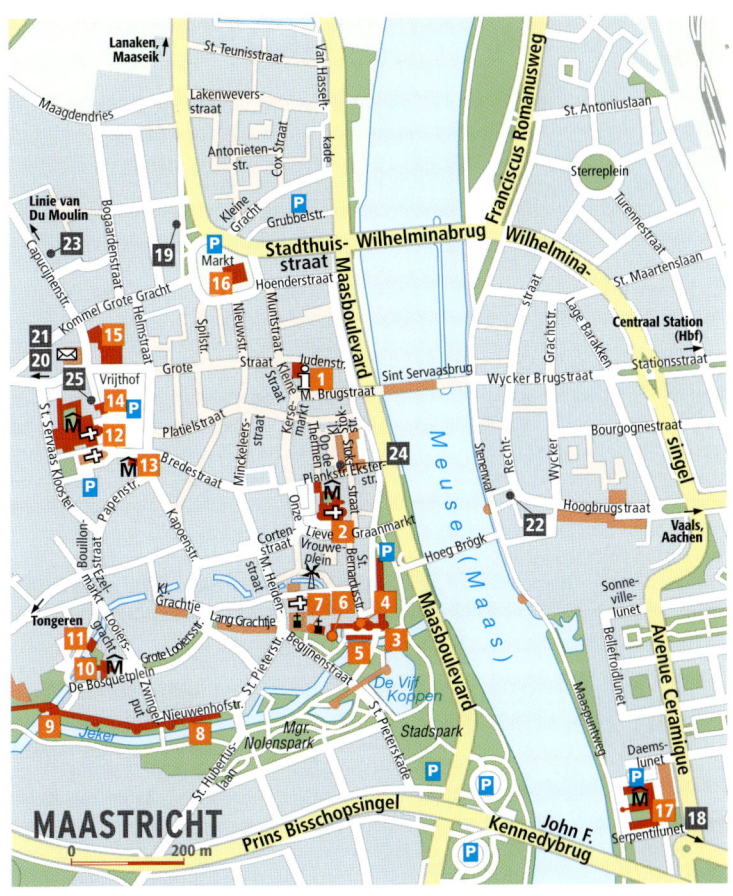

buchen) sowie Bootsfahrten (u. a. Maastricht–Lüttich, Candlelight Cruise).

Toeristisch Vervoer Maastricht: Markt 52, Tel. 043/350 71 99. Stadtrundfahrten mit dem thailändischen Tuk-Tuk.

Flughafen: Maastricht–Aachen Airport, Vliegveldweg 90, Beek, Tel. 043/358 99 99, www.maa.nl. Zwischen dem Flughafen und der Centraal Station verkehren Busse der Linien 61 und 51.

Bahn: von/nach Aachen, Amsterdam, Rotterdam. **Treintaxi:** Tel. 043/363 81 00.

Taxi: Tel. 043/361 55 00.

Stadsbus: Parallelweg 59, Tel. 09 00/92 92.

Fahrradverleih: am Bahnhof, Tel. 043/321 11 00.

DIE GROTTEN VON ST. PIETERSBERG

Die im Laufe von Jahrhunderten entstandenen St. Pietersberg-Grotten sollen 20 000 Gänge mit einer Gesamtlänge von mehr als 200 km umfassen. Heute ist nur noch ein kleiner Teil dieses Labyrinths zugänglich, aber genug, um stundenlang umherzuwandern und sich ohne Führer völlig zu verirren.

Bereits seit der Römerzeit wurde der Kalksandstein, auch Mergel- oder Tuffstein genannt, von *blokbreker* (Blockbrechern) aus den Hügeln Südlimburgs gesägt und als Baumaterial verwendet. Im Berg weich und porös, trocknet Mergel an der Luft zu hartem Gestein. Heute ist der Kalksandstein sehr teuer und wird meist nur noch für die Restaurierung bestehender Bauwerke verwendet.

Was die Gänge und Kammern so interessant macht, sind die Graffitis, Gemälde, Skulpturen und Inschriften, die unzählige Besucher an den Wänden hinterlassen haben, darunter auch Prominenz wie der Herzog von Alba oder Napoleon.

In Kriegszeiten wurden die Stollen als Versteck oder Bunker genutzt. Als die Franzosen 1794 das Land besetzten, suchten die Bauern der Umgebung samt ihrem Vieh in den Grotten Zuflucht. Im Zweiten Weltkrieg dienten die Stollen als Bunker, die man für einen längeren Aufenthalt präpariert hatte: mit Brunnen, Vorratskammern, einer Bäckerei – sogar an eine Kapelle hatte man gedacht. In einer besonders streng bewachten Kammer wurde auch – aufgerollt und in einer riesigen Trommel verborgen – Rembrandts ›Nachtwache‹ aufbewahrt sowie 2000 andere wertvolle Gemälde, 30 000 Kunstobjekte und 3 Mio. Drucke und Zeichnungen.

Mijnstreek und südlimburgisches Hügelland

Heerlen und Kerkrade

Holland-Atlas: S. 239, E 4

An der Stelle des heutigen **Heerlen,** einer ehemaligen Bergarbeiterstadt mit rund 95 000 Einwohnern, existierte bereits zu römischer Zeit der Handelsplatz Coriovallum. Im Thermenmuseum (Coriovallumstraat 9, tgl. 10–17 Uhr) werden Funde aus der Römerzeit ausgestellt, u. a. Reste eines Badehauses. Die Stadsgalerij (Bongerd 18, www.stadsgalerijheerlen.nl, Di–Mi, Fr 11–17, Do 11–20, Sa, So 13–17 Uhr) verfügt über eine ausgezeichnete Sammlung niederländischer Malkunst seit 1945 (u. a. Karel Appel, CoBrA-Gruppe, Aad de Haas).

Die Erinnerung an Zeiten, als **Kerkrade** wie Heerlen noch eine bedeutende Zechenstadt war, wird eindrucksvoll im Industriemuseum Industrion (Museumplein 2, www.industrion.nl, Di–So 10–17 Uhr) bewahrt. Weltweit bekannt ist Kerkrade durch seine alle vier Jahre stattfindenden Wereld Muziek Concours (Weltmusikwettstreit), an dem rund 200 Blasorchester, Marching- und Showbands, Kammer- und Sinfonieorchester teilnehmen.

VVV: Heerlen, Bongerd 22, Tel. 09 00/97 98, Fax 045/571 83 83. Kerkrade, Kapellaan 13a, Tel. 045/535 48 45, Fax 535 51 91, www.vvvzuidlimburg.nl.

Tulip Inn Heerlen: Heerlen, Stationstraat 16, Tel. 045/571 90 63, Fax 571 18 82, www.tulipinnheerlen.nl. Gegenüber Bahnhof, Zimmer mit allem Komfort, Café-Restaurant, Sonnenterrasse, Fahrradverleih. 22 DZ, 91–111 €.
Stadshotel de Paris: Geleenstraat 1, Tel. 045/400 91 91, Fax 400 91 92, www.hotel parisnl. Komfortable neue Zimmer, zentral. 20 DZ, 71–89 €, Frühstück 7,50 €.

De Boterbloem: Laanderstraat 27, Tel. 045/571 42 41, So, Mo geschl. Französische Küche mit niederländischem Touch. Menü ab 35 €.

Wereld Muziek Concours: Kerkrade, alle vier Jahre, das nächste Mal 2005.

Bahn: Heerlen–Kerkrade, außerdem Verbindungen von Heerlen nach Aachen, Amsterdam, Eindhoven, Maastricht, Roermond, Sittard und von Kerkrade nach Maastricht. **Treintaxi:** Tel. 045/521 55 04; in Kerkrade Tel. 045/521 55 04. **Fahrradverleih:** in Heerlen: am Bahnhof, Tel. 045/571 06 01; in Kerkrade: Driessen en Clercx, Diepenbrockerstraat 6 a, Tel. 045/545 79 69.

Valkenburg

Holland-Atlas: S. 239, E 4
Mit seiner **Burgruine** (12. Jh.), den römischen **Katakomben** (Plenkertstraat 55, Führungen April–Aug. und Schulferien tgl. 10–17, Sept.–Mai Sa, So 14 Uhr), dem Höhlenlabyrinth der **Gemeentegrot** (Gemeindegrotte, Cauberg 4, tgl. 10–16 Uhr), der **Steenkolenmijn** (Steinkohlenmine, Daalhemerweg 31, Jan.–März Mo–Fr 14–15, Sa, So 13–15, April–Okt. tgl. 10–17, Nov.–Dez. 13–15 Uhr) sowie Thermalbad, Kasino, Vergnügungspark, Märchenwald und Wildwasserbahn gehört das reizvoll an der Geul gelegene Städtchen zu den touristischen Highlights des Limburger Hügellandes.

VVV: Theodoor Dorrenplein 5, Tel. 09 00/97 98, Fax 043/609 86 08, www.vvvzuidlimburg.nl.

Roo: Broekhem 78, Tel. 043/601 69 94, Fax 601 61 97, www.hotelroo.nl. Gemütliches Familienhotel, alle Zimmer mit Bad, KTV, Telefon, Hotelterrasse, Fahrradverleih. 21 DZ, 55–65 €.
Heynen: Broekhem 40, Tel./Fax 043/601 22 79, www.hotelheynen.nl. Wenige Minuten vom Zentrum, alle Zimmer mit Bad, Hotelterrasse. 14 DZ, 53 €.

Camping:
De Bron: Stoepertweg 5, Tel. 045/405 92 92, Fax 405 42 81. Schöne Lage mit

Kasteel Hoensbroek

In dem vielleicht schönsten und größten Schloss zwischen Rhein und Maas lassen Rittersleut, junge Hofdamen und Harlekine immer mal wieder zur Freude der Besucher die alten Zeiten aufleben (Klinkertstraat 118, Hoensbroek bei Heerlen, Tel. 045/522 72 72, www.kasteelhoensbroek.nl).

Von der Natur gemalt: Landschaft in Süd-Limburg

Blick auf die Stadt, Wanderhütten, gemütliche Bar, Petit-Restaurant. 20 €.

 Eklisia: Plenkertstraat 45, Tel. 043/601 41 41, www.eklisia.nl, tgl. 16.30–22, So ab 15.30 Uhr. Kurios: Griechisches Spezialitätenrestaurant in einer kleinen Kirche von 1891. Menü 21–25 €.
Valkenhof: Berkelstraat 34, Tel. 043/601 24 77, tgl. 12–23, im Winter ab 16 Uhr. Reich dekoriertes Balkanrestaurant am Fuße der Burgruine. Menü 17 €.

Thermae 2000: Kuurpark Cauberg 27, Tel. 043/609 20 00, Fax 609 20 11. Entspannung in der Saunalandschaft, Relaxen im Thermalwasser.
Pretpark De Valkenier: Koningswinkelstraat 53, Tel. 043/601 22 89, www.pretpark-de-valkenier.nl, April–Aug. tgl. 10–17 Uhr. Erlebnispark.

Bahn: von/nach Heerlen, Maastricht.
Treintaxi: Tel. 043/601 66 66.

Bus: Verbindungen nach Heerlen, Maastricht, Sittard, Vaals.
Fahrradverleih: Cycle Center, Oosterweg 26, Tel. 043/601 53 38.

Das Mergelland

Holland-Atlas: S. 239, E 4
Das Mergelland, benannt nach dem Mergelgestein, aus dem zahlreiche historische Bauwerke errichtet wurden, ist das Land der Schlösser, Fachwerkhäuser und Bauerngehöfte – ein Landstrich, der zum Wandern und Radfahren einlädt. Zu zahlreichen kleinen Orten und Schlössern führt die ausgeschilderte Mergelland-Route (genaue Beschreibung bei den lokalen VVV-Büros).

Drei Grenzsteine auf dem **Vaalser Berg,** der mit 321 m höchsten Erhebung der Niederlande, markieren den **Drielandenpunt,** an dem sich die Niederlande, Deutschland und Belgien treffen. Vom König-Baudouin-Aussichtsturm hat man einen herrlichen Blick bis Aachen, auf die Ardennenausläufer und das limburgische Hügelland. Ganz in der Nähe liegt das aus 17 000 Buchsbäumen modellierte **Labyrinth Dreiländereck Vaals** (Viergrenzenweg 97, www.drielandenpunt.nl, April–Okt. tgl. 10–18 Uhr, Einlass bis 17 Uhr).

Schönstes Bauwerk in dem kleinen Ort **Vaals** ist das 1761 von Johan Arnold von Clermont erbaute Schloss Vaalsbroek, heute ein Hotel-Restaurant.

VVV: Vaals, Maastrichterlaan 73a, Tel. 043/306 29 18, Fax 306 44 00, www.vvvzuidlimburg.nl.

Ambiente: Vaals, Lindenstraat 1, Tel. 043/306 59 39, Fr–Di 18–22 Uhr. Modernes italienisches Interieur mit Wechselausstellungen junger Künstler. Mediterran-französische Küche, Spezialität: Lammkeule. Menü ca. 30 €, So–Di ›Surprise Dinner for two‹ 49,50 €.

Nächster **Bahnhof** in Aachen. **Bus:** Verbindungen von Vaals nach Aachen und Valkenburg.

Mittellimburg und die Maasplassen

Roermond und Umgebung

Holland-Atlas: S. 239, E 3 und E/F 3 Im Zentrum der alten Bischofsstadt (45 000 Einwohner) erhebt sich die im 19. Jh. von dem berühmten, in Roermond geborenen Baumeister Petrus J. H. Cuypers restaurierte **Munsterkerk**

(13. Jh.), einer der schönsten Sakralbauten der rheinisch-maasländischen Spätgotik. Vor der Kirche gedenkt man des Meisters mit einer Statue. Sehenswert ist auch die **Kathedraal van St. Christoffel** (15. Jh.). In ihrer Nähe befinden sich der mittelalterliche **Rattentoren** (Rattenturm) und der Marktplatz mit dem **Stadhuis** (17. Jh.). Hunderte von Kacheln mit Namen von Pilgern bekleiden die Wände der Wallfahrtskapelle **Onze Lieve Vrouwe in 't Zand** an der Kapellerlaan im Südosten der Stadt. Auf dem gegenüberliegenden Friedhof, wo auch P.J.H. Cuypers seine letzte Ruhe fand, stößt man auf eine Kuriosität: ›Het Graf met de Hendjes‹ (Das Grab mit den Händen). Über eine Mauer hinweg, die den evangelischen und den katholischen Friedhof voneinander trennen, sind die beiden Grabsteine eines Ehepaares durch steinerne Hände miteinander verbunden.

Westlich der Stadt durchpflügen Segler und Surfer die Seen des Wassersportreviers **Maasplassen,** das sich über 25 km entlang der Maas erstreckt. Die Seen sind Teil des grenzüberschreitenden **Naturparks Maas-Schwalm-Nette** mit dem 1600 ha großen **Nationaal Park De Meinweg.** Dieser wird durch ausgeschilderte Wanderwege erschlossen.

VVV: Kraanpoort 1, Tel. 09 00/202 55 88, Fax 04 75/33 50 68, www. roermond.com.

Bahn: Verbindungen nach Eindhoven, Maastricht, Nijmegen, Sittard, Utrecht, Venlo. Bahnhof mit Treintaxi. **Fahrradverleih:** am Bahnhof, Tel. 04 75/ 35 00 85.

Thorn

Holland-Atlas: S. 239, E 3
Weiße Häuser, mit Maaskieseln gepflasterte Gassen und kleine Plätze rund um die Stiftskirche (15. Jh.) der früheren Benediktinerabtei prägen das Bild des *witte stadje* Thorn. Jahrhundertelang herrschten hier Fürstäbtissinnen, unter deren Fittichen Jungfrauen von Adel lebten, bis sie von blaublütigen Verehrern an den Traualtar geführt wurden. Alte Dokumente legen übrigens nahe, dass sich die Klosterfrauen dem Produkt ihrer Braukunst keineswegs verschlossen haben. Was sich sonst noch hinter den Mauern der Abtei und im Ort zutrug, erfährt man im **Museum Abdijkerk** (Kerkberg 2, April–Okt. Mo–Fr 10–16, Sa 10–16.30, Nov.–März Sa, So 12–16 Uhr), der lokalen Kulturhistorie widmet sich das **Gemeentemuseum ›Het Land van Thorn‹** (Wijngaard 14, April–Okt. tgl. 10–16.30, sonst Di–So 11–16 Uhr).

VVV: Wijngaard 14, Tel. 04 75/56 27 61.

De Pannenkoekenbakker: Bogenstraat 2, Tel. 04 75/56 33 27, tgl. 11–19 Uhr. Leckere Pfannkuchen. 5–12 €.

Nächster **Bahnhof** in Roermond. **Bus:** von/nach Roermond, Weert. **Fahrradverleih:** Pannekoekenbakker, s. o.

Venlo

Holland-Atlas: S. 239, F 2
Der größte Ort der Region (65 000 Einwohner) ist eine beliebte Einkaufsstadt, die vor allem Ruhrgebietler anlockt. Zu den wenigen noch erhaltenen historischen Bauwerken der im Zweiten Weltkrieg stark zerstörten Stadt gehören das schöne Renaissance-**Stadhuis** (16. Jh.), die gotische **St. Martinuskerk** (15. Jh.) und das im Stil der Backsteingotik erbaute **Romerhuis.** Einblicke in die Geschichte der Provinz ermöglicht **Limburgs Museum** (Keulsepoort 5, Di–So 11–17 Uhr).

VVV: Koninginneplein 2, Tel. 077/354 38 00, Fax 320 77 70, vvvvenlo@plex.nl.

Bahn: Verbindungen nach Eindhoven, Köln, Nijmegen, Roermond. **Treintaxi:** Tel. 077/345 53 55. **Bus:** Verbindungen nach Arcen, Duisburg, Nijmegen, Roermond, Venray. **Fahrradverleih:** am Bahnhof, Tel. 077/351 14 87.

Arcen, Horst und Nationaal Park De Hamert

Holland-Atlas: S. 239, E/F 1/2
Die Kleinstadt **Arcen** (F 1/2) bietet Besuchern vielfältige Genüsse: Die überwältigende Blütenpracht in den Schlossgärten von Schloss Arcen schmeichelt Auge und Nase. Heiße Mineralbäder im Thermaalbad sorgen für körperliches Wohlsein, während der Gaumen sich vom heimischen Spargel, Arcener Spezialbier und *likeurtjes* wie dem Spargel-Likör der in der malerischen Wassermühle ›De Ijsvogel‹ (Schans 20 a) betriebenen

Das ›weiße Städtchen‹ Thorn

Brauerei und Brennerei verwöhnen lassen kann. Der im weiten Umland angebaute Spargel kommt von Mai bis Juni in den zahlreichen Restaurants der Region frisch auf den Tisch. Alles über das ›weiße Gold‹ erfährt man im Nationaal Asperge- en Champignonmuseum De Locht in **Horst** (E 2; Koppertweg 5, So, Di, Do 14–17 Uhr).

Nördlich von Arcen lädt der 1500 ha große **Nationaal Park De Hamert** (E/F 1) mit Wäldern, Heide, Moor und eiszeitlichen Flussdünen zum Wandern ein.

VVV: Arcen, Wal 26, Tel. 077/473 12 47, Fax 473 30 19.

Maasparel: Arcen, Schans 3–5, Tel. 077/473 12 96, Fax 473 13 35, www.maasparel.nl. Im Zentrum gelegen, modern eingerichtet, Restaurant. 16 DZ, 73–83 €.

Alt Arcen: Arcen, Raadhuisplein 16, Tel. 077/473 27 77, tgl. 12–21 Uhr. Traditionelle holländische und französische Gerichte, Terrasse mit Aussicht auf die Maas. Hauptgericht 10–17 €.

Thermaalbad: Arcen, Klein Vink 11, Tel. 077/473 24 24, tgl. 8–23 Uhr.

Bus: Verbindungen nach Nijmegen und Venlo.
Treintaxi am Bahnhof Venlo (s. S. 208), fährt auch zu Kasteeltuinen Arcen.

REISEINFOS VON A BIS Z

Alle wichtigen Informationen rund ums Reisen auf einen Blick – von A wie Anreise bis Z wie Zeitungen

Extra: Ein Sprachführer mit wichtigen Redewendungen, den Wochentagen, Zahlen und einem Überblick über die holländische Speisekarte

Der Hoofdtoren am Hafen von Hoorn

INHALT

Anreise

... mit dem Flugzeug

Der internationale Flughafen von Amsterdam wird täglich von den wichtigsten deutschen, österreichischen und Schweizer Flughäfen aus angeflogen. Nach Rotterdam und Eindhoven bestehen Flugverbindungen mit Hamburg.

... mit der Bahn

Von Köln fahren täglich mehrmals EC-Züge nach Amsterdam (über Arnhem und Utrecht) sowie nach Den Haag (über Venlo), von Hannover und Berlin fahren täglich mehrere Züge in die Niederlande. Aus dem Süden (München) ist Amsterdam direkt mit dem Nachtzug zu erreichen.

Von Wien fährt der ›Donauwalzer‹ nach Amsterdam. Aus der Schweiz fahren ebenfalls Züge in die Niederlande (von Brig über Bern und Basel).

Auskunft: Deutsche Bahn, Tel. 118 61, kostenlose Fahrplanauskunft (Bandansagen) Tel. 08 00/150 70 90, www.bahn.de. Österreichische Bahn, Tel. 01/711 01, www.oebb.at. Schweizerische Bundesbahnen, Tel. 09 00/300 300, www.sbb.ch.

Die meisten Fernzüge befördern bei vorheriger Reservierung Fahrräder. Autozüge verkehren von Mai bis September zwischen Österreich (Villach, Salzburg) sowie der Südschweiz (Biasca) und 's-Hertogenbosch.

Günstig innerhalb der Niederlande ist die Netzkarte Euro Domino Niederlande der Deutschen Bahn AG.

... mit dem Bus

Fernlinienbusse der Deutsche Touring, Tel. 069/790 30, www.deutsche-touring. com, pendeln zwischen zahlreichen deutschen und holländischen Städten. In den Niederlanden: Eurolines Amsterdam, Tel. 020/627 51 67; Eurolines Rotterdam, Tel. 010/412 44 44, www. eurolines.nl.

... mit dem Auto

Die Niederlande sind über das Netz europäischer Autobahnen, Fern- und Landstraßen zu erreichen. Autobahnen in den Niederlanden sind gebührenfrei. Einige Tunnel und Brücken kosten eine Gebühr.

... mit dem Schiff

Fahrten auf dem Rhein von Basel nach Amsterdam sowie von Straßburg nach Rotterdam führt die Köln-Düsseldorfer Gesellschaft mit Kreuzfahrtschiffen durch. KD Deutsche Flusskreuzfahrten Gesellschaft, Tel. 02 21/208 82 88, Fax 208 82 31, www.k-d.com.

Über die Nordsee sowie zahlreiche Flüsse und Kanäle kann man mit dem eigenen Boot nach Holland einreisen. Informationen über die Vorschriften für die Binnenschifffahrt in den Niederlanden gibt die Broschüre ›Wassersport-Führer‹, erhältlich beim Präsidium der Wasserschutzpolizei NRW, Dammstr. 28, 47119 Duisburg, Tel. 02 03/843 70, Fax 890 00, oder in den Niederlanden beim Korps landelijke politiediensten, Afd. Communicatie, Postbus 100, NL-3970 AC Driebergen, Tel. 03 43/53 54 27, Fax 52 03 93.

Apotheken

Apotheken *(apotheek)* sind Mo–Fr von 8/9 bis 17.30/18 Uhr geöffnet. Eine Adresse der Apotheke mit Notdienst ist an jeder Apotheke angegeben. Wer regelmäßig Medikamente benötigt, sollte ein Rezept mit der lateinischen Bezeichnung mitnehmen.

Ärztliche Versorgung

Entsprechend den EU-Verordnungen haben in Deutschland bzw. Österreich versicherte Reisende Anspruch auf ärztliche Hilfe, deren Kosten die Krankenkasse übernimmt, wenn sie einen internationalen Krankenschein (für Deutsche Vordruck E111, für Österreicher Vordruck 0/NL 111 oder 0/NL 112) vorlegen. Reisende aus der Schweiz sollten vor der Reise in die Niederlande eine Reisekrankenversicherung abschließen.

Es ist wichtig, dass die Kostenverrechnung zwischen dem Arzt, Apotheker oder Krankenhaus einerseits und der Auslandssektion der ANOZ-Krankenkasse (Algemeen Nederlands Onderling Ziekenfonds ANOZ Verzekeringen, Postbus 85315, 3508 AN Utrecht, Tel. 030/256 53 00, Fax 256 54 85) andererseits direkt erfolgt. Da der Transport von Patienten aus den Niederlanden ins Ausland im Allgemeinen nicht über die ANOZ abzurechnen ist, empfiehlt es sich, vor Reiseantritt zusätzlich eine entsprechende Kurzzeitversicherung abzuschließen.

Autofahren

Zu empfehlen ist die Mitnahme einer Internationalen Grünen Versicherungskarte und eines mehrsprachigen europäischen Unfallbericht-Vordrucks.

Höchstgeschwindigkeiten (km/h): 50 innerhalb geschlossener Ortschaften, 80 auf Landstraßen, 100 auf Schnellstraßen, 120 auf Autobahnen. Alle Kfz mit Anhänger und über 3,5 t dürfen auf allen Straßen außerhalb geschlossener Orte nicht schneller als 80 km/h fahren.

Verkehrsvorschriften: An Kreuzungen ohne Vorfahrtsschilder gilt rechts vor links, auch für Radfahrer. Straßenbahnen und Busse haben immer Vorfahrt. Das Anlegen des Sicherheitsgurtes ist Pflicht auf allen Sitzplätzen. Kinder unter zwölf Jahren müssen auf der Rückbank sitzen. Die Alkoholgrenze liegt bei 0,5 Promille.

Autopannen: Hilfe leistet der *wegenwacht* des niederländischen Automobilclubs ANWB (landesweite Rufnummer 08 00/08 88). Die Pannenhilfe ist kostenlos, wenn der Autobesitzer Mitglied eines dem Alliance International du Tourisme (AIT) angeschlossenen Automobilclubs seines Heimatlandes (Deutschland: ADAC, Österreich: OAMTC, Schweiz: TCS) ist und einen gültigen Auslandsschutzbrief vorweisen kann. Nichtmitglieder müssen für die Hilfeleistung eine Gebühr zahlen. Sie werden dadurch für zwei Monate Mitglied beim ANWB oder können statt dessen Mitglied in ihrem nationalen Automobilclub werden, wobei die gezahlte Gebühr als Mitglieds- und Schutzbriefbeitrag verrechnet wird.

Parken in Innenstädten ist teuer, etwa 2,50 €/Std. Einige Großstädte bieten kostengünstigeres Parken auf P&R-Plätzen an. An gelb oder schwarz-weiß markierten Bordsteinen besteht Parkverbot. In manchen Städten wird das Fahrzeug nach Überschreiten der Parkzeit mit einer gelben Radklemme *(wielklem)* festgesetzt. Sie wieder entfernen zu lassen, ist sehr teuer.

Behinderte

In Holland unternimmt man viel, um Behinderten das Reisen zu erleichtern. Viele Badestrände sind für leicht Behinderte zugänglich oder verfügen über spezielle Strandrollstühle (Info: www. holland-info.de). Im Nationalpark De Hoge Veluwe stehen für Behinderte kostenlos Tandems, Rollstuhlräder und Dreiräder zur Verfügung. Viele Hotels und Museen sind behindertengerecht ausgestattet. Zahlreiche Bungalowparks verfügen über Häuser für Behinderte.

Die Bahnhöfe und Züge sind für Behinderte gut zugänglich. Um einen optimalen Service zu erhalten, sollte man sich 24 Stunden vor Reiseantritt telefonisch mit den Niederländischen Eisenbahnen in Verbindung setzen (Tel. 030/235 55 55, Mo–Fr 8–16 Uhr).

Wer an einem abenteuerlichen Segeltörn teilnehmen möchte, für den gibt es fantastische Schiffe wie den Klipper Lutgerdina (www.ludgerdina.nl) und den Katamaran Zonnetij (www. zonnetij.nl), die für Behinderte konstruiert wurden und zu kürzeren und längeren Fahrten auf dem Ijsselmeer, der Waddenzee und den Friesischen Meeren auslaufen (Tel. 030/59 73 59, Fax 659 73 73).

Infos für Behinderte: Watersport met Gehandicapten, Postbus 157, 1600 AD Enkhuizen, Tel. 02 28/31 28 28; Niederländischer Behindertenverband, Tel. 030/297 09 99. Organisierte Reisen bietet die Stichting Recreatie Gehandicapten an (Tel. 023/536 84 09). Hilfreiche Informationen erhält man auch beim niederländischen Automobilclub ANWB (Tel. 070/314 64 30), bei der Niederländischen Bahn (Tel. 030/230 55 66) und beim NBT (s. S. 217).

Diplomatische Vertretungen

Botschaft der Niederlande
... in Deutschland
Klosterstr. 50,
10117 Berlin,
Tel. 030/209 56-0,
Fax 209 56-441,
www.dutchembassy.de
... in Österreich
Opernring 5
1010 Wien,
Tel. 01/589 39,
Fax 589 39-265.
... in der Schweiz
Kollerweg 11,
3006 Bern,
Tel. 031/350 87 00,
Fax 350 87 10.

... in den Niederlanden
Deutsche Botschaft,
Groot Hertoginnelaan 18–20,
2517 EG Den Haag,
Tel. 070/34 20 60-0,
Fax 365 19 57.

Österreichische Botschaft,
Van Alkemadelaan 342,
2597 AS Den Haag,
Tel. 070/32 45 47-0,
Fax 328 20 66.
Schweizer Botschaft,
Lange Voorhout 42,
2514 EE Den Haag,
Tel. 070/364 28 31,
Fax 356 12 38.

Drogen

s. S. 36

Einreise-, Ausreise- und Zollbestimmungen

Für einen Aufenthalt unter drei Monaten wird ein gültiger Personalausweis oder Reisepass benötigt, Kinder unter 16 Jahren ohne eigenen Ausweis müssen im Reisedokument der Eltern eingetragen sein. Autofahrer müssen den nationalen Führerschein und Kraftfahrzeugschein mitführen. Für mitreisende Haustiere wird ein amtsärztliches Tollwutimpfzeugnis verlangt. Die Impfung muss bei der Einreise mindestens einen Monat und darf höchstens ein Jahr zurückliegen.

Waren für private Zwecke können innerhalb der Mitgliedsstaaten der EU in unbegrenzten Mengen zollfrei mitgeführt werden, wobei die Richtmengen für den privaten Verbrauch auf 800 Zigaretten, 400 Zigarillos, 200 Zigarren, 1 kg Rauchtabak, 90 l Wein, 10 l Spirituosen, 110 l Bier, 20 l andere alkoholische Getränke festgelegt wurden. Wer größere Mengen mitführt, muss nachweisen, dass die Waren für den priva-

ten Verbrauch (Beispiel: Familienfest) bestimmt sind.

Für Schweizer gilt: 200 Zigaretten (oder 100 Zigarillos oder 50 Zigarren oder 250 g Tabak), 2 l Wein und 1 l Spirituosen mit mehr als 22 % Alkohol oder 2 l alkoholische Getränke mit weniger als 22 % Alkohol, 50 g Parfüms, 0,25 l Eau de toilette, 500 g Kaffee, 100 g Tee.

Elektrizität

220 Volt/50 Hz; zweipolige Stecker, wie sie auch in Deutschland üblich sind.

Feiertage und Feste

Feiertage: Neujahr, Karfreitag, Ostersonntag und -montag, Koninginnedag (30. April, Nationalfeiertag), Christi Himmelfahrt, Pfingstsonntag und -montag, 1. und 2. Weihnachtstag. Außer an Karfreitag sind die Geschäfte an diesen Tagen geschlossen.
Gedenktage: 4. Mai (Gedenken an die Opfer des Zweiten Weltkrieges), 5. Mai (Befreiungstag). An diesen beiden Tagen wird gearbeitet, und die meisten Geschäfte sind geöffnet.

Fotografieren

Fotografieren ist allgemein problemlos möglich, jedoch ist die Privatsphäre zu respektieren und vorher die Zustimmung zu erfragen. In vielen Museen darf kein Stativ benutzt und – um die empfindlichen Gemälde nicht zu schädigen – nicht geblitzt werden. Hier empfiehlt sich der Einsatz von lichtempfindlichen Filmen ab 200 ASA. Filme sind meist teurer als in Deutschland.

Frauen unterwegs

Holland ist für allein reisende Frauen so sicher wie Deutschland und andere westeuropäische Länder. Allerdings ist es nicht ratsam, sich nachts allein in Amsterdams berüchtigten Rotlichtbezirk, eine beliebte Touristenattraktion, zu begeben.

Geld

Währungseinheit ist der Euro (€). Die meisten Hotels, Restaurants, Geschäfte und Autovermieter akzeptieren internationale Kreditkarten und zunehmend auch EC-/Maestrocarte.

Informationsstellen

Allgemeine Informationen über das Land, Verzeichnisse von Hotels, Ferienhäusern, Campingplätzen, Veranstaltungen und Ausstellungen, Bootscharter etc.:

… in Deutschland
Niederländisches
Büro für Tourismus (NBT),
Postfach 27 05 80,
50511 Köln,
Tel. 018 05/34 33 22,
Fax 02 21/92 57 17 37,
www.niederlande.de.

… in Österreich und der Schweiz
Kostenlose Service-Nr.: 08 00/88 85 80.

… in den Niederlanden
Informationen über regionale Sehenswürdigkeiten, Führungen, Feste und Veranstaltungen sowie Radwander-, Wander- und Stadtpläne erhält man bei den örtlichen Fremdenverkehrsbüros (VVV). Öffnungszeiten: Mo–Fr 9–17, Sa 10–13 Uhr (im Sommer häufig länger, manche auch So). Gegen Gebühr werden auch Zimmer und in einigen VVV auch Tickets für Theater etc. vermittelt.

Auch in den Büros des niederländischen Automobilclubs ANWB erhält man nützliche Reiseinformationen. In einigen Orten sind die Büros mit denen der VVV assoziiert.

Weitere Informationen zur Reisevorbereitung: www.dumontreise.de. Dort bietet Ihnen der DuMont Kulturkalender auch aktuelle Veranstaltungstipps.

Infos im Internet

www.anwb.nl – Niederländischer Automobilclub ANWB.
www.bedandbreakfast.nl – Bed & Breakfast in Holland.
www.hollandmuseums.nl – Museumsseite des Nederlands Bureau voor Toerisme.
www.hotelsholland.net – Beschreibung von Hotels, Reservierung.
www.hotelres.nl – Niederländisches Reservierungszentrum, über das man fast jede Unterkunft reservieren kann.
www.minbuza.nl – Niederländisches Außenministerium; hier findet man zahlreiche Infos über das Land.
www.niederlande.de – Niederländisches Büro für Tourismus in Köln.
www.visitamsterdam.nl – Informationen zu Amsterdam.

Karten und Pläne

Detaillierte Karten sind die von Marco Polo und Michelin (1:200 000), weniger detailliert, aber übersichtlich sind die Straßenkarten des ADAC (1:250 000) und des niederländischen Automobilclubs ANWB (1:300 000). Eine Vielzahl an Freizeit- *(toeristenkaarten)* und Radwanderkarten findet man bei VVVs und ANWBs.

Literaturtipps

Brink, H. M. van den: Über das Wasser. München 2000.

Dempf, P.: Das Geheimnis des Hieronymus Bosch. München 2001.

Elbin, G.: In Holland. München 1991.

Erbe, M.: Belgien, Niederlande, Luxemburg – Geschichte des niederländischen Raumes. Stuttgart 1993.

Frank, A.: Das Tagebuch der Anne Frank. Franfurt/M. 2001.

Kempff, M.: Die Schattenjägerin – Das Leben der Jakoba von Bayern. Stuttgart 2001.

Japin, A.: Der Schwarze mit dem weißen Herzen. München 1999.

Loo, Tessa de: Die Zwillinge. München 1997.

Müller, M.: Das Mädchen Anne Frank. Claassen. München 1989.

Mulich, H.: Die Entdeckung des Himmels. Reinbek 1995.

Multatuli: Max Havelaar. München 1997.

Nooteboom, C.: Rituale. Frankfurt/M. 1985.

North, M.: Das Goldene Zeitalter. Köln 2001.

Rover, F. de. (Hrsg.): Die Niederlande erzählen. Frankfurt/M. 1993.

Tümpel, C.: Rembrandt. Reinbek, 2002.

Notruf

Landesweit für Polizei, Feuerwehr, Krankenwagen: Tel. 112

Öffnungszeiten

Banken: Mo–Fr 9–16/17 Uhr, manche an verkaufsoffenen Abenden bis 21 Uhr. **Geschäfte:** Mo–Fr 8.30/9–17.30/18 Uhr, Sa 8/8.30–17/18 Uhr. Einige schließen um die Mittagszeit. Fast alle Läden sind an einem Vormittag, Nachmittag oder einen ganzen Wochentag geschlossen. Verkaufsoffener Abend: Do oder Fr, meist bis 21 Uhr. In Urlaubsgegenden sind viele Geschäfte in der Hauptsaison jeden Abend und an Wochenenden geöffnet.

Post

Postämter sind mit dem Schild ›ptt post‹ gekennzeichnet. Öffnungszeiten: Mo–Fr 8/9–17.30 Uhr, oft auch Sa 8.30–12 Uhr; in kleineren Orten mittags geschlossen.

Radio und Fernsehen

Neben drei öffentlich rechtlichen niederländischen TV-Programmen, die häufig ausländische Filme in Originalsprache mit Untertiteln senden, und mehreren kommerziellen niederländischen Kanälen kann man mehr als zwei Dutzend ausländische Sender, darunter auch ARD, ZDF, WDR und deutschsprachige ›Private‹, aber auch so genannte Euro-Kanäle mit Sport und Musikclips empfangen. Über Kabel erhält man außerdem Radiosender wie den

WDR, SWR, N3, Deutschlandfunk und die Deutsche Welle.

Reisekasse und Preise

Die Preise entsprechen in etwa denen in Deutschland, wobei einige Waren (z. B. Blumen) etwas günstiger, andere (z. B. Benzin) etwas teurer sind.

Sicherheit

Im Meer baden sollte man nur an bewachten Badeständen und nur bei Flut, wenn das Meer in Richtung Land strömt. An bewachten Stränden wird die Situation durch Fahnen signalisiert: grün – Schwimmen erlaubt; rot – Schwimmen verboten; blau – Gefahr. Hier und dort findet man auch Hinweisschilder mit der Aufschrift ›bad niet bij ebe‹ (Bei Ebbe nicht baden) oder ›verboden to zwimmen‹.

Um **Unfälle mit Radfahrern** zu vermeiden, sollte man sich darauf einstellen, dass diese in wesentlich größerer Zahl vorkommen als in anderen Ländern, in Städten oft in Pulks, und häufig unkonventionell fahren. Ein Problem ist der Fahrraddiebstahl. Abgestellte Räder sollten also gut angekettet werden.

Ein weiteres nicht zu unterschätzendes Übel ist **Taschendiebstahl**, womit besonders in Großstädten, in überfüllten Verkehrsmitteln und an Orten, an denen sich viele Touristen aufhalten, zu rechnen ist.

Souvenirs

In Holland Andenken zu finden, bereitet keine Mühe. Beliebte Mitbringsel sind Porzellan und Keramik in ›Delfter Blau‹, neue und alte bemalte Kacheln, bemalte oder unbemalte *klompen* (Holzschuhe), Blumenzwiebeln und dekorative Tulpen aus Holz, Nachdrucke oder echte alte Stiche holländischer Landschaften oder Stadtansichten, die typische ›Goudse Pijp‹, eine langstielige Tonpfeife aus Gouda, aber auch landestypische Schnäpse wie Genever oder Berenburger, Diamanten aus Amsterdam – und natürlich Käse.

Telefonieren

Öffentliche Telefonzellen haben meist Kartentelefone. Telefonkarten *(telecard)* zu 5 € und 10 € gibt es in Postämtern, Bahnhöfen, Kiosken und VVV-Büros. Telefonvermittlung: 08 00/04 10. Über diese Nummer sind auch R-Gespräche möglich. Telefonieren vom Zimmertelefon in Hotels kostet meist das Dreifache der regulären Gebühren.

Mit D1-, D2- und E-plus-**Handys** kann in Holland problemlos telefoniert werden. Wer viel innerhalb des Landes telefoniert, legt sich am besten eine holländische Prepaid-Karte zu.

Auskunft in Holland: national Tel. 09 00/80 08, international 09 00/84 18, www.telefoongids.nl.

Ländervorwahlen: Holland: 00 31, Deutschland: 00 49, Österreich: 00 43, Luxemburg: 003 52, Schweiz: 00 41.

Trinkgeld

Ein Trinkgeld von etwa 10 bis 15 % ist üblich. Das Personal an Toiletten erhält meist 10 oder 20 Cents.

Unterkunft

Über das Niederländische Büro für Tourismus (NBT), Postfach 27 05 80, 50511 Köln, Tel. 018 05/34 33 22, Fax 02 21/92 57 17 37, www.niederlande.de, kann man Hotels, Wanderhütten, Appartements, Bed & Breakfast und sogar Boote reservieren. Online-Reservierungen: www.hotelres.nl. Reservierungen nehmen auch die örtlichen Fremdenverkehrsbüros (VVV) gegen eine Gebühr entgegen.

Preiswerte Quartiere findet man im ANWB-Führer ›Goedkoop overnachten in Nederland‹ (Preiswert übernachten in den Niederlanden).

Hotels
Viele Hotels sind nach den Normen der BeNeLux-Klassifizierung, in die u. a. Ausstattung, Service, Ambiente und Standort einfließen, klassifiziert und mit ein bis vier Sternen gekennzeichnet. In Amsterdam und Den Haag liegen die Preise über dem Durchschnitt.

Bed & Breakfast
Die holländische Variante heißt Logies en Ontbijt. Auskunft und Reservierung: Bed & Breakfast Holland, Tel. 020/615 75 27, Fax 669 16 73, www.bbholland.com. Bed & Breakfast Service Nederland, Tel. 040/269 34 37, Fax 269 37 84, www.bedandbreakfast.nl.

Ferienhäuser
Über das ganze Land verteilt gibt es 350 Bungalowparks. Einen Führer über die Bungalowparks erhält man beim ANWB, www.anwb.nl. Einige der großen Bungalowpark-Ketten sind: Aegon, Tel. 070/350 50 50; Center Parcs, Tel. 010/498 98 98; Creatief Vakantieparken, Tel. 050/522 16 66; GranDorado, Tel. 020/560 64 44; Landal Green Parks, Tel. 070/30 03 50-0.

Stayokay-Hostels (Jugendherbergen)
In den 30 Stayokay-Hostels des Landes kann jeder übernachten. Benötigt wird eine Mitgliedskarte von Hostelling International (Internationaler Jugendherbergsausweis), erhältlich beim Deutschen Jugendherbergswerk, Bad Meinberger Str. 1, D-32760 Detmold, Tel. 052 31/99 36-0, www.jugendherberge.de. Damit erhält man in den Niederlanden einen Rabatt von 2,50 € auf den Übernachtungspreis. Übernachtung: 18–24 €/Person, Kinder (4–15 Jahre) bis zu 4,75 € Rabatt. Ein Verzeichnis der Stayokay Hostels, Auskünfte und Reservierungen: Stayokay, Postbus 5030, NL-2900 EA Capelle aan den Ijssel, Tel. 020/551 31 55, www.stayokay.com.

Camping
s. ›Tipps für Ihren Urlaub‹, S. 52.

Wanderhütten
Die *trekkershutten* sind schlichte Holzhäuschen, in denen maximal vier Personen übernachten können. Zur Ausstattung gehören vier Schlafplätze, ein Tisch mit Stühlen, Gaskocher, Licht, Steckdose, Putzmittel. Heizungen gibt es nur in einigen Hütten. Schlafsäcke-, Küchen- und Essutensilien muss man mitbringen.

Die Hütten befinden sich auf Campingplätzen, deren sanitäre Einrichtungen benutzt werden können. Über 600 solcher Hütten sind so auf rund 260 Orte verteilt, dass sie etwa 25 km voneinander entfernt liegen und man von Hütte zu Hütte wandern kann. In der Hochsaison darf man jedoch maximal dreimal hintereinander in der gleichen Hütte übernachten. Die Kosten für eine Übernachtung pro Hütte betragen 32–37 € (max. 4 Pers.), für eine etwas größere Trekkerhut Plus 42–47 € (max. 5 Pers.), Gas, Strom, Steuern und Heizung nicht eingeschlossen. Infos: Stichting Trekkershutten Nederland Ruigeweg 49, NL-1752 HC Sint Maartenbrug, www.trekkers hutten.nl. Für Reservierungen wendet man sich direkt an den Campingplatz.

Verkehrsmittel in Holland

Bahn

Für alle Züge (ausgenommen Euro-City-Züge) gelten Tarife ohne Zuschlag. Platzreservierungen für Fahrten innerhalb der Niederlande sind nicht möglich. Fahrkarten für den Inlandsverkehr erhält man an den Bahnhofsschaltern für das *binnenland* und an Fahrkartenautomaten.

Bahnfahrkarten können nicht mit Kreditkarten bezahlt werden. In größeren Bahnhöfen kann Gepäck in elektronisch gesicherten Schließfächern aufbewahrt werden.

Es gibt zahlreiche **Sondertarife:** Die *voordeelurenkaart* verringert den Fahrpreis um 40 %. Bedingung: Die Fahrt muss nach 9 Uhr angetreten werden. Sie gilt aber auch an Wochenenden, Feiertagen und im Juli und August vor 9 Uhr. Mit der günstigen *dagkaart* (Ta-

geskarte) kann man einen Tag lang uneingeschränkt durch die Niederlande reisen. Mit der nur im Juli und August erhältlichen Karte *zomertoer* (Sommerfahrkarte) für eine oder zwei Personen kann man innerhalb von zehn aufeinander folgenden Tagen drei Tage lang die Bahn benutzen. Bei der Karte *zomertour plus* sind auch Fahrten mit Bus, Tram und Metro eingeschlossen.

Das *waddenbiljet* (Wattenticket) bietet Bahnfahrt, Überfahrt zu den Inseln und Busfahrt auf den Inseln zu einem wesentlich günstigeren Preis als die separaten Karten.

Kinder bis drei Jahre reisen umsonst. Zwischen vier und elf Jahren können Kinder mit der Karte *rail runne*r für 2 € reisen, wenn sie von einem Erwachsenen mit gültiger Fahrkarte begleitet werden. Jeder Erwachsene ab 19 Jahre darf maximal drei Kinder mit Railrunnerkarte mitnehmen. Selbständig reisende Kinder erhalten 40 % Ermäßigung.

Die Bahnhöfe und Züge sind für **Behinderte** gut zugänglich (weitere Infos s. S. 215).

In fast allen niederländischen Zügen können Sie außerhalb des Berufsverkehrs (6.30–9 sowie 16.30–18 Uhr) in speziellen Fahrradabteilungen Ihr **Fahrrad** mitnehmen (die zeitliche Einschränkung gilt nicht an Wochenenden, Feiertagen sowie im Juli und August). Dafür muss eine zusätzliche Fahrkarte gelöst werden (*dagkaart fiets* 6 €). Man kann aber auch ein Fahrrad am Bahnhof mieten (mit gültiger Fahrkarte günstiger als ohne). Dazu wird ein Ausweis benötigt und man muss eine Kaution hinterlegen. Es empfiehlt sich, das Fahrrad einige Tage vor Reiseantritt zu reservieren.

Fahrpläne und viele nützliche Informationen für Bahnreisende findet man im *spoorboekje* (Kursbuch, Erläuterung zur Handhabung auch in Deutsch), für ca. 5,50 € in Bahnhöfen erhältlich. Fahrplan-Info in Holland: national Tel. 09 00/92 92, international 09 00/92 96, www.ns.nl.

Bus

Die Abfahrt der Busse erfolgt in den Städten meist in Bahnhofsnähe. Für die Fahrt mit Bus, Straßenbahn und U-Bahn gilt landesweit die *strippenkaart* (Streifenkarte). Bei Fahrtbeginn muss man die *strippenkaart* beim Fahrer oder in den dafür bestimmten gelben Automaten entsprechend der Fahrtstrecke entwerten lassen.

Strippenkaarts mit 15 Streifen (6,40 €) und 45 Streifen (18,90 €) sind in Bahnhöfen, Postämtern, Kiosken und einigen VVV-Büros erhältlich. Karten mit zwei, drei oder acht Streifen kann man beim Fahrer direkt kaufen, sie sind aber wesentlich teurer.

Fähren

Fährverbindungen existieren zu den Watteninseln und nach Zeeuws Vlaanderen. Weitere Angaben enthält der Reiseteil. Auch an zahlreichen Flüssen und Kanälen setzen kleinere Fähren Personen und Fahrzeuge für wenig Geld über.

Taxi

Taxifahren ist teurer als in Deutschland. Standplätze sind meist am Bahnhof (Station) oder Marktplatz (Grote Markt). Tel. 09 00/Taxi oder 09 00/82 94

Treintaxi

Das *treintaxi* (Bahntaxi) ist eine komfortable und preiswerte Transportmöglichkeit von/zum Bahnhof. Pro Person 4 € (Ticket am Fahrkartenschalter oder am Automaten) oder 5 € beim Treintaxi-Fahrer. Den Standort des Treintaxis am Bahnhof erkennt man an einer 3 m hohen blauen Säule, meist mit Sprechanlage, über die Treintaxen gerufen werden können, die Fahrzeuge sind an der Aufschrift ›Treintaxi‹ zu erkennen. Die Fahrt zum Bahnhof muss mindestens 30 Min. vorher bestellt werden über Tel. 09 00-TREINTAXI (oder 09 00/873 46 82 94). Treintaxen gibt es an 114 Orten der Niederlande (www.treintaxi.nl).

Zeit

In Holland gilt die Mitteleuropäische Zeit (MEZ).

Zeitungen und Zeitschriften

Deutsche Zeitungen wie die ›Frankfurter Allgemeine Zeitung‹, die ›Süddeutsche Zeitung‹, ›Die Zeit‹ sowie einige deutsche Illustrierte und Wochenblätter sind in Holland erhältlich. Niederländische überregionale Tageszeitungen sind ›De Telegraaf‹ (auflagenstärkste, konservativ), ›Algemeen Dagblad‹ (neutral), ›De Volkskrant‹ (progressiv), ›NRC/Handelsblad‹ (progressiv-liberal) und ›Trouw‹ (christlich-protestantisch).

SPRACHFÜHRER

Begrüßung und Abschied
Guten Morgen	goedemorgen
Guten Tag	dag! goedendag!
Guten Abend	goedenavond
Auf Wiedersehen	tot ziens

Allgemeines
ja/nein	ja/nee
bitte	alstublieft
Vielen Dank	bedankt, dank U wel
Entschuldigung	pardon
Was/wo ist …?	Wat/waar is …?
Haben Sie …?	Heeft U …?
Was kostet das?	Wat kost dit?
Können Sie mir sagen …?	Kunt U mij zeggen …?
Ich möchte bestellen.	Mag ik even bestellen.
Wieviel kostet es?	Hoeveel kost het?
Kann ich bitte bezahlen?	Mag ik even afrekenen?
Wie spät ist es?	Hoe laat is het?
geöffnet	open
geschlossen	gesloten

Unterkunft
Haben Sie noch Zimmer frei?	Heeft U nog kamers vrij?
Einzel-/Doppelzimmer	een-/tweepersoonskamer
mit Dusche/Bad	met douche/bad
mit Blick aufs Meer	met uitzicht op zee
für eine Nacht	voor een nacht
für eine Woche	voor een week
Was kostet das Zimmer …	Hoeveel kost logies …
Halb-/Vollpension	half-/volpension

Im Restaurant
Wo gibt es hier ein gutes Restaurant?	Waar is hier een goed restaurant?
Die Speisekarte, bitte.	Kunt U mij de spijskaart even geven, alstublieft.
Ich möchte das Tagesgericht.	Het menu van de dag.
Haben Sie auch … vegetarische Gerichte?	Heeft U ook … vegetarische gerechten?
Kann ich bitte ein Messer haben?	Kan ik alstublieft een mes krijgen?
Die Rechnung, bitte.	De rekening, alstublieft.
Frühstück	ontbijt
Mittagessen	lunch, middageten
Abendessen	diner, avondeten
Vorspeisen	voorgerechten
Hauptgericht	hoofdgerecht

Unterwegs
Bus-/Straßenbahnhaltestelle	bus-/tramhalte
Durchgangsverkehr	doorgaandverkeer
Einfahrtverbot	niet inrijden
gesperrt	gestremd
Umleitung	omleiding
Parkverbot	niet parkeren
Tankstelle	tankstation
Volltanken bitte!	vol, alstublieft!

Im Krankheitsfall
Können Sie mir einen guten Arzt/ Zahnarzt empfehlen?	Kunt U mij een goed arts/tandarts aanbevelen?

Wo ist die nächste Apotheke?	Waar is de dichtst bijzijnde apotheek?
Ich brauche ein Mittel gegen …	Ik heb een middel nodig tegen …
Durchfall	diarree
Fieber	koorts
Halsschmerzen	keelpijn
Insektenstiche	insektensteken
Zahnschmerzen	kiespijn

Ortsbezeichnungen

Bahnhof	station
Bauernhof	boerderij
Brücke	brug
Deich	dijk
geradeaus	rechtdoor
Kirche	kerk
Krankenhaus	ziekenhuis
Leuchtturm	vuurtoren
links/rechts	links/rechts
Marktplatz	marktplein
Mühle	molen
Platz	plein
Polizei	politie
Postamt	postkantoor
Straße	straat
Tierpark	dierenpark
Turm	toren

Wochentage, Zeitangaben

Montag	maandag
Dienstag	dinsdag
Mittwoch	woensdag
Donnerstag	donderdag
Freitag	vrijdag
Samstag	zaterdag
Sonntag	zondag
Feiertag	feestdag
Tag	dag
Woche	week

Wochenende	weekend
Monat, monatlich	maand
Jahr	jaar

Zahlen

1	een	16	zestien
2	twee	17	zeventien
3	drie	18	achttien
4	vier	19	negentien
5	vijf	20	twintig
6	zes	30	dertig
7	zeven	40	veertig
8	acht	50	vijftig
9	negen	60	zestig
10	tien	70	zeventig
11	elf	80	tachtig
12	twaalf	90	negentig
13	dertien	100	honderd
14	veertien	500	vijfhonderd
15	vijftien	1000	duizend

Kulinarisches Lexikon

Getränke (dranken)

appelsap	Apfelsaft
bier, pilsje	Bier, Pils
chocolademelk	Kakao
koffie (met melk)	Kaffee (mit Milch)
koffie zonder cafeïne	koffeinfreier Kaffee
mineraalwater/ bronwater	Mineralwasser
sinaasappelsap	Orangensaft
thee (met citroen)	Tee (mit Zitrone)
wijn	Wein

Fleischgerichte (vleesgerechten)

biefstuk	Beefsteak
eend	Ente
gehak	Gehacktes
gans	Gans
gevogelte	Geflügel

haantjes	Hähnchen
ham	Schinken
kalfsvlees	Kalbfleisch
kalkoen (kalkuhn)	Puter, Truthahn
karbonade	Kotelett
kip	Huhn
konijntje	Kaninchen
lamsvlees	Lammfleisch
rundvlees	Rindfleisch
varkenshaasje	Schweinelende
worst	Wurst

Fisch und Schalentiere
(vis en schaaldieren)

forel	Forelle
garnalen	Garnelen
haring	Hering
inkvis	Tintenfisch
kabeljouw	Kabeljau
kreeft	Krebs
makreel	Makrele
mosselen	Muscheln
oester	Auster
paling	Aal
schelvis	Schellfisch
schol	Scholle
snoek	Hecht
snoekbaars	Zander
tarbot	Steinbutt
tonijn	Thunfisch
zalm	Lachs
zeekreeft	Hummer
zeetong, tong	Seezunge

Gemüse (groenten)

aspergus	Spargel
bloemkool	Blumenkohl
boerenkool	Grünkohl
erwten	Erbsen
gemengde sla	Gemischter Salat
lof/witlof	Chicorée
prei	Lauch

sperziebonen	Grüne Bohnen
spruitjes	Rosenkohl
uien (euen)	Zwiebeln
venkel	Fenchel
worteltjes	Karotten
zuurkool	Sauerkraut

Beilagen (bijgerechten)

aardappelpuree	Kartoffelpüree
friet	Pommes frites
patat	Kartoffeln, Fritten
rijst	Reis

Dessert, Nachspeisen
(toetje, nagerechten)

aardbeien	Erdbeeren
citroenmousse	Zitronenmousse
flensjes	Crêpes
fruitsalade	Obstsalat
poffertjes	Pfannküchelchen mit Puderzucker

Verschiedenes

bladerdeegpasteitje	Blätterteigpastete
boter	Butter
broodje	Brot, Brötchen
honing	Honig
hutspot	Gemüsebrei mit Fleischeinlage
jachtschotel	Wildklein mit Äpfeln und Püree
jam	Marmelade
kaas	Käse
kippensoep	Hühnersuppe
pannenkoek	Pfannkuchen
rocrci	Rührei
soepen	Suppen
stampot	Eintopf
loempia	Frühlingsrolle
uitsmijter	Strammer Max
zachtgekookt ei	weich gekochtes Ei

REGISTER

HOLLAND-ATLAS

LEGENDE

1 : 650.000

0   25 km

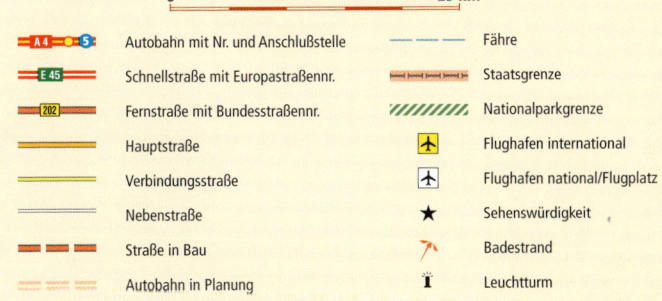

A 4 / S	Autobahn mit Nr. und Anschlußstelle		Fähre
E 45	Schnellstraße mit Europastraßennr.		Staatsgrenze
202	Fernstraße mit Bundesstraßennr.		Nationalparkgrenze
	Hauptstraße		Flughafen international
	Verbindungsstraße		Flughafen national/Flugplatz
	Nebenstraße	★	Sehenswürdigkeit
	Straße in Bau		Badestrand
	Autobahn in Planung		Leuchtturm

Noorderhaak • • 't Horn
Den Held
Huisduinen • De Koo
De Zandloper
Julianadorp
Groote Keeten
Callantsoog
Oudesluis
Stolpen • Schagerbru
Sint Maartenszee • Schag
Sint Maartensvlotbrug • Sint Maartensbrug
Petten • Stroet
Camperduin • Warmenhuizen
Schoorl • Broek op • Noor
Bergen • Zuid-S
Bergen aan Zee • Sint-Pancras
Egmond • Alkmaar
Egmond aan Zee • aan den Hoef • Omval
Heiloo • Stompetoren
Egmond-Binnen
Limmen • Alkmaarder meer
Castricum • Akersloot
Norddorp • Graftdijk
Heemskerk • Uitgeest • Spij
Heemskerkerduin
Beverwijk • Worm
IJmuiden • Zaandijk • Zaan
Santpoort • Buitenhuizen
Nationaal Park
Zuid-Kennemerland • Velserbroek
Bloemendaal • Spaarndam • Zaandam
HAARLEM
Zandvoort • A200
Aerdenhout • A205 • Hallweg • Am
Heemstede
Bennebroek • Cruquius
Hillegom • A4
Keukenhof
Noordwijkerhout • Hoofddorp
Noord- • Nieuw • Aalsmeer
wijk • Lisse • Vennep • Rijsenhout • Nes
Voorhout • Engel • Uithoorn
Katwijk • Sassenheim • Oude Wetering • Mijdrecht
Rijnsburg • Warmond • Roelofarends • Nieuwveen
Valkenburg • Oegstgeest • veen • Zevenhoven
LEIDEN • Ter Aar • Noorden
Wassenaar • Leiderdorp • Koudekerk • Alphen
Voorschoten • Zoeter • a/d Rijn • Nieuwkoop
Scheveningen • woude • Hazerswoude • Meije
DEN HAAG • Leidschendam • Dorp • Woerden
('S-GRAVENHAGE) • Voorburg • Benthuizen • Bodegraven
Ter Heijde • Rijswijk • Zoetermeer • Boskoop
Monster • Wateringen • Pijnacker • Bleis • Waddinxveen • Oude
DELFT • Moerkapelle • GOUDA
'S-Gravenzande • Poeldijk • S. 237

Oost-Vlieland
Vlieland
Richel
Texel
De Cocksdorp
Zuid-Eierland
De Koog • Oosterend
Den Burg
Den Hoorn • Oudeschild
Bergen aan Zee • 't Horntje
Noorderhaaks • Den Helder
Huisduinen
De Kooy • Oosterland
De Zandloper • Hippolytushoef
Julianadorp • Van Ewijcksluis • De Haukes
Afsluitdijk

Noordzee

0   20 km

Inset

D

E

F

S. 232

S. 232

S. 224

E 22 E 7 Häs... Häs...

Joure Hee...

Terkum

Gaastmeer

Langweer

Rottum

Hindeloopen

Fluessen Sloter meer

Koudum N 354

Spannenburg Rottevalle

Nijeholtwol...

Molkewerum Kolderwolde Balk Tjeuke meer

Wolvega

1

Stavoren Sloten

Oosterzee- N 351

Laaksum Bakhuizen Sondel Buren Spanga Oldem

Oudemirdum Nijemardum Lemmer Langelille

IJsselmeer Rutten Slijkenburg

Kuinre Nationaal Park

Medemblik Creil De Weerribben

N 240 Bant Blankenham

A 7 Noordoost Polder Luttelgeest Blok

Andijk Espel Emmeloord

Wervershoof Marknesse N 331 Vollenhove

Opmeer Hoogkarspel Enkhuizen N 351 Kraggenburg Gene

N 241 Den Hout Grootebroek N 302 Urk Schokland Ens Zw... Me...

gowaard Wognum N 352

10 Markerwaarddijk N 352

Hoorn Oosterleek IJsseloog Ketelmeer Kampen

Scharwoude Wijdenes Switterbant N 50

Schardam Ketelhaven Roggebotsluis

Oosthuizen Markermeer N 307 IJsselm...

A 7 N 247 Lelystad Dronten

Edam Oostelijk N 305 Oosterwolde

merend Volendam Flevoland Biddinghuizen Elburg E 232

Monnickendam Oostvaarders Havenbuurt plassen Nieuwstad Harde... A 28

Marken N 302 Lage Bijssel Nunspeet

Broek in Waterland A 6 Veluwemeer 3

Uitdam Almere Zuidelijk N 302 Harderwijk Vierhouten

115 Buiten Flevoland Walderwij N 309 Epe...

AMSTERDAM Almere Zeewolde N 310 Emst

Diemen Muiden A 6 Gooimeer N 305 Ermelo Gortel Vaassen

Weesp Naarden A 1 Eemmeer N 301 A 28 Staverden N 302 Elspeet

Abcoude N 236 Huizen Putten Uddel Wem...

Bussum Blaricum Eemdijk E 232 A 1 APELDOORN

Nederhorst Laren Emnes Eembrugge Huinen Garderen Nieuw-Millingen

den Berg Kortenhoef Bunschoten Nijkerk

Hilversum Spakenburg Voorthuizen Kootwijk 4

Loenen Wijde Blik Eem N 344

Loos- Nieuw Baarn Hoevelaken E 30 Stroo N 304 Beekbergen

drechtse Loosdrecht Soest Nationaal Park

Plassen Maartensdijk Harselaar De Hoge Veluwe

Maarssen AMERSFOORT A 1 Barneveld Harskamp Nationaal

zuilens De Bilt Achterveld A 30 De Biezen Veluwezo...

Meern Den Dolder Leusden Wekerom Hoenderlo...

UTRECHT N 226 Woudenberg Lunteren Otterlo Deelen 231

Zeist Bunnik Maarn Scherpenzeel Renswoude Oud-Reemst

Houten Driebergen Maarsbergen A 12 E 30 Ede N 224

Montfoort Rijsenburg S. 234 Leersum N 30

Neuwegein Doorn

A B C

1

N o o r d z e e

Nationaal P
Schiermonnik

Het Rif
Engelsmanplaat

Nes Buren
Hollum Ballum *Ameland*
Wierum Modde

Oosterend Morra
Terschelling Holwerd Ternaard Metslawier
Midsland Blija **Dokkum**
West-Terschelling Ferwerd Brantgum Genum N 361
Zwarte Haan Marrum Wouterswoude
Oost-Vlieland Hallum Wanswerd Damwoude
Richel Sint Jacobiparochie Finkum Kollumerzwaa
Griend Sint Wyns Britsum Gytsjerk N 356
Sexbierum Annaparochie Beetgum (Wijns) Jelsum (Giekerk) Zwaagwesteinde

2

Tzummarum Stiens Quatrebras
Dongjum Menaldum Burgum
Franeker Dronrijp A 31 Huins Boksum **Leeuwarden** Hurdegaryp (Bergum)
Harlingen Hitzum Welsrijp Goutum (Hardegarijp) Sumar N 31
Achlum Tzum Baard Wytgaard Warten (Suameer) Garyp N 356
Kimswerd Arum Lollum Spannum Oosterwierum (Wartena) (Garijp) Nijega Ro
Zurich Wieuward Wommels Grou **Drachten**
N 31 Wittmarsum Dearsum (Grouw) De Wilgen Old-Beet
Cornwerd Wons Schraard **Bolsward** (Deersum) Akkrum Ny-Beets Beets
Makkum Allingawier E 22 Aldeboarn A 7
Gaast Blauhus **Sneek** Terherne (Oldeboorn) Tijne Terwispe
N 359 IJlst Haskerdijken (Terhorne) Gorre
Workum Gaastmeer Heeg E 22 Joure Heerenveen
Hindeloopen Langweer Nieuwehorne
Koudum A 6 Rottum Mildam
Molkewerum Kolderwolde Balk Sloter- Spannenburg Rotsterhaus
Stavoren Bakhuizen meer Sloten Tjeuke- Nijeholtwolde A 32
Laaksum Oudemirdum Nijemardum Sondel meer Echten **Wolvega**
Oosterzee- N 361
eringerwerf Buren Langelille Wilhelm
Krelleroord Lemmer Spanga Oldemarkt Witte A 32
nmeer Rutten Kuinre Slijkenburg Kalenberg Fre

4

N 240 Creil Bant Nationaal Park Steenwijk
Medemblik Andijk Emmeloord De Weerribben Blankenham
Wervershoof Espel N 354 Luttelgeest Blokzijl
Hoogkarspel N 331 Marknesse Vollenhove
Den Hout Enkhuizen Schokland Kraggenburg
num Grootebroek N 302 Urk N 352 Ens Genemuiden
Oosterleek N 352
Wijdenes

IJsselmeer

Noordoost Polder

Beulaker
Wijde

Zwarte
Meer

S. 230
S. 234
E 22
A 7
A 6
A 32
Afsluitdijk
Markerwaarddijk

1 cm = 6,5 km **1 : 650.000**
0 20 km

Borkum · Borkum · Reede Borkum
Nationalpark Niedersächsisches Wattenmeer
Rottumeroog
Schiermonnikoog
Leybucht · Westermarsch · Ostel
Greetsieler Nacken
Greetsiel · Visquard · Wirdum · Nordbrookmerlan · Sü
Manslagt · Krumm · Ost
Groninger Wad
Lauwersoog · Pieterburen · Den Andel · Uithuizen · Roodeschool · Spijk · Bierum
horn · Dyksterhus · Freebsum
Warffum · Rottum
Hefshuizen
Eemshaven
Wehe-den Hoorn · N 363 · Baflo · Garsthuizen · Zijldijk
Hinte · Suur
Vierhuizen · Zoutkamp · Leens · Eenrum
Loquard · Wybelsum · Larrelt
EMDEN
N 361 · Oldehove · Saaksum · Sauwerd · Westerwijtwerd · Post Ten
Loppersum · **Delfzijl** · Termunten · Pogum
Kommerzijl · Niezijl · Den Ham · Adorp · Bedum · Ten Boer
Appingedam · Woldendorp · Dollart
N 355 · Grijpskerk · Grootegast · Aduard · Zuitwolde · Overschild · N 33 · Nieuwolda · Dollart · Bu
Zuidhorn · Hoogkerk · **GRONINGEN** · Waterhuizen
Slochteren · Midwolda · Finsterwolde · Nieuweschans
Westerkwartier · Oostwold · E 22 · A 7 · Haren · Nordbroek
Scheemda · **Beerta**
Boerakker · Leek · Midwolde · Peize · Hoogezand · Sappemeer · Zuidbroek · E 22 · **Winschoten** · Bellingwolde · Bovenstreek
Marum · Nuis · **Roden** · Eelder · wolde · De Pol · Glimmen · Meeden · Westerlee
Veendam · Blijham · Bru
Frieschepalen · Roderesch · Alteveer · De Punt · Zuidlaardermeer · **Nieuwe Pekela**
Noordenveld · Vries · **Zuidlaren** · Spijkerboor · Widervank · Wedde
Wijnjewoude · Haule · Haulerwijk · Veenhuizen · Norg · Peest · Zeyen · Annen · Bareveld · Alteveer · Onstwedde
Donkerbroek · Zuidvelde · Rhee · **Anloo** · Wildeplaats · **Vlagtwedde** · Boortange
Oosterwolde · Zeyerveen · Kloosterveen · **Assen** · **Gieten** · Stadskanaal · **Stadskanaal** · Sellingen
Bovensmilde · **Rolde** · Gasselternijveen · Jipsinghuizer
Appelscha · **Smilde** · Amen · Gassette · Nieuw Buinen · N 366 · Hasselin
Oranje · Hijken · Grollo · Buinen · Tweede Exloermond · **Ter Apel**
Nationaal Park Dwingelderveld · Geeuwenbrug · Bellen · Schoonlo · **Borger** · Valthermond · Barnflair · Niederland
Wateren · Lheebroek · Elp · Exloo · N 364 · Munnekemoer · 408
Nationaal Park Drents-Friese Woud · Diever · Wittelte · **Odoorn** · Valthe · Emmercompascuum
Haren
Ruinen · Dwingeloo · Wijster · **Westerbork** · Orvelte · Schoonoord · N 34
Spier · Bruntinge · Eursinge · Zweeloo · **Emmen** · Barger-Compascuum
Havelte · Ruinerwold · Weerwille · Achterdijk · Nieuw-Balinge · Oosterhesselen · **Sleen** · N 391 · Zwartemeer
Meppel · Koekange · **Hoogeveen** · A 37 · E 233 · **Dalen** · Nieuw-Amsterdam · 402
Fluitenberg · Hollandscheveld · Nieuwlande · N 34 · Klazienaveen · Weiteveen · Rühler
De Wijk · Zuidwolde · De Krim · **Schoonebeek** · Nieuw-Schoonebeek
Staphorst · Pieperij · Slagharen · **Coeverden** · De Krim · Eschebrügge · **Emlichheim** · **Twist** · Adorf
Balkbrug · Dedemsvaart · Lutten · Laar · **S. 235** · Ringe

233

HOLLAND

234

D E F

Column D area:
De Wijk, Staphorst, Pieperij, De Krim, Rouveen, asselt, Balkbrug, Dedemsvaart, Lutten, Slagharen, N 377, Nieuwieusen, Oudleusen, Ommen, Hardenberg, Brucht, Veenebrugge, Haerst, ZWOLLE, Dalfsen, Vecht, Wijthmen, Eerde, Bergentheim, Kloosterdijk, Itterbeck, Dalmsholte, Den Ham, Langeveen, Westerhaar, Mander, Heino, Lemelerveld, Vroomshoop, De Pollen, Geesteren, Springendal, Wijhe, Marienheem, Hellendoorn, Daarle, Vriezenveen, Harbrinkhoek, Fleringen, TUBBERGEN, Tilligte, Tongeren, Raalfe, Hulsen, Wierden, ALMELO, Weersele, Rossum, Olst, Nijverdal, Nieuw-Heeten, Zenderen, Dulder, Beuningen, Diepenveen, Heeten, N 332, Rijssen, Bomerbroek, Enter, Borne, Deumingen, Oldenzaal, venter, Schalkhaar, Neerdorp, Holten, Elsen, Stad Delden, Losser, Bathmen, Markelo, Goor, Bentelo, Hengelo, Lonneker, Epse, Dortherhoek, Harfsen, Stokkum, Beckum, Stepelo, Enschede, Overdinkel, Gorssel, appe, Hengevelde, Bookelo, Glanerburg, Gronau, Gietelo, N 348, Laren, Exel-Tor, Exel, Diepenheim, Holzhuizen, Epe, Voorst, Almen, Haaksbergen, Brook, Zutphen, Lochem, Geesteren, Noordijk, Heek, Warnsveld, Warken, Wildenborch, Barchem, Borculo, Haarlo, Neede, Buurse, Alstätte, Graes, Vorden, Baak, Steenderen, Toldijk, Ruurlo, Beltrum, Eibergen, Rekken, Humberg, Ahaus, Wehr, Hengelo, Veldhoek, Zwilbroek, Zwillbrock, Doemern, Barle, Keijenborg, Gooi, Groenlo, Ottenstein, Leg, Hummelo, Zelhem, Zieuwent, Lievelde, Wendfeld, Völker, Angerlo, Wehl, Wijnbergen, Halle, Lichtenvoorde, Winterswijk, Stadtlohn, Didam, Doetinchem, Westendorp, Varsseveld, Bredevoort, Oeding, Südlohn, Gescher, Gaanderen, Tetborg, Elsbroek, Aalten, Bekendelle, Het Stortelers, Weseke, Nordvelen, Ramsdorf, Goxel, Kilder, Braam, Silvolde, Heume, Zeddam, Uitt, Barlo, Großburg, Klapsing, Velen, Heerenberg, Dinxperlo, Rhede, Borken, Gendringen, Emmerich, Vrassel, Isselburg, BOCHOLT, Heiden, Reken, Kleve, Grieth, Wissel, Dingden, Raesfeld, Lavesum, g-Hau, Kalkar, Rees, Erle, Rhade, Wulfen, Goch, Alt-Kalkar, Kehrum, Keppeln, Mühlenfeld, WESEL, Schermbeck, DORSTEN, Hamminkeln, Ringenberg

Column E / F area (right):
S. 233, Emlichheim, Nieuw-Schoonebeek, Schoonebeek, Twist, Adorf, Ringe, Georgsdorf, Gramsbergen, Laar, Vechte, Hoogstede, Scheerhorn, Esche, Osterwald, Wilsum, Haftenkamp, Wietmarsche, 403, Veldhausen, Höhenkörben, Uelsen, Getelo, Lage, Neuenhaus, Grasdorf, Nordho, Ootmarsum, Lattrop, Hesepe, Denekamp, Brandl, Almelo-Nordhorn Kanaal, Isterberg, Haar, Schüt, N 342, Springbiel, Bad B, Bardel, Och

N-road numbers visible: N 348, N 377, N 35, N 346, N 347, N 36, N 343, N 349, N 332, N 344, N 343, N 342, N 339, N 18, N 319, N 314, N 317, N 316, N 313, A 1, E 30, A 18, A 1

A   B   C

N o o r d z e e

1

Scheveningen
**DEN HAAG
('S-GRAVENHAGE)**
Rijsv
Ter Heijde Wateringen N 211
Monster Poeldijk D
'S-Gravenzande Naaldwi
Hoek van Holland N 213 Schipluic
De Lier
Europoort Maasdijk 6
N 15 Maassluis Ma
Rozenburg 7 A 2
Oostvoorne Vla
Brielle 12 ding
Rockanje N 57 A 15
Haringvliet- Spijkenis
dam
Oostdijk Zuidlan
Goedereede Hellevoetsluis Oud
West-Nieuwland Ouddorp
N 57 Stellendam Oudendijk

2

Hompevloet Veermans- Middelharn
plat Tiengen
Renesse Brouwershaven Dirksland Overflakkee Den H
Burgh- Serooskerke Noordgouwe Herkingen
Haamstede Dreischor Oude Tonge Oolt
Schouwen *Duiveland* Bruinisse
N 57 Zierikzee Zijpe Dinte
N 256 Viane Krammer
Ooster schelde Sluis N 257 Heensche Hoe
Keeten
Wissenkerke Stavenisse
Domburg Oostkapelle Vrouwenpolder Kats *Tholen* Steenbergen
N 287 Aagtekerke Veere Kortgene St Maartensdijk N 286
Westkapelle *Walcheren* St Laurens Oud-Sabbinge Wemeldinge Halster
N 288 Middelburg *Zuid-* Goes Yerseke Tholen
Zoutelande A 58 27 Kapelle Biezelinge *Keetmeer* BERGEN
Koudekerke N 254 36 45 Vlake OP ZOOM
35 Heinkenszand 4 Oostdijk
VLISSINGEN 40 's-Heerenhoek 's-Gravenpolder 32 Krabbendijke
Beveland Hoedekens- Waarde E 312 Rilland 31 Hoogerhei
Borssele kerke A 4
Breskens Ovesande Perkpolder Bath
Cadzand-Bad Groede Ellewoutsdijk Zeedorp
Cadzand Sasput Hoofdplaat Kloosterzande 12
N 58 *Zeeuws Vlaanderen* Griete Hengstdijk Graauw Prosper Doel
schaperbrug Oostburg IJzendijke Biervliet Terneuzen Vogelwaarde Kieldrecht 11
Sluis N 61 Hoek Zaamslag Terhole
Waster- Aardenburg Waterlandkerkje N 61 Spui N 60 Hulst Kallo
kapelle Philippine Zamslagveer Verrebroek 10
De Hoorn St-Laureins Boekhoute Sluiskil Axel Absdale Heikant St-Gillis- 9
Vijve-Kapelle N 252 N 253 Waas Beveren
Sijsele Vijve-Strobrugge Kaprijke Sas-van-Gent Stekene Zwijndrecht
N9 Assenede E 34 N49 Kemzeke Melsele
Maldegem Adegem Zelzate N 403 Beveren Nieuwkerken-
Kleit Oostseeklo Kruisstraat Waas
236 Eeklo Ertvelde R4 Moerbeke Vrouwekeekhoek Sinaai Krubeke
N44 N9 Waarschoot Wachtebeke
Kruipuit

0   20 km

D   **E**   **F**

Siderdorp Alpnen
Koudekerk aan den Rijn
Zoeter woude Nieuwkoop Ensebrug Maarssen AMI FOORT
Leidschendam Meije Kamerik Den Dolder
Gelderswoude Hazerswoude Dorp Haarzuilens De Bilt Zeist
orburg Bodegraven Woerden Vleuten Maarn
Zoetermeer Boskoop De Meern UTRECHT Bunnik Drieberg Rijsenburg
nacker Waddinxveen Oudewater Houten Doorn
Bleiswijk Moerkapelle GOUDA Montfoort Neuwegein Langbroek Wijk-bij-D
Berkel Zevenhuizen IJsselstein Cothen
enrijs Bergschen hoek Moordrecht Lopik Vianen Everdingen
Capelle Nieuwerkerk Stolwijk Schoonhoven Lexmond Culemborg Asch Buren
Schiedam Krimpen Bergam- bacht Groot Ammers Schoonreewoerd Meerkerk Kerk-Avezaath Geldermalsen Tiel
Ridder- kerk Lekkerkerk Goudriaan Noordeloos Leerdam Beesd Dell
Alblasserdam Nieuw-Lekkerland Arkel Waardenburg Varik
arendrecht Kinderdijk Giessenburg Gorinchem Herwijnen
and H.-I. Ambacht Papendrecht Hardinxveld Giessendam Brakel Zaltbommel Rossum Kerkdriel
Zwijndrecht Sliedrecht Werkendam Woudrichem Veen Kerkwijk Velddriel
's-Gravendeel DORDRECHT Nieuwendijk Waardhuizen Wijk en Aalburg Ammerzoden Hedel Nuland
Klaaswaal Strijen Almkerk Dussen Eethen Heusden Haarsteeg Rosm
Schuring Hank Elshout Vlijmen S-HER
Numansdorp Moerdijk- brug Geertruiden berg Raams- donk Waspik Drunen Vught Berl
aringvlietbrug Strijensas Nationaal Park De Biesbosch Made Oosterhout Waalwijk Cromvoirt Den Dungen
Willemstad Klundert Zevenbergschen Hoek Dongen Sprang-Capelle Loon op Zand St Michielsg Boxtel
Zevenbergen Terheijden Kaatsheuvel Nat. Park Loonse en Drunense Duinen Helvoirt Haaren Esch
Standdaarbuiten Ouden-Prinsenbeek BREDA Tezeringen Rijen Udenhout Berkel Oisterwijk Liempde
bosch Hoeven Bavel TILBURG Moergestel
Etten- Leur Gilze Riel Goirle Diessen Spoordonk Oirschot Best
ROOSENDAAL Rijsbergen Chaam Alphen Hilvarenbeek Esbeek Baarschot Middelbeers Oostelbeers Winteire Veld- hoven
Essen Zundert Baarle-Nassau Ulicoten Baarle-Hertog Vessem Hoogeloon
Achterbroek Loenhout Hoogstraten Zuidheikant Hooge Mierde Netersel Casteren Knegsel Bladel Hapert Eersel Valke
Kalmthout Wuustwezel Brecht Rijkevorsel Merksplas Ravels N 284 Reusel Bergeyk
Kapellen Maria-Ter-Heide St Lenarts Beerse TURNHOUT Arendonk Wijtit Luyksgestel
Brasschaat St-Antonius Oud-Turnhout Berendonk Postel
VERPEN De Ploeg Westmalle Vosselaar Schoonhoven Retie Kolonie
ERS) Schilde Zoersel Gierle Zandhoeve Dessel Lommel
Wijnegem Zandhoven Lille Poederlee Lichtaart Donk N71
Wommelgem Vorselaar Sassenhout Aard Achterbos Kasterlee
Borsbeek Ranst Watervoort Grobbendonk Herentals Mol Balen

237

HOLLAND

RTOGENBOSCH   Berode   Beers   Kessel   Keppeln

erlicum   Middelaar   Zeeland   Mill   Haps   felt   Gennep   **Goch**   Uedem

Heeswijk-Dinther   Uden   Sint Hubert   **S. 234**   Boxmeer   Afferden   Vortom-Mullem

lsgestel   Schijndel   Wanroij   Sint Anthonis   Oploo   **Weeze**   Sonsbeck   Labbeck

Veghel   Erp   Molenwijk   Venhorst   **Vierlingsbeek**   Nationaal Park De Hamert   Winnekendonk

Sint-Oedenrode   Boekel   Elsendorp Rips   Overloon   Beek   Well   **Kevelaer**   Kapellen

Nijnsel   Mariahout   Gemert   Vredepeel   Wanssum   Meerlo   Lüllingen   **Issum**

Breugel   Beek-en-Donk   Bakel   Milheeze   **Venray**   Leunen   Schoor   Tienraij   **Geldern**

HELMOND   Lieshout   Gerwen   Ysselsteyn   Arcen   Vernum

Nuenen   **Deurne**   Vreewijk   Griendtsveen   **Horst**   Meldersio   Lottum   Auweln   **Straelen**

EINDHOVEN   Mierlo   Liessel   Sevenum   Grubbenvorst   Broekhuysen   **Wachtendonk**

Waalre   Heeze   Asten   Helenaveen   **Velden**   Wankum   **Kempen**

Someren   Neerkant   Maasbree   Hinsbeck   Grefrath

ensvaard   Leende   Someren-Eind   Meijel   Heide   **VENLO**   Tegelen   **Nettetal**

Heuvel   Soerendonk   Nationaal Park De Groote Peel   Beringe   Belfeld   **VIERSEN**

Gastel   Hugten   Ospeldijk   Heibloem   Helden   Baarlo   Breyel   Bracht   Bolsheim

Budel   Hamont   Ospel   Nederweert   Roggel   Broek   Kessel   Beesel   Naturpark Schwalm

Neerpelt   **Weert**   Heythuysen   **Neer**   **Brüggen**   Kammerickshof   **Schwalmtal**

Overpelt   Huibrechts-Lille   Altweert   Baexem   **Haelen**   Swalmen   Oberkrüchten

Achel   Lozen   Ell   Kelpen   **ROERMOND**   Niederkrüchten   **MÖNCHENGLADBACH**

Kauille   Stramproy   Hunsel   Heel   Linne   Melick   N.P. De Meinweg   Nette

Kleine Brogel   Gerdingen   Molenbeersel   Ittervoort   Thorn   Herkenbosch   Arsbeck   Wildenrath   **Wegberg**   Kipshoven

Peer   Meeuwen   **Bree**   **Kinrooi**   Maasbracht   St. Odilienberg   Rath Anhoven

Hasselt   Opitter   Montfort   **Posterholt**   Vlodrop   **Wassenberg**   **Erkelenz**

Gruitrode   **Maaseik**   Echt   Schilberg   Karken   Gerderath   Otzenrath

Wouberg   Opoeteren   Elen   Waldfeucht   **Heinsberg**   **Hückelhoven**   Küchhoven

Ichteren   Polakrooi   Rotem   Born   Saeffelen   Randerath   Baal   Jackerath

uthalen   Opglabbeek   Dilsen   Nieuwstadt   Lindern   Jülich

Waterschei   As   Lanklaar   **SITTARD**   **Gangelt**   Randerath   **Linnich**

Maas-Mechelen   Stein   Schinveld   **Geilenkirchen**   Mersch

Genk   Zutendaal   Obgrimbie   Munstergeleen   Börde   Barmen

ELT   Bessemer   **Geleen**   Schinnen   **Brunssum**   **Übach-Palenberg**   Stetter

Diepenbeek   Neerharen   Rekem   Beek   Nuth   Hoensbroek   **Baesweiler**   **Jülich**

Lanaken   Bunde   Aalbeek   Hulsberg   **Landgraaf**   **Aldenhoven**

Bilzen   Borgharen   Meerssen   **Heerlen**   **Alsdorf**   Inden

Hoeselt   Amby   Berg   Valkenburg   **Kerkrade**   **Herzogenrath**   Kroul

Veldwezelt   Schin-op-Geul   Voerendaal   **Würselen**   Merke

Vroemhoven   **MAASTRICHT**   Cadier en Keer   Wijlre   Eljs   **Simpelveld**   Langer   wehe

Riemst   Kanne   Margraten   Mechelen   Gulpen   **ESCHWEILER**   Weisweiler

ongeren   Zussen   Bolder   Lanaye   Reijmerstock   Slenaken   Epen   Vaals   Gresesnich   Hürtgen

Rutten   Glons   Bassenge   Eijsden   **AACHEN**   **STOLBERG**   Plombières

Visé   Kan   **239**

Fotonachweis

Marianne Bongartz, Köln 90, 101

Silke Geister, Hamburg Hintere Umschlagklappe, 57

Reinhard Tiburzy, Aachen 1, 10, 12,
16, 19, 24, 31, 32, 36, 41, 47, 49, 54,
60, 63, 68, 70, 75, 77, 86, 89, 93, 98,
102, 109, 118, 121, 126, 128, 131,
141, 147, 162, 182, 184, 186/187,
188, 194, 200, 206, 209, 210

Michael Zegers, Köln Titelbild, Vordere Umschlagklappe, 2/3, 20, 37, 50,
58, 133, 135, 144, 146, 148, 152,
155, 158, 164, 167, 174, 177, 179,
197

Martin Zitzlaff, Hamburg 35, 44/45,
96/97, 105, 107, 114

Abbildungen

Titelbild: Vest Gouda
Vordere Umschlagklappe:
Blick auf Leiden
Hintere Umschlagklappe: Leuchtturm
auf Schiermonnikoog
S. 2/3: Kurhaus am Strand von
Scheveningen

Zitatnachweis

Das Zitat auf S. 11 wurde entnommen
aus: Albert Camus, Der Fall, 1957; mit
freundlicher Genehmigung des Ro-
wohlt Taschenbuch Verlags, Reinbek
bei Hamburg.

Kartografie

DuMont Reisekartografie
© DuMont Reiseverlag, Köln

© DuMont Reiseverlag, Köln
2., aktualisierte Auflage 2005
Alle Rechte vorbehalten
Grafisches Konzept: Groschwitz, Hamburg
Druck: Rasch, Bramsche
Buchbinderische Verarbeitung: Bramscher Buchbinder Betriebe

Printed in Germany ISBN 3-7701-5988-8